本书由
中央高校建设世界一流大学（学科）
和特色发展引导专项资金
资助

中南财经政法大学"双一流"建设文库

区|域|发|展|系|列

中国住户调查一体化的数据质量评估研究

陈高 著

中国财经出版传媒集团
中国财政经济出版社

图书在版编目（CIP）数据

中国住户调查一体化的数据质量评估研究／陈高著．
——北京：中国财政经济出版社，2019.12
（中南财经政法大学"双一流"建设文库．区域发展系列）
ISBN 978－7－5095－9447－6

Ⅰ.①中… Ⅱ.①陈… Ⅲ.①居民家庭收支调查－研究－中国 Ⅳ.①F126.6

中国版本图书馆 CIP 数据核字（2019）第 254585 号

责任编辑：孙　琛　　　　　责任校对：胡永立
封面设计：陈宇琰

中国住户调查一体化的数据质量评估研究
ZHONGGUO ZHUHU DIAOCHA YITIHUA DE SHUJU ZHILIANG PINGGU YANJIU

中国财政经济出版社 出版

URL: http://www.cfeph.cn
E-mail: cfeph@cfemg.cn

（版权所有　翻印必究）

社址：北京市海淀区阜成路甲 28 号　邮政编码：100142
营销中心电话：010－88191537
北京财经印刷厂印装　各地新华书店经销
787×1092 毫米　16 开　13.25 印张　215 000 字
2019 年 12 月第 1 版　2019 年 12 月北京第 1 次印刷
定价：60.00 元
ISBN 978－7－5095－9447－6
（图书出现印装问题，本社负责调换）
本社质量投诉电话：010－88190744
打击盗版举报热线：010－88191661　QQ：2242791300

总　序

"中南财经政法大学'双一流'建设文库"是中南财经政法大学组织出版的系列学术丛书，是学校"双一流"建设的特色项目和重要学术成果的展现。

中南财经政法大学源起于1948年以邓小平为第一书记的中共中央中原局在挺进中原、解放全中国的革命烽烟中创建的中原大学。1953年，以中原大学财经学院、政法学院为基础，荟萃中南地区多所高等院校的财经、政法系科与学术精英，成立中南财经学院和中南政法学院。之后学校历经湖北大学、湖北财经专科学校、湖北财经学院、复建中南政法学院、中南财经大学的发展时期。2000年5月26日，同根同源的中南财经大学与中南政法学院合并组建"中南财经政法大学"，成为一所财经、政法"强强联合"的人文社科类高校。2005年，学校入选国家"211工程"重点建设高校；2011年，学校入选国家"985工程优势学科创新平台"项目重点建设高校；2017年，学校入选世界一流大学和一流学科（简称"双一流"）建设高校。70年来，中南财经政法大学与新中国同呼吸、共命运，奋勇投身于中华民族从自强独立走向民主富强的复兴征程，参与缔造了新中国高等财经、政法教育从创立到繁荣的学科历史。

"板凳要坐十年冷，文章不写一句空"，作为一所传承红色基因的人文社科大学，中南财经政法大学将范文澜和潘梓年等前贤们坚守的马克思主义革命学风和严谨务实的学术品格内化为学术文化基因。学校继承优良学术传统，深入推进师德师风建设，改革完善人才引育机制，营造风清气正的学术氛围，为人才辈出提供良好的学术环境。入选"双一流"建设高校，是党和国家对学校70年办学历史、办学成就和办学特色的充分认可。"中南大"人不忘初心，牢记使命，以立德树人为根本，以"中国特色、世界一流"为核心，坚持内涵发展，"双一流"建设取得显著进步：学科体系不断健全，人才体系初步成型，师资队伍不断壮大，研究水平和创新能力不断提高，现代大学治理体系不断完善，国际交流合作优化升级，综合实力和核心竞争力显著提升，为在2048年建校百年时，实现主干学科跻身世界一流学科行列的发展愿景打下了坚实根基。

"当代中国正经历着我国历史上最为广泛而深刻的社会变革，也正在进行着人类历史上最为宏大而独特的实践创新"，"这是一个需要理论而且一定能够产生理论的时代，这是一个需要思想而且一定能够产生思想的时代"①。坚持和发展中国特色社会主义，统筹推进"五位一体"总体布局和协调推进"四个全面"战略布局，实现"两个一百年"奋斗目标、实现中华民族伟大复兴的中国梦，需要构建中国特色哲学社会科学体系。市场经济就是法治经济，法学和经济学是哲学社会科学的重要支撑学科，是新时代构建中国特色哲学社会科学体系的着力点、着重点。法学与经济学交叉融合成为哲学社会科学创新发展的重要动力，也为塑造中国学术自主性提供了重大机遇。学校坚持财经政法融通的办学定位和学科学术发展战略，"双一流"建设以来，以"法与经济学科群"为引领，以构建中国特色法学和经济学学科、学术、话语体系为己任，立足新时代中国特色社会主义伟大实践，发掘中国传统经济思想、法律文化智慧，提炼中国经济发展与法治实践经验，推动马克思主义法学和经济学中国化、现代化、国际化，产出了一批高质量的研究成果，"中南财经政法大学'双一流'建设文库"即为其中部分学术成果的展现。

文库首批遴选、出版二百余册专著，以区域发展、长江经济带、"一带一路"、创新治理、中国经济发展、贸易冲突、全球治理、数字经济、文化传承、生态文明等十个主题系列呈现，通过问题导向、概念共享，探寻中华文明生生不息的内在复杂性与合理性，阐释新时代中国经济、法治成就与自信，展望人类命运共同体构建过程中所呈现的新生态体系，为解决全球经济、法治问题提供创新性思路和方案，进一步促进财经政法融合发展、范式更新。本文库的著者有德高望重的学科开拓者、奠基人，有风华正茂的学术带头人和领军人物，亦有崭露头角的青年一代，老中青学者秉持家国情怀，述学立论、建言献策，彰显"中南大"经世济民的学术底蕴和薪火相传的人才体系。放眼未来、走向世界，我们以习近平新时代中国特色社会主义思想为指导，砥砺前行，凝心聚

---

① 习近平：《在哲学社会科学工作座谈会上的讲话》，2016年5月17日。

力推进"双一流"加快建设、特色建设、高质量建设,开创"中南学派",以中国理论、中国实践引领法学和经济学研究的国际前沿,为世界经济发展、法治建设做出卓越贡献。为此,我们将积极回应社会发展出现的新问题、新趋势,不断推出新的主题系列,以增强文库的开放性和丰富性。

"中南财经政法大学'双一流'建设文库"的出版工作是一个系统工程,它的推进得到相关学院和出版单位的鼎力支持,学者们精益求精、数易其稿,付出极大辛劳。在此,我们向所有作者以及参与编纂工作的同志们致以诚挚的谢意!

因时间所囿,不妥之处还恳请广大读者和同行包涵、指正!

中南财经政法大学校长

前　言

  政府通过住户调查工作了解城乡居民家庭人口、就业和收入等日常生活状况，是政府了解居民生活状况的手段，同时也是政府研究相关政策的依据。数据质量是统计工作的生命线。社会经济情况能否被统计所反映，政府决策能否依靠住户调查数据，取决于统计部门提供的数据是否准确客观、真实可信。而当前，我国的住户调查数据质量面临着"两难"的困境：一是社会公众对政府公布的住户调查数据不信任、不满意，政府在做决策的时候也对统计部门提供的数据产生怀疑，甚至会影响到决策的方向性。二是各级统计部门在公布住户调查数据面临着从上至下的政治压力。在这种情况下，住户调查数据质量成为一个难以回避的问题，提高我国住户调查数据质量是解决此问题的根本出路。本书从经济学和统计学的角度对我国住户调查数据质量进行评估，从管理学角度提出如何提高我国住户调查数据质量的政策建议。

  本书以"为什么要对住户调查一体化数据质量进行评估——怎么样对住户调查一体化数据质量进行评估——评估出住户调查一体化数据质量的问题后怎么办"为分析主线，研究中国住户调查一体化数据质量问题。

  本书的篇章结构为：第1章为导论，介绍研究的背景与意义、国内外相关的研究成果、研究内容、研究思路、研究方法与创新之处。第2章对住户调查一体化数据质量进行概述。首先分析国外住户调查的发展及我国住户调查的现状，接着对我国住户调查数据质量与国际标准进行比较研究，提出住户调查一体化数据质量内涵及评估框架。前两章的内容回答了"为什么要对住户调查一体化数据质量进行评估"。第3章介绍了住户调查一体化数据质量评估理论基础。此部分包含统计调查的相关问题，住户调查数据质量评估方法。第4章对我国住户调查一体化数据质量进行了实证分析。此部分运用前述理论模型，通过多种住户调查数据质量评估方法，对全国31个省、市、自治区的住户调查数据进行了较为全面的准确性评估。第3章和第4章的内容回答了"怎么样对住户调查一体化数据质量进行评估"。第5章总结全文,在分析结果的基础上,提出了提高我国住户调查数据质量的政策建议。这一章的内容回答了"评估出住户调查一体化数据质量的问题后怎么办"。

本书通过规范分析与实证分析相统一、定性分析与定量分析相结合的分析方法,对住户调查数据质量进行了系统的分析研究,得出主要结论如下:

(1) 本书对中国住户调查数据质量的国际差距进行了分析,发现我国住户调查数据质量与国际标准之间的差距,认为住户调查方面的法律制度不够健全;进入调查样本的界限难以确定;调查方法的落后;缺乏全面的、综合的质量管理体系。

(2) 本书研究了我国住户调查数据质量内涵并构建了评估框架。主要对数据质量的内涵赋予新的含义,除了准确性以外还有及时性、适用性、可比性、可获得性、可衔接性、客观性和经济性。根据提出的我国住户调查数据质量内涵,参考国际组织的数据质量评估框架,采用级联式结构,构建了我国住户调查数据质量评估框架。

(3) 对住户调查数据质量的评估方法进行了分析和归纳,将住户调查数据质量的评估方法分为逻辑关系评估、相关指标评估、计量模型分析与统计诊断评估、核算数据评估、统计分布检验评估、调查误差评估等六类方法进行分析,从可行性、可信性和精确性三个方面来进行比较,通过比较分析,认为逻辑关系评估、统计分布检验评估、计量模型分析与统计诊断评估这三种方法对住户调查一体化数据质量进行评估较为合适。

(4) 本书尝试用上述三种评估方法,对2000—2016年全国31个省、市、自治区的住户调查数据的准确性进行评估。从评估所得结果看:第一,不同省市的住户调查工作质量差距较大。经济发达地区的住户调查数据准确性较高,北京市、天津市、上海市、江苏省、浙江省、广东省的城镇和农村人均可支配收入数据准确性都较高。第二,同一地区的城市住户调查数据与农村调查数据的质量相同。北京市、天津市、上海市、江苏省、浙江省、广东省等省份的城市调查数据质量较高,同时农村调查数据的质量也较高。其他省份的城市调查数据质量出现问题,同时农村调查数据的质量也出现问题。

(5) 本书从调查的准备阶段、数据的调查阶段和数据的处理阶段分析了提高住户调查一体化数据质量所面临的困难,提出从受访户与调查队伍两个方面入手进行建设。对受访户要进行大力宣传,根据不同的住户对象制订科学的访户工作计划,并且保证样本的科学性和代表性。加大调查队伍建设与制度建设,进行专业扎实的业务培训,合理制定工作的考核奖励标准,激励调查队伍努力提高自身的业务能力、工作能力、加强个人责任心。

目 录

第1章 导论 1
　1.1　研究背景与研究意义 1
　1.2　国内外研究综述 4
　1.3　研究内容与方法 9

第2章 住户调查一体化数据质量概述 13
　2.1　国外住户调查的发展及我国住户调查的现状 13
　2.2　住户调查一体化数据质量内涵及评估框架 16

第3章 住户调查一体化数据质量评估的理论基础 21
　3.1　统计调查的相关理论 21
　3.2　住户调查一体化数据质量评估方法 23

第4章 住户调查一体化数据质量评估的实证分析 32
　4.1　指标的选取与数据说明 32
　4.2　住户调查一体化数据质量评估的实证分析 34

第5章 主要结论及政策建议 191
　5.1　主要研究结论 191
　5.2　提高住户调查数据质量的政策建议 192
　5.3　研究展望 194

参考文献 195

第 1 章 导　　论

政府通过住户调查工作了解城乡居民家庭人口、就业和收入等日常生活状况，是政府了解居民生活状况的手段，同时也是政府研究相关政策的依据。但长期以来，受中国特有的城乡二元结构的限制，我国的城乡住户调查一直分开进行。随着我国城镇化的加快，城乡住户调查一体化改革成为构建城乡一体化新格局的迫切需要。住户调查一体化改革的主要内容是：建立统一的住户调查平台、统一调查指标、统一抽样方法、统一调查过程、统一数据处理、统一数据发布，将原有的城乡分开的收入指标调整为统一的"居民家庭可支配收入"指标，并下设"城镇居民可支配收入"和"农村居民可支配收入"两个指标。改革后住户调查样本量扩大，调查方法制度改动较大，加上我国对数据质量的越益重视，因此住户调查一体化的数据质量评估逐渐成为一个至关重要的问题。本书从经济学和统计学的角度对我国住户调查一体化的数据质量进行评估，从管理学角度提出如何提高我国住户调查一体化数据质量的政策建议。

本章主要介绍本书研究的缘起、国内外研究现状以及本书研究的主要内容、方法、创新与不足。

1.1　研究背景与研究意义

1.1.1　研究背景

（1）一体化改革是我国住户调查的迫切需要

我国住户调查工作有以下几点不足：一是我国的城乡二元结构，使得城乡调查在调查方法、指标体系、调查部门和程序数据处理方法方面都存在着很大的不同，从而使得城镇居民收入和农民纯收入这两个指标之间口径不衔接。二是很少有国家把城、乡分开调查，也不设"两个收入"指标。同时，国际通用的居民可支配收入的数据口径与我国目前的"两个收入"数据口径都不一致，导致住户调查数据无法国际比较。

随着城市化的推进，农村劳动力逐步向城市转移，大规模的人口流动改变了城乡住户调查的覆盖范围。城乡分割的住户调查难以不重不漏地覆盖城乡居民，不能准确反映城乡发展中的新情况、新问题。因此我国住户调查方法制度改革迫在眉睫。改变原有的城乡二元结构，构建城乡一体化的新格局，需要统计部门提供全面反映城乡发展状况的统计资料。国家统计局的设计层面酝酿城乡住户调查一体化多年，并在全国六个省、市进行了为期两年的试点调查，于2012年在全国实施。城乡住户调查改革要实现：建立统一的住户调查平台、统一调查指标、统一抽样方法、统一调查过程、统一数据处理、统一数据发布。这六个"统一"将使城乡住户调查样本合为一体。

(2) 我国对统计数据质量的重视

为实现"十二五"规划所确定的"提高统计数据质量、提高政府统计公信力作为统计科学发展的中心任务"提供政策建议，2008年12月22日国家统计局局长马建堂在第十一届全国人民代表大会常务委员会第六次会议上所作的关于《中华人民共和国统计法（修订草案）》的说明中指出："近年来全国统计执法发现，虚报、瞒报、伪造、篡改统计资料的违法行为约占全部统计违法行为的60%以上。"草案在防止行政干预、建立统计资料的审核签署制度、强化统计人员的责任和加大对弄虚作假行为的处罚力度四个方面做了修订。2009年3月25日监察部、人力资源与社会保障部、国家统计局联合公布《统计违法违纪行为处分规定》。该规定自2009年5月1日起施行，这是我国第一部关于统计违法违纪行为处分方面的部门规章。该规定由监察部、人力资源与社会保障部、国家统计局联合下发，提高了执法的可操作性。

在我国对统计数据质量如此重视的大环境下，对了解居民生活的住户调查数据质量的评估显得极为重要。住户调查数据质量的高低影响着国家宏观调控效果、政府发现社会问题的准确性，同时有助于政府研究制定各类政策，也对企业制定合理的战略具有重要作用。

1.1.2 研究意义

本书从上述背景出发，认为科学定量地评估住户调查数据准确性有着极其重要的理论与现实意义。

(1) 完善了统计数据质量的评估体系

住户调查一体化数据作为统计数据的重要内容，对其数据质量进行评估研究，完善了统计数据质量评估体系，从仅仅注重住户调查数据的准确性，到全面注重数据的及时性、可比性、适用性、有效性、可获得性、可衔接性、客观性和经济性等多维的质量内涵转变，并且在多维的内涵下提出相应的评估框架。

(2) 为政府制定收入分配政策提供依据

只有提供全国统一标准的收入数据，才能准确反映城乡之间、地区之间、行业之间的收入情况，才能为国家制定缩小城乡、区域间收入差距的各项决策提供数据依据。对住户调查一体化的数据质量进行评估，可以更好地为国家提供调整收入分配格局、制定收入与分配政策的统计支撑。

(3) 为企业制定战略和产品定位提供保障

住户调查统计数据质量对社会上的各类企业制定企业战略和产品定位的影响很大。一方面，如果住户调查数据质量有问题，比如人均可支配收入的统计数据大大高于真实值，就会造成企业产品定价偏高，导致目标销量无法完成，影响企业发展。另一方面，错误的住户调查数据也会误导民众对自己的生活水平的认识，影响其幸福感。

(4) 提高政府公信力、维护社会和谐

统计局公布数据如果含有水分，会使政府失去公信力。比如政府年年都公布工资上涨，可许多劳动者并没有体会，就觉得自己"被平均"了，以致于对政府公布的信息不再关注。这些统计数字让人无所适从，搅乱的不仅是民众对事实的认知和感受，更严重的是民众对政府公信力的质疑。统计数字遭遇信任危机，实际上是对政府的信任危机。因此，对住户调查数据质量进行评估有助于提高质量，增强政府的公信力，维护社会和谐。

1.2 国内外研究综述

包括住户调查数据在内的政府统计数据质量的研究最早从西方开始，西方的研究一开始也是由研究统计数据的准确性扩展到多维度的研究，从简单的分析方法逐步深入。我国由于特殊的国情，统计数据往往受到政治体制等方面的影响，国内最初的研究与西方还是有很大的差别。国内的研究正在从重点放在健全统计法律制度和完善工作程序等方面的定性分析向定量分析逐步过渡。本书对住户调查数据质量的综述分为两大部分：一是国外对住户调查数据质量的文献，其中包括围绕调查误差的研究、围绕异常值诊断的研究，围绕数据质量评估体系的研究。二是国内对住户调查数据质量的文献，其中包括围绕统计数据质量评估的研究，围绕统计数据质量管理的研究，以及围绕住户调查的相关研究。

1.2.1 国外研究现状综述

国外文献对住户调查数据质量的研究，最初主要集中于调查数据误差的研究。随着经济社会的发展，政府增加大规模调查数据需求，对数据质量的研究不仅局限于误差理论、调查误差，而且开始研究异常值诊断、评估方法与体系。其研究大体可归纳为：

（1）围绕调查误差的研究

对调查误差的研究，主要是探寻均方误差中占较大份额的部分，并找到减少此部分的方法。其中，Hansen 和 Hurwitz（1961）提出了调查误差模型。此模型将总误差（均方误差）分解为测量误差、抽样误差、测量误差与抽样离差的协方差、偏差的平方四个组成部分，为控制调查过程中的误差提供了方法支撑。Warner（1965）提供了对敏感性问题调查的随机化方法。Lessler 和 Kalsbeek（1992）对各种关于非抽样误差的建模方法作了系统的分析。

（2）围绕异常值诊断的研究

异常值诊断是设法找出统计调查数据中部分数据与其余主体数据相比明显不一致的数据，国外学者大多通过构建诊断统计量来进行检验。其中，Cook

（1977，1979）基于参数置信域的统计意义提出了 Cook 距离这一异常值的诊断统计量，该统计量是异常值诊断中最重要的统计量之一。Welsch 和 Kuh（1977）从拟合的观点提出 $W-K$ 统计量，该统计量相当于广义的 Cook 距离。Andrews 和 Pregibon（1978）提出了 AP 统计量。Cook 和 Weisberg（1982）提出了似然距离，且似然距离不仅适用于线性模型，还可以用于广泛的统计模型。Beckman 和 Cook（1983）、Chatteriee 和 Hadi（1986）都对异常值诊断模型进行了进一步的探讨。Cook（1986）提出了局部影响分析方法，这是一种统计诊断方法，该方法把异常点定义为比其他点受到更大扰动的点，是均值漂移模型和方差加权模型的推广。Lawrance（1988）、Wei 和 Hickernell（1996）在 Cook（1986）的局部影响分析的基础上提出了自变量变换模型的局部影响分析。

Zhu 和 Lee（2001）提出了基于 EM 算法的异常值统计诊断新方法，这个方法的特点是对于比较复杂的数据和模型，其相应的密度函数的计算十分困难，因此基于对数似然函数的异常点统计诊断方法就很难实现，相应的统计诊断量也很难得到。而 EM 算法中的 Q 函数代替经典统计诊断方法中的对数似然函数，可以解决上述问题。Xie 和 Wei（2008）把基于 Q 函数的数据删除模型、基于 Q 函数的局部影响分析方法应用于泊松逆高斯回归模型。

（3）围绕数据质量评估体系的研究

不少国际组织对数据质量都提出了相应的评估体系。其中，联合国统计局于 1954 年出版《国家统计组织手册》，并于 1980 年和 2003 年两次进行修订。该手册从八个方面对调查数据质量提出要求。国际货币基金组织（IMF）统计部于 2001 年制定了数据质量评估框架（DQAF），从数据质量角度对 1997 年建立的数据公布特殊标准（SDDS）和数据公布通用系统（GDDS）做出了补充，它从保证诚信、准确性与可靠性、适用性、方法的健全性和可获得性等五个维度进行数据质量评估。经济合作与发展组织（OECD）于 2003 年发布《经合组织统计活动质量框架和导则》，从准确性、相关性、可信性、可获得性、及时性、可解读性、一致性和成本效率等八个方面对数据质量做出了界定。

学者也对控制体系进行了相关分析。Dalenius（1983）认为数据质量控制应包括调查设计控制和调查实施控制，调查实施控制又分为预防控制和过程控制。Gordon（1999）提出统计机构针对每个维度进行管理的具体方法，提出进行有效数据质量管理所必需的用户联络系统、合作计划系统、方法及标准系统、发布系统和进展报告系统等五个子系统。Lee Dongmyeong 与 shon Aelee（2000）、

John Cornish（2000）根据本国统计调查的实际，提出统计数据质量评价指标体系以及提高政府统计数据质量的方法。Karl 和 Wilfried（2002）提出对统计数据质量的各个维度与统计数据产生过程进行配对，进而提出全面数据质量管理构架。

1.2.2 国内研究现状综述

由于我国早期对住户调查数据的质量评估重视程度远不及 GDP 等指标，所以其研究成果与国外研究有较大区别。国内研究集中于对政府调查数据质量的涵义、现状、对策和管理的定性研究较多。近年来，除了从定性的角度进行评估的做法以外，还增加了相应的定量评估研究，并且研究逐渐深入和全面。随着住户调查一体化的进行，住户调查的相关研究变得丰富起来，但还是集中在定性层面。现将其主要研究综述如下：

一是围绕统计数据质量评估的研究。有些学者从定性的角度展开研究。其中，刘延年（2002）介绍了我国目前采用的逻辑检查、抽样数据推断、重点调查和逐级汇总数据评价的数据质量评价方法，并提出应组建一个相对独立的组织系统对地方和各系统的统计数据进行定期和专项审计，通过审计对数据质量做出评价。常宁（2004）介绍了 IMF 的数据质量评估框架（DQAF）的结构特征及主要内容，认为其是一个适用性广、权威性强的国际可操作标准，并提出将其在我国付诸实施的基本思路。陈珍珍（2007）提出应建立统计数据评估体系，由相对独立的审计机构对所有提供统计数据机构的统计工作过程和工作成果进行稽查审核，评估方法主要是逻辑判别法、指标平衡法、账户体系法和数学模型法。王华、金勇进（2009）提出根据统计指标与其相关联指标变动趋势的偏离程度对总量统计数据的准确性评估；对个体或分类统计数据的准确性评估则主要是对数据的统计分布形态加以验证，或者利用重复调查或随机试验方法对事先假定的误差参数进行估计。许永洪（2010）对诊断统计数据质量的一般理论模型进行了探索，并讨论了模型的适用性和应用模型进行统计数据质量评价时应该注意的问题。朱建平、陈飞（2010）基于满足用户需求和统计数据产生过程这两个角度，分析了统计数据质量内涵，并提出中国政府统计数据质量评价体系。贾静、樊相宇（2011）把影响统计数据质量的因素分为统计方法制度、统计法律法规、统计管理体制和统计基层基础四个方面，运用结构方程分析，得到四个因素方面轻重程度。陈培培、金勇进（2012）分析我国经济普查数据质量，发现基层个体数据抽样的检验规则不科学及汇总数据不严谨。冯蕾、周晶（2013）在系统介绍政府统计数据准确性评估方法原理和代表文献的基础上，重点分析了各种方法的应用前提、优势和局限性。姚玉然（2016）分析了影响企业统计数据质量的因素，并提出提高企业统计数据质量的相应措施。李青松（2016）从数据缺乏准确性、地方政府统计数据质量管理体系不健全、缺少数据质量评估机制三个方面入手，解析目前我国地方政府统计数据质量存在的主要问题，并以此为依据，从改革现行统计管理体制、完善和改革统计技术、健全统计法规等多个方面。李瑞（2017）则从重视程度、管理力度、考核机制等方面探讨提高统计数据质量的有效途径。

有些学者从定量的角度进行分析。其中，成邦文等（2000）通过统计数据的对数正态分布检验与异常点的判断方法对数据的质量进行评估。傅德印（2001）提出探索性数据分析方法特别适合于汇总数据的质量控制，并使用茎叶图方法分析汇总数据中的极端值，根据极端值的不同情况，进一步判断数据质量问题。李子奈、周健（2005）利用异常点联合估计评估中国36个宏观经济指标。刘洪、黄燕（2007）采用组合模型的形式，运用趋势模拟评估法进行建模，比较模型拟合出的预测值与实际值，找出离群数。刘洪、黄燕（2009）认为利用统计指标的历年数据来拟合模型的缺陷是模型的质量及评估结果又受到自变量数据准确性的影响。他们运用统计诊断方法来评估统计数据质量。卢二坡、黄炳艺（2010）用生产函数建模评估中国GDP数据。基于Benford法则的检验方法也常用于数据质量的评估中。许涤龙、金瑛（2010）将该法则用于对广义货币（M2）数据评估；刘云霞（2012）对中国多个国家级开发区的主要经济指标数据质量进行评估。赵喜仓、李盼（2010）从政府统计数据的分布规律入手，基于全国31个省、市的40项总量指标，采用K-S检验法验证社会经济总量指标的对数正态分布规律，并采用正态分布异常点的识别方法对异常数据进行识别，进而对政府统计数据质量作出综合评价。叶少波（2011）则认为数据质量评估应从准确性评估向多维多内涵转变，并构建了一套数据质量综合评价体系与框架对我国国内生产总值年度数据进行了质量评估。党玮、龙慧军（2015）尝试建立政府的评价体系，利用层次分析法和K-S检验法对我国31个省及直辖市统计数据质量进行了评价，建立了一套较为完整、科学的评价体系。吴祥佑（2016）从结构匹配性、空间匹配性、时间匹配性几个维度建立了统计数据质量评估模型,分别评估了各维度下的数据质量。蒋欣欣(2016)采用非线性模型对吉林省地区生产总值数据质量进行实证分析,从地区生产总值数据自身发展规律性和地区生产总值数据与其他数据协调匹配关系两方面分别评估地区生产总值数据质量。

二是围绕统计数据质量管理的研究。该研究认为建立数据质量控制机制是提高统计数据质量关键,进而需要建立和实施我国统计数据的质量管理体系,不少学者对此也进行了大量研究。其中,傅德印从质量管理的角度对调查数据质量展开了一系列的研究。傅德印(1994)提出借鉴 ISO9000 标准的思想与做法,研究中国如何建立调查数据质量体系,提出统计数据质量管理体系的结构与要素。傅德印(1999)从政府统计信息产业出发,分析了政府调查数据质量管理体系的原理与框架。傅德印(2000)从统计技术的角度,运用分类控制与评估技术、比较分析及探索性数据分析技术构建统计数据质量控制方法体系。余芳东(2002)在通过借鉴国外数据质量评价和管理的方法,提出我国数据质量评价的标准,如何完善数据质量评估与管理体系,并建立用户对数据质量的反馈渠道,积极与有关国家开展数据质量管理方面的经验交流。李建民、邹宏平(2010)认为在统计设计阶段和资料整理鉴别阶段都要进行质量控制,要确定统计数据质量标准,合理设计统计指标评估体系。王胜(2010)分析了中国统计数据质量较低的原因。马元三(2010)借鉴发达国家统计数据质量管理经验,提出建立全面统计数据质量管理体系。程开明(2013)提出统计机构对数据质量的管理,应考虑数据生产方、使用方、提供方和监督方的不同要求,采取与之相适应的评估方法与形式。张玲芝(2015)运用博弈模型,通过纳什均衡解,设计中国统计数据质量管理机制。叶洁(2016)以海安县为切入点,分析其统计数据质量的现状、问题及成因,并结合国外先进统计数据质量管理方法,探索统计数据质量管理机制。

三是围绕住户调查的相关研究。此类研究大部分集中于定性分析和工作报告。宋宝英(1996)认为抽样框的编制,对控制住户调查抽样误差十分重要,既要有严格的科学依据,又要与居民实际居住情况相符。刘海清和熊祖辕(2009)认为统计信用奖惩制度是统计信用的制度基础,统计信用可以在有限成本下提高统计数据质量。黄恒君、傅德印(2009)对围绕统计调查质量进行分析,按调查过程与调查主体两部分对统计质量特性进行研究。贺建风、刘建平(2010)研究统计调查体系中的方法体系与组织体系,对我国统计调查体系现存的突出问题提出了相应对策。陈颖（2010）以深圳市为例，研究该市城镇住户调查工作，对其存在的问题进行分析。周旭（2010）指出手工记账方式不适应现代住户调查工作的要求，对电子记账方法进行了分析。孙书振（2012）认为选取住户调查的样本要科学，调查数据要真实，调查工作要规范。山东调查总队课题组（2013）认为应开放住户调查应用软件，建立城乡住户调查数据库，推进资料共享。王正艳（2013）认为要在社会对住户调查需求的基础上建立住户调查指标体系。天津调查总队课题组（2014）从准确性、及时性、可比性和一致性4个维度确定住户调查数据质量的评估标准。赵庆伟（2014）认为中国住户调查一体化的新问题与遗留问题都影响调查数据的质量。吕瑞泰（2014）认为当前调查工作虽然取得了一些成绩，同时也存在法律不健全、调查样本的代表性和稳定性不强、队伍建设较弱等问题。景春玲（2015）运用全面质量管理理论，围绕住户调查样本的数据采集、加工、审核及评估等环节易发生的质量问题，设计出相应的住户调查数据质量管理方案。庞新生（2016）分析了英美等发达国家住户调查实践，为改革中国住户调查一体化提供帮助。刘建平、罗薇（2016）在分析国际经验与我国实际情况的基础上，提出对各项住户调查的通盘考虑和与普查、行政记录有机衔接的住户调查一体化体系，并构造出我国住户调查一体化设计的基础框架。

综上所述，国内关于统计数据质量研究主要集中于 GDP 数据方面，住户调查数据研究较少，且该研究主要是定性分析，缺乏定量评估。同时，现有的研究主要集中在实务实操，重点是住户调查工作中遇到的困难。现阶段，对于数据准确性评估的方法已经较多，已经运用到一些经济数据的评估工作中。因此，本书在经济理论模型的基础上，选择科学的数据质量评估方法，对住户调查一体化的数据质量进行评估研究。

1.3 研究内容与方法

1.3.1 研究目标

第一，分析和归纳住户调查数据质量评估方法。本书分析、归纳和比较多种住户调查数据质量评估方法，用这些统计评估方法对住户调查一体化数据质量进行评估。

第二，利用经济增长、收入与消费支出、多种统计评估方法对住户调查一体化数据质量进行实证研究。本书运用多种统计评估方法，实证分析我国住户调查一体化的数据质量。

第三，提出住户调查一体化数据质量管理的政策建议。本书在实证分析的基础上，提出中国住户调查一体化数据质量管理的政策建议。

1.3.2　篇章结构

第 1 章为导论。本章主要阐述了本书的研究背景与意义；国内外相关的研究成果；研究思路与方法。

第 2 章为住户调查一体化数据质量概述。本章首先从国外住户调查的发展入手，讨论英美日韩四个国家的住户调查的发展与实践经验，这为长期处于城乡住户调查分割状态的中国进行一体化改革提供了借鉴和参考。然后阐述了我国住户调查的现状，从对我国住户调查的历史进行回望，到住户调查改革的过程，然后提出了住户调查一体化所存在的问题，进一步交代进行住户调查一体化数据评估的必要性。最后在充分考察我国实际情况的基础上提出了我国住户调查数据质量的内涵及评估框架。

第 3 章介绍了住户调查一体化数据质量评估的理论基础。此部分主要包含两个方面的内容。一方面是统计调查的相关概念。另一方面探讨了住户调查数据质量评估方法，我国住户调查数据质量与统计调查的过程息息相关，调查框架、调查方法与调查过程均来自于统计调查的内容。

第 4 章对我国住户调查一体化数据质量进行了实证分析。此部分运用前述理论模型，通过多种住户调查数据质量评估方法，对全国 31 个省、市、自治区的住户调查数据进行了较为全面的准确性评估。

第 5 章为主要结论、政策建议和研究展望。本章介绍本书的主要结论，提高我国住户调查一体化数据质量的政策建议，以及进一步研究的展望。

1.3.3　研究方法

在研究方法上，本书以文献资料为先导，以统计学、西方经济学和计量经济学理论为指导，运用规范分析和实证分析相统一、定性分析和定量研究相结合、抽象分析与具体分析相联系的方法开展研究。具体而言，本书研究运用的主要的方法有：

（1）规范分析与实证分析相统一

规范分析与实证分析相统一是经济学的基本分析方法。规范分析是以一定的价值判断为基础对经济问题进行分析的方法，这种研究方法要回答的是"应该怎么样的问题"。由于经济学家们无论如何都无法回避价值判断，因此规范分析法是进行经济研究的一种重要方法。而实证分析是撇开对经济活动的价值判断，只研究经济现象、经济变量之间的关系，探讨经济运行的内在规律，从而分析和预测经济行为。本书对我国住户调查一体化数据质量进行了规范分析，之后，书中运用多种统计评估方法，对我国住户调查一体化数据质量进行了实证分析。在本书最后部分，又从规范分析角度，研究提出促进我国住户调查一体化数据质量提高的政策建议。

（2）定性分析与定量分析相结合

定性分析是指运用逻辑推导的方法对事物"质"的方面进行界定，而定量分析是指运用统计、计量模型的方法对事物"量"的方面进行界定。书中注重运用定性分析和定量分析相结合的方法，并且注重对数据的搜集、整理和分析。如通过文献分析，对现有统计数据与住户调查一体化数据质量研究进行了详细的梳理；通过事实描述和推理，阐述了英美日韩住户调查的发展与实践，并深入分析了我国住户调查一体化数据质量的现状及存在的问题。在定性分析的基础上，结合我国的实际数据，运用经济增长、收入与消费支出、统计调查与统计评估的理论，实证分析我国住户调查一体化数据质量的情况。通过定量分析验证定性分析的理论观点，从而使理论研究更具有说服力和现实感。

（3）抽象分析与具体分析相联系

在经济学中，抽象分析与具体分析相结合是一种重要的方法论。在本书研究过程中，也采用了抽象分析与具体分析相联系的分析方法。一方面，一些抽象理论结论都是基于我国住户调查一体化数据质量分析、归纳和抽象基础上得出的；另一方面，全书的结构体系安排也是按照从基本、简单、抽象再到我国实际的具体形态一步步展开的。通过抽象的方法，得出影响我国住户调查一体化数据质量的因素；通过具体的方法进一步验证本书的理论观点。通过抽象与具体相结合，提出了提高我国住户调查一体化数据质量的政策建议和措施安排。

1.3.4 可能的创新与不足

（1）本书可能的创新

①在研究视角上，以对住户调查一体化研究为切入点，突破目前所进行的对统计数据质量的全面研究；

②在研究方法上，综合运用经济学与统计学研究方法，尤其是通过多种评估方法进行评估，得出更有说服力的结论；

③在研究内容上，突破现有的抽象化和总括性的政策建议，基于中国住户调查一体化的数据质量评估提出具有差异化、可推广的政策建议。

（2）本书的研究不足

①住户调查数据质量多维度的定量评估。本书认为住户调查数据质量是一个多维度的概念，除了准确性，还包含适用性、及时性、可获得性、可比性、可衔接性、客观性和经济性等维度。但是对住户调查数据质量进行定量评估时，仅对准确性进行了定量评估，如何对除准确性以外其他维度也进行定量评估，本书未作探讨，在今后的研究中可做更全面的涉猎。

②实证研究的全面性。对住户调查一体化数据质量评估，仅对住户调查数据中的居民人均可支配收入数据与人均支出数据进行了分析，缺乏对其他住户调查数据的分析。在居民人均可支配收入数据与人均支出数据评估的基础上，还将对其他住户调查数据质量进行评估。

第 2 章　住户调查一体化数据质量概述

　　本章首先从国外住户调查的发展入手,讨论英国、美国、日本、韩国四个国家住户调查发展历程,然后阐述了我国住户调查的现状,从对我国住户调查的历史进行回望,到住户调查改革的过程,之后从调查的准备阶段、调查阶段、处理阶段提出了住户调查一体化存在的问题和困难,进一步交代进行住户调查一体化数据评估的必要性,最后在充分考察我国实际情况的基础上提出了我国住户调查数据质量的内涵及评估框架。

2.1　国外住户调查的发展及我国住户调查的现状

2.1.1　国外住户调查的发展历程

　　住户调查是搜集住户社会、经济相关的信息。18 世纪末,英国人 Davies 和 Eden 最先开展住户调查,进行了家庭预算数据的收集;19 世纪初,普鲁士、比利时和美国开展了此工作;到 19 世纪末期,欧美各国开始开展住户调查研究,住户调查成为官方调查。亚洲各国开展此项调查时间相对较短,日本、韩国是亚洲国家中开展住户调查最早的国家,且发展得较好。

　　(1) 英国住户调查

　　英国住户调查(GHS)是收集英国住户信息的调查。该调查从 1971 年开始实施,1997 年和 1999 年由于审查的原因,中断过两次。从 2000 年开始,调查内容发生了很大改变。该调查主要包括两部分内容,一是每 5 年进行一次的连续调查,二是根据政府需要的信息的追踪调查。2005 年,住户调查周期调整,由财政周期调整为日历周期。从 2008 年开始，英国住户调查（GHS）成为英国一体化住户调查（HIS）的子模块，英国住户调查（GHS）更名为一般生活方式调查（GLF）。英国一体化住户调查（HIS）包含生活成本和食品调查、劳动力调查、舆情调查和住房调查 4 个部分。2010 年，将舆情调查移出一体化住户调查。2012 年，一体化住户调查（HIS）经过调查内容调整后，仅包括生活成本和食品调查、劳动力调查和年度人口调查。

（2）美国住户调查

美国住户调查主要包含购买力调查、人口调查（CPS）、住房调查、租金及物业费调查、消费者支出调查、国民健康调查、犯罪受害情况调查以及收入和项目参与调查等。

美国人口调查（CPS）开始于 1940 年，是公认的住户调查一体化设计的典范。最初为非普查时期的月度住户调查，是为搜集 16 岁及以上人口的收入和就业等统计数据而进行的。开始主要收集就业与失业的信息；1978 年增加了收入调查部分；1979 年，增加了 16 岁以下人口调查项目，其中包括性别、种族、年龄、家庭关系和原籍；1994 年，美国人口调查（CPS）加入了很多附带调查，包括食品安全、婚姻状况、生育、健康、退休金、住房空置、种族和民族、职业流动性、时间利用等调查项目。该调查把劳动力调查作为核心调查项目，日益增加的社会经济调查项目作为其补充调查。在调查的抽样中，第一阶段抽样采用共同的主样本；第二阶段抽样采用与人口普查、行政记录联系的共用多重抽样框。就业统计调查（CES）为国家、州和城市提供详细的就业、工作时间、工人的非农收入等调查数据。

（3）日本、韩国住户调查

1948 年，日本开始实施家庭收入调查（FIS），收集有关消费者收入信息。1950 年，日本将家庭收入调查（FIS）与消费价格调查（CPS）合并为家庭收入和支出调查（FIES）。1962 年日本将 FIES 覆盖范围城市扩展到农村，样本量也由原来的 28 个城市扩展到 170 个市县。1999 年，农、林、牧和渔户被纳入住户调查。2002 年，住户调查数据通过住户表、家庭记账本、年收入表和存款表 4 种问卷得到。

1951 年，韩国由韩国银行开始负责实施住户调查，调查内容是住户收入与支出调查。1962 年开始统计部门负责住户调查。调查样本量最初是全国城市中的 1700 户，1974 年调整了调查样本，样本量增加了 100 户。消费支出调查项目于 1982 年由 5 项增加到 9 项，1995 年增加到 10 项。2006 年住户调查引入了电子住户记账簿。

上述四国的住户调查是不断发展和完善的。调查手段由纸质问卷向电子问卷、机器问卷不断演进，缩短了数据收集、整理的时间和成本；调查范围日益扩大，调查方案不断完善。上述国家的住户调查为中国改革住户调查一体化提供了借鉴经验，既包括调查方法，也能尽量避免住户调查中的一些共性问题。

2.1.2　中国住户调查的历史、改革及问题

（1）中国住户调查的发展

中国非常重视住户调查，多次对住户调查工作进行改革。新中国成立初期，国家统计局建立了劳动工资、城镇职工家庭生活调查等调查，以了解国民的基本生产生活情况；1953 年，国家开展了职工家计调查和农民家计调查。改革开放后，调查的内容不断增加。1984 年，国家成立了城市调查队和农村调查队，负责城市居民收支情况和相关价格指数、农产量、农村住户收支情况的统计调查工作。1992 年，国家统计局对城镇劳动力进行统计调查。2000 年，住房情况被全国第五次人口普查纳入其中。2001 年，城乡住户调查一体化改革开始谋划。2007 年，城乡住户调查一体化改革全国在 4 个省的部分地区进行试点。2012 年，将试点调查范围扩大到 7 个省。2013 年，全国城乡一体化住户调查正式实施。

（2）我国住户调查的问题

①调查的准备阶段。一是我国在住户调查方面的法律制度还不够健全，相比于人口普查、经济普查等，住户调查知名度不够，故被调查对象的配合态度就不理想，一定程度上影响了住户调查一体化的实施；二是进入调查样本的界限难以确定，一体化改革的细节部分难以处理农民工身份与其居住环境影响，加上城乡划分的标准和人口流动形成的居民身份变化也对一体化改革造成了困难；三是我国现今采用的样本选取方案是通过一次性选择大样本的数量，随机等距抽取，从全国角度来看，的确具有较高的代表性，然而对于城区却不高。若使数据对各个阶层都可用，必须考虑样本的分布，比如旧社区老人多、收入就低，新社区白领多、收入高，大样本的抽查可能就会偏向一方，导致样本的代表性不强。

②数据的调查阶段。数据的采集阶段，出现的困难主要体现在被调查对象

的不配合和出现数据虚假情况。不同住户类型配合度悬殊较大，受"怕露富"这种思想的影响，高收入的住户不愿意配合记账，怕被窥视，这会影响数据质量的科学性。此外，调查员素质不高以及调查队的建设不足也对数据质量影响颇大。调查员素质不高，滥造数据以图方便，还有的调查员身兼数职，力不从心，配合热情不高，只管完成任务不管质量。

③数据的处理阶段。数据的录入与处理要求调查者有基本的数据加工能力，然而，现在部分调查员的耐心、责任心都不够，不认真履行数据加工义务，应该与住户沟通却不去沟通，自己按照臆想填写数据，还有些调查员的理解能力不足，也会对数据的正确处理产生影响。对于调查员的报表进行的审核人员若是督察力度不够，不对调查员进行严格的指导与监督，也会导致整个住户调查的问题堆积。同时，审核人员的不作为，也会给调查人员带来负面影响，从而影响调查结果。审核的下一个阶段就是综合审核，是数据质量的最后把关环节。然而，现今综合审核人员常常不把重心放在质量评估上，而是去关注其他的小细节。

所以，虽然我国住户调查的内容和方法在改革中不断得到充实和改进，但依然存在明显不足。鉴于准确的住户调查数据对提高国家宏观调控效果、政府工作效率、发现社会问题具有重要作用，我们需进一步评估住户调查一体化数据质量的准确性。

2.2　住户调查一体化数据质量内涵及评估框架

2.2.1　住户调查一体化数据质量的内涵

对于住户调查数据质量的内涵，学者们将它从狭义的概念扩展到广义的概念。狭义的住户调查数据质量主要指数据的准确性，关注住户调查数据能否反映经济社会的真实情况，准确性越高表明数据质量越好。但随着经济社会的发展和研究的深入，根据国际标准化组织（ISO）提供的"质量管理与质量保证——术语"标准，数据质量是每一个数据的所有特性均能满足使用者的潜在要求。由此可以发现，住户调查数据质量的内涵不断扩展，住户调查数据质量已经发展到一个综合性、多维度的概念体系。我国在《中华人民共和国统计法》中以立法的形式规定了数据质量的核心要义：统计资料的真实性、准确性、完整性和及时性。结合住户调查一体化数据的特点，住户调查一体化数据质量的内涵应包括以下几个方面的内容。

（1）准确性

准确性是观测值或估计值与总体真值之间的差异状况。由于所谓的"真值"是无法获知的，通常采用间接的方法来衡量数据的准确性。可以通过对统计误差的测度、对使用的统计方法正确性、科学性的评估及影响数据准确性的各种因素的综合分析来衡量。统计误差越小，数据的准确性越高。准确性是数据质量的一个最基本的维度。

（2）适用性

适用性是住户调查数据满足用户实际需求的程度。这一维度包括数据反映的信息是用户所关注的、对用户有价值的，数据的数量、规模是适用的，能够满足实际的需求，相关统计指标及数据在时间上是适用的几个方面。对于数据是否对用户有价值的评估较为主观，不同的用户有不同的需求和看法，这要求政府统计机构通过各种途径及时了解和掌握社会对统计信息的需求情况。数据的数量、规模适用可以从数据的完整性来衡量，即是否有足够的广度和深度来满足当前研究的需要。在时间上适用是指数据在时间上是有效的，并未"过期"，这涉及对过期数据及不适用指标的及时修订和调整问题，应当扩大数据的使用期限，减少"过期"数据和指标。

（3）及时性

及时性是住户调查数据发布时间与调查基准期之间的间隔时间。及时性是衡量住户调查数据能否满足用户需求的重要维度，如果决策者不能在决策前获得数据，那么对决策者来说，这些数据是没有意义的。中国各级政府层层设置统计机构，基层数据层层上报，这在一定程度上影响了数据提供的及时性，因此对这一维度的评估测度不能忽视。

（4）可获得性

可获得性是用户从统计机构获取统计信息的难易程度、获取及时的专业服务和技术支持的便利程度。它主要包括获取例行公布的数据的难易，相关概念、分类、数据来源、使用的统计方法等有关数据解释说明的可获得性，查询信息的可获得性，数据公布形式便于正确解释和比较，数据公布渠道的多样化等方面。这要求国家统计机构建立便于用户检索和查询的住户调查数据系统。

（5）可比性

可比性是同一统计项目的数据在时间和空间维度上可对比的程度。这要求统计指标的定义及统计方法的使用在一段时间内保持相对稳定，在不同地区也要使用同样的统计方法。我国地域广阔，行政分区较多，横向统计组织管理分散，再加上国家统计局内部机构设置不够合理，协调能力较差，因此在统一全国统计指标概念、定义、分类标准、数据处理方法等方面协调性不够。所以在评估数据质量时，加强对数据可比性的重视是十分必要和关键的。

（6）可衔接性

可衔接性是住户调查数据在不同统计项目之间的衔接程度。包括在统计机构内部对不同调查项目间、不同机构之间、各个国际组织之间统计数据的衔接，住户调查数据在前后期之间的一贯性或可协调性。这一维度涉及指标概念、分类以及口径范围、不同调查所使用的统计方法和程序，并不单只强调数字上的可衔接性[①]。

（7）客观性

客观性是住户调查数据公正和无偏的程度。客观性能够通过统计机构在数据收集、整理及发布等各环节中客观的程度来衡量。客观性要求在公正的前提下收集数据；统计工作的全过程都要公开透明。我国统计工作独立性差，住户调查数据易受行政干扰是影响数据客观性的体制因素，因此在评估数据质量时将数据的客观程度作为一个考虑因素。

（8）经济性

经济性是用于描述统计机构采取各种措施最大限度地减轻社会调查负担的住户调查数据特征[②]。经济性要求在保证住户调查数据质量的前提下，统计产品的生产费用问题。因此，评估时可考虑在相同精度的情况下，所花费的成本越少越好。将经济性作为数据质量测度的一个方面提出，是因为我国专业统计分散，地方统计介于集中与分散之间，数据重复统计和重复调查现象较为严重，为了提高统计资源的有效利用率，专门对此提出要求。

---

① 余芳东：《外国统计数据质量的涵义、管理以及对我国的启示》，《统计研究》，2002年第2期，第26-29页。
② 邱东、宋旭光等：《中国统计能力研究》，中国统计出版社，2008。

住户调查数据质量可以从使用者、生产者和被调查者三个方面进行界定，不同的主体侧重于不同的维度。如使用者侧重于数据的适用性、准确性、及时性、可比性和可衔接性，生产者侧重于数据的客观性，被调查者则侧重于经济性。因此，具体的概念应该根据不同的主体、不同的使用目标来界定。

2.2.2 住户调查一体化数据质量评估框架的研究

根据上文所提出的 8 条评估数据质量的标准，采用级联式结构，构建我国住户调查数据质量评估框架。不同的是，为了便于操作和执行，评估框架分为两层，分别从上文提出的衡量数据质量的 8 个维度出发。首先在第一层对衡量数据质量的 8 个维度进行简单的概括，然后在第二层分别将这 8 个维度细化为各个评估要素，进一步解释说明各评估要素的内容及对住户调查数据的要求。具体评估框架见表 2-1。

表 2-1　　　　　　　我国住户调查数据质量评估框架

质量维度	要素
1. 准确性 统计方法及操作是正确的、科学的，统计误差是可接受的	1.1 统计指标概念的使用是准确的 1.2 数据收集方法是科学的，是根据具体情况设计的全面的数据收集程序 1.3 数据整理的过程（包括管理记录、数据的录入、数据的调整变换等）是可靠的，操作方法科学 1.4 数据分析方法（包括中间结果的验证、对数据的定期修订等）准确科学 1.5 统计误差在一个可接受的范围内
2. 适用性 统计指标反映的内容与用户所关注的一致，住户调查数据在空间范围上的广度和延续时间上的深度上是适用的，在时效性上是适用的	2.1 是否有相应的措施及时调查和了解社会对统计信息的需求情况 2.2 数据系统中统计指标概念、定义有足够的广度满足用户的需求 2.3 住户调查数据的数量在空间范围上能够满足用户的需求，指某一时期的住户调查数据涉及的面足够广 2.4 住户调查数据的数量在延续时间上是适用的，指某一领域的指标数据在时间上足够深，能够满足用户对量的需求 2.5 对过期数据及不适用指标的及时修订和调整
3. 及时性 住户调查数据的公布及时、有效	3.1 数据公布的及时性满足公布的标准 3.2 数据在时间上的可获取性，反映用户要求获取数据、获得数据及数据失效三者间的时间间隔关系

续表

质量维度	要素
4. 可获得性 原始数据、数据解释说明、查询信息的可获得性。数据获取渠道的长度和广度	4.1 是否对用户提供相关的原始数据 4.2 数据的解释说明（包括指标概念、分类、数据来源及使用的统计方法等）的可获取性，并注明与公认标准的差异 4.3 数据公布的形式易于解释和比较 4.4 对于每一统计内容提供相关的查询信息 4.5 数据公布渠道充分、易于用户第一时间获得
5. 可比性 统计指标的概念、含义及统计方法在时间和空间上具有可比性	5.1 统计指标的概念、定义的使用及分类标准在一段时间内保持相对稳定 5.2 统计指标的概念、定义的使用及分类标准在空间范围内具有一致性
6. 可衔接性 住户调查数据在不同项目之间的衔接性及前后期之间的可协调性	6.1 住户调查数据（包括指标概念、分类及口径等）在同一机构内部的不同调查项目之间可衔接 6.2 住户调查数据（包括指标概念、分类及口径等）在不同统计机构之间能够衔接 6.3 住户调查数据（包括指标概念、分类及口径等）与国际组织数据的衔接程度 6.4 住户调查数据（包括指标概念、分类及口径等）在时间的前后期之间具有可协调性或一致性
7. 客观性 使用专业的统计方法，统计过程公正透明	7.1 是否有相应的措施对住户调查数据收集过程的客观性进行评估和监测 7.2 统计方法及操作过程满足专业要求 7.3 统计过程、统计政策公正透明，有相关法律制度保证统计申报、填报的客观性 7.4 统计机构有权利和义务对住户调查数据的错误解释和错误使用做出答复
8. 经济性 最大限度地减轻社会调查负担	8.1 在可接受的精度水平下，有相关措施对成本进行控制 8.2 对重复调查（包括调查内容、调查项目）的评估审查 8.3 引进先进的电子技术，采用新兴统计方法

第 3 章　住户调查一体化数据质量评估的理论基础

本章为住户调查数据质量评估的基础理论。本章分为两部分，第一部分介绍统计调查的相关理论，第二部分介绍住户调查数据质量评估方法。本章为下一章开展对我国住户调查一体化的数据质量实证研究提供理论基础。

3.1　统计调查的相关理论

统计调查是根据调查目标、运用科学的方法、搜集统计信息的过程。统计调查是整个统计工作的开始阶段，是后续工作的前提，也是决定统计工作质量的重要内容。

3.1.1　统计调查方案设计

统计调查之前需要设计调查方案，调查方案主要有以下内容：

（1）确定调查目标。确定需要解决的问题，即统计调查要解决什么样的问题，收集哪些资料和如何收集资料。

（2）确定调查对象和调查单位。调查对象是需要进行研究的总体范围，由调查单位构成。调查单位是要调查的总体单位，是所要登记的标志的承担者。

（3）确定调查项目。调查项目包括调查单位所需登记的标志及其他有关情况。

（4）确定调查时间与期限。调查时间指调查资料所属的时点或时期；调查期限指开展调查工作的起止时间。

(5) 制订调查组织实施计划。组织实施计划是明确调查的组织机构、调查人员、调查表和调查工具的准备、经费预算、试点等。

(6) 选择调查方法。调查方法一般指收集原始资料的方法，包括直接观察法、报告法、采访法、问卷调查法和卫星遥感法。

3.1.2 统计调查的方法

统计调查方法指搜集调查对象资料所使用的方法。统计调查方法按调查对象范围分为全面调查与非全面调查。全面调查是对调查对象中所有单位进行调查，主要使用统计报表制度和普查。非全面调查是只对调查对象中的部分进行调查，主要使用重点调查、典型调查和抽样调查。统计调查方法按组织形式分为统计报表制度和专门调查，专门调查是针对某个问题进行的调查，主要使用普查、重点调查、典型调查、抽样调查，如图 3-1 所示。

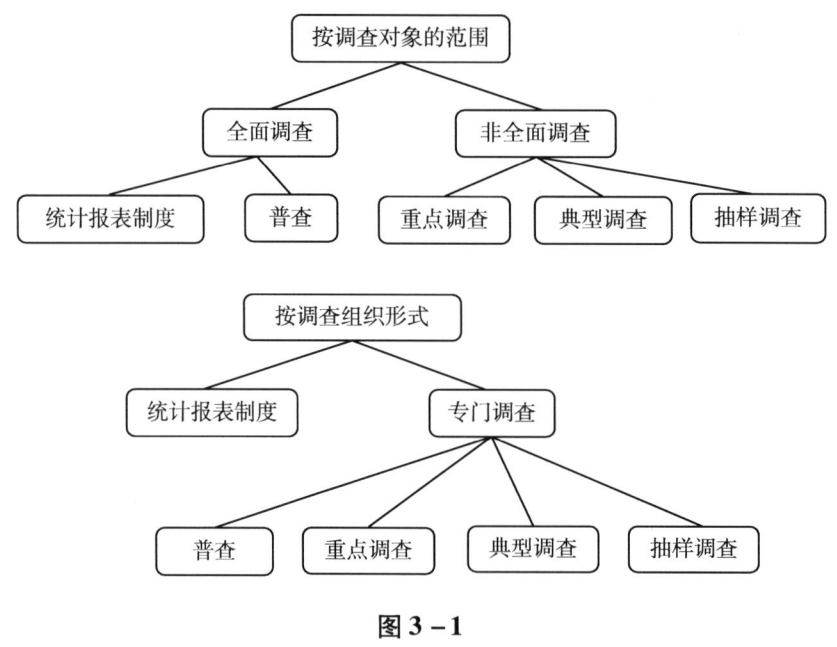

图 3-1

(1) 统计报表制度

统计报表制度在信息化技术发展以前，是我国统计调查方法中最重要的方式。该方法是根据国家要求，按固定的表格形式、指标内容、报送时间，自下而上逐级提供统计资料的统计制度。

(2) 专门调查

①普查。普查是对一定时点或时期上社会经济现象信息进行收集的全面调查。普查要求：统一调查资料时点；选择普查时期；调查项目不能随意更改；调查同时进行。

②重点调查。重点调查是选择少数重点单位进行得调查。重点调查省时、省力，同时能反映总体基本情况。重点调查由调查任务和调查对象特点决定能否进行。通常情况下，当调查对象中存在重点单位，而且只要求掌握调查对象的基本情况时，进行重点调查。

③典型调查。典型调查根据调查目标，对研究对象全面分析的前提下，找出部分有代表性的单位进行深入细致调查。典型调查能够弥补前述调查方法的不足之处，为收集资料补充典型样本。

④抽样调查。抽样调查是从总体中通过随机抽取部分单位作为样本开展调查，并用样本结果推断总体特征。抽样调查按照随机原则抽取调查单位，资料详细、时效性较好、成本低。抽样调查分为概率抽样和非概率抽样。概率抽样也称为随机抽样，是给予每一个体同样的抽取机会的抽样。其特点为，抽取样本具有一定的代表性，可以从样本推断总体；但是操作复杂，需要更多的时间和费用。常用概率抽样包括：简单抽样、分层抽样、整群抽样、系统抽样、多级抽样、抽中概率与规模成比例抽样（PPS）。非概率抽样也称非随机抽样，总体中每个个体的被抽取根据调研者的意愿。其不能根据样本推断总体，但能反映某类群体的特征。该方法快速、简易且节省费用。常用的非概率抽样包括滚雪球抽样、判断抽样、方便抽样、配额抽样。

3.2 住户调查一体化数据质量评估方法

本节探讨住户调查数据质量评估方法的分类准则，按照该准则分为逻辑关系评估、相关指标评估、核算数据评估、计量模型分析与统计诊断评估、统计分布检验评估、调查误差评估等六类评估方法，并对每一类评估方法从方法介绍、应用实践和局限性三个方面进行了分析。

3.2.1　住户调查数据质量评估方法的分类准则

对住户调查数据质量的评估,既包括定性的方法,也包括定量的方法。定性的方法主要从统计制度、相关法律法规建设方面进行分析。定量分析是通过收集与真实值有关的资料信息,构造真实值的估计量并与实际住户调查数值进行比较,计算它们之间的差异。给定允许的误差程度,据此评估判断实际住户调查数据的质量。

对住户调查数据质量评估方法的分类,主要从参照标准与比较逻辑方面考虑,具体为:

(1)考察评估中构造参照标准的技术假定,如假定总体单元服从某种分布,被评估指标与同一研究中其他统计指标存在高度的相关关系,进行回归分析和进行分布一致性检验。

(2)考察实际住户调查数据与参照标准的逻辑,如相关指标比较的趋势偏离分析或回归系数变动分析,运用计量分析方法的异常值识别及统计诊断①。

3.2.2　住户调查一体化数据质量评估方法的归纳

本节在分类准则的基础上,结合众多学者提出的数据质量评估方法,总结出逻辑关系评估、相关指标评估、核算数据评估、计量模型分析与统计诊断评估、统计分布检验评估、调查误差评估六类评估方法,具体如下:

(1)逻辑关系评估

该方法是基于经验规则的逻辑关系,其步骤为:先集中相关住户调查数据信息,然后从总体上判断数据之间是否符合客观逻辑关系平衡。具体而言是在统计核算体系中,在统计口径和范围方面检验同度量指标之间是否存在的单向包含或相互平衡的内在逻辑关系,以此考察评价住户调查数据质量。以两项同度量的指标 A 与 B 为例,A 表示总量指标,B 表示分量指标,其遵循的逻辑关系可表示如下:

---

① 王华、金勇进:《统计数据准确性评估——方法分类及适用性分析》,《统计研究》,2009年第1期,第32-39页。

第 3 章 住户调查一体化数据质量评估的理论基础

$$A \begin{cases} > \sum B & \text{总量大于分量之和} \\ = \sum B & \text{总量等于分量之和} \\ < \sum B & \text{总量小于分量之和} \end{cases} \quad (3-1)$$

比如，个体数据和总体数据在一些方面应当一致。在确定个体（或总体）是可信的情况下，我们可以检验总体（或个体）的数据质量。例如，期末存量应为期初存量与期间流量之和，总人口数与男性人口加女性人口的大小比较等。

该方法主要包括：差额平衡法、同项相等法、运用生产和使用的平衡关系进行评估的方法。这种方法是国际上通用的可解释性原则的应用，也是目前各级统计部门检查各种住户调查数据质量时普遍使用的方法之一。

逻辑关系评估既适用于原始调查资料，也适用于汇总住户调查数据。但其不足之处在于它仅适用于有逻辑平衡关系的住户调查数据。通常情况下，数据间的各种逻辑错误可以运用计算机予以判别，但是当数据间出现非逻辑性平衡现象时，则难以做出准确的判别。

同时，该评估以逻辑关系进行对比的统计指标，相互作为参照标准，为双方获取统计检验的取值范围。比如总人口小于男性人口加女性人口之和，既可能是总人口的数据存在低估，也可能是男性人口或者女性人口存在高估，还可能是双方都存在着误差。

（2）相关指标评估

相关指标评估一方面是以相关指标间较稳定的经验比率或协同变动趋势等因素作为参照标准，以已知正确的指标作为参考，对被评估指标进行分析。根据指标间的比例关系、弹性系数等方面进行判断。

另一方面，也可以运用相关分析、回归分析、主成分分析、因果检验、VAR、协整等方法对数据关系进行分析，探索主要相关指标之间稳健的相互依赖性，为数据波动给出一个合理的边界值。

对于被评估指标 A 及与其关联指标 B 的 T 期数值，令

$$\dot{A}_t = \frac{\Delta A_t}{A_{t-1}} = \frac{A_t - A_{t-1}}{A_{t-1}}, \dot{B}_t = \frac{\Delta B_t}{B_{t-1}} = \frac{B_t - B_{t-1}}{B_{t-1}}, t = 2,3,\cdots,n \quad (3-2)$$

给定允许的误差限度 ε，如果

$$|\dot{A}_t - \dot{B}_t| > \varepsilon, t = 2,3,\cdots,n \quad (3-3)$$

则认为 A 中存在显著误差。

分析经济数据质量利用经济指标之间联系时，应从系统经济学理论出发，而不仅仅从一个行业（或产业）分析，要对经济指标间的联系进行全面考量。该方法在对 GDP 数据及其增长率的准确性评估中尤为常见，如 Maddison（1998）和 Wu（2000）提出的物量指数法，即以实物产量增长速度的加权平均法计算综合增长率的，Ren（1997）提出的价格指数法，利用各类价格指数对名义 GDP 进行缩减调整等。

使用相关指标方法评估必须设有以下两个前提：第一是相关指标间的关系在评估时期内是保持不变的，第二是使用的与被评估指标相关联的住户调查数据也必须是准确无误的。因而该方法的不足在于由于构建的统计指标与实际统计核算不尽一致，与评估指标相关联的指标也往往难以全部考虑，评估结论只能提供一种方向性的启示，但无法给出确切的误差水平。

（3）计量模型分析与统计诊断评估

对住户调查数据准确性的计量模型分析与统计诊断评估的基本原理是：以建立计量经济模型为基础、对相关指标的数据质量进行评估，分析被评估指标实际公布的统计值与模型拟合值（视为"真值"）之间的差异情况，根据数理统计中各项准则或者应用统计诊断理论计算各诊断统计量，识别出偏差较为显著的异常数值点。常用的检验统计量有残差、杠杆值、Cook 距离、$W - K$ 统计量、AP 统计量、似然距离和 score 统计量等[①]。具体实践操作为：

首先，将拟合以被评估指标作为被解释变量的经济计量模型：

$$X_t = f(Y_t, t, \theta) + e_t, t = 1,2,L,n \qquad (3-4)$$

其中 Y 表示与 X 相关联的，可作为模型的解释变量集合，θ 表示模型的参数集合。

然后，利用拟合优度和一系列统计检验的模型来分析被解释变量在评估期的预测值，并作为"真值"，亦即参照标准。

$$\hat{X}_t = f(Y_t, t, \hat{\theta}), t = 1,2,L,n \qquad (3-5)$$

最后，计算预测值与实际公布统计值之间的差异值，从中找出显著差异值的异常数值点，判断被评估指标的数据是否存在准确性问题。

---

① 韦博成、林金宫、谢锋昌：《统计诊断》，高等教育出版社，2009。

$$G_t = \frac{X_t - \hat{X}_t}{X_t}, t = 1,2,L,n \qquad (3-6)$$

给定允许误差限度 ε，如果有

$$|G_t| > \varepsilon, t = 1,2,L,n \qquad (3-7)$$

则第 t 期被解释变量的取值表现为异常点。

就理论而言，基于经济计量模型的统计诊断评估方法是较为科学严谨的，但是在运用中避免不了存在着一些限制因素。如用于建立计量模型的历史住户调查数据以及考察期的相关变量数据应确保是准确可靠的，这其中还包括被评估指标本身准确性的假设。

该评估方法的分析中，被解释变量中可能存在统计误差，而基于含有误差的数据进行建模，由于异常点的存在会导致初始模型与估计出现偏误而缺乏可靠性，而再用该模型的拟合值代表待评估指标的真实值，用来判别其中的异常点，其结论可能出现偏差。

被解释变量的异常数据有可能确实是住户调查数据准确性问题引起，但也可能是源于各种因素或外部冲击，故必须谨慎判断，通常要结合异常值数据所产生的背景，包括当时的社会经济环境。

(4) 核算数据评估

核算数据评估是通过统计核算的方法，重新估算统计指标数据，对相关统计指标的数据质量进行评估，其基本思路是：

首先，以统计指标 X 的核算为基础，通过研究找出该指标是否存在问题；

然后，根据第一步的结果，采用替代数据估算待评估指标数据 $\hat{X}$；

最后，以重估的指标数据 $\hat{X}$ 作为参考，与公布的住户调查数据 X 进行比较，判别被评估指标是否存在准确性问题。

$$W = \frac{X - \hat{X}}{X} \qquad (3-8)$$

给定允许误差限度 ε，如果有

$$|W| > \varepsilon, \qquad (3-9)$$

则待评估统计指标 X 为异常。

核算数据评估方法的关键是如何估计待评估的住户调查数据。待评估统计指标易受到所选替代数据的影响。选取不同的替代数据，得到的结果可能相差

很大,并且替代数据的选择具有主观性。

(5) 统计分布检验评估

统计分布检验评估住户调查数据的准确性是将数据的分布形式与特定的概率分布进行比较①。如果二者接近,则说明被评估的住户调查数据准确,反之则认为不准确。具体来讲,被评估指标的总体服从特定的概率分布,以概率分布函数的形式表示为:

$$F(x|\theta) = P\{X_i < x\} = \int_{-\infty}^{x} f(s|\theta)ds \qquad (3-10)$$

其中 $F(x|\theta)$ 是其概率密度函数, θ 为与该概率分布形式有关的待定参数。如果有个体数据 X_1, X_2, L, X_n,可以估计经验分布函数为

$$F_n(x) = m(x)/n \qquad (3-11)$$

其中 $m(x)$ 是样本数值中不大于 x 的个数。利用样本数据 X_1, X_2, L, X_n 对 θ 进行估计,可以得到总体分布函数 $F(x|\theta)$ 的样本估计结果 $\hat{F}(x|\hat{\theta})$。

如果个体数据 X_1, X_2, L, X_n 准确,当 $n \rightarrow \infty$ 时,有经验分布函数 $F_n(x)$ 依概率关于 x 均匀地收敛于总体分布函数 $F(x|\theta)$。如果 $F_n(x)$ 与 $F(x|\theta)$ 之间存在较大的不一致,则表明样本数据 X_1, X_2, L, X_n 中可能存在统计误差。

针对如何获知特定的概率分布形态问题,学者们对此做了探讨,成邦文(2000,2001)运用对数正态分布的一致性检验评估住户调查数据的准确性,设定置信区间(如5%显著水平)以表示误差的界限,以此来判别个体或分类数据中远离按既定分布规律所对应位置的异常点。傅德印(2001)运用探索性数据分析方法,识别数据异常数值。该方法的特点是突出异常数据或离群数据,并保证不毁坏原始数据中其他数据的形态。

本福特检验就是非常有代表性的统计分布评估检验方法。本福特定律的内容是:一堆从实际生活得出的数据中,以数 n 起头的数出现的机率为 $\log(n+1) - \log b(n)$。具体表现就是,越大的数,以它为首几位的数出现的机率就越低。它可用于检查各种数据是否有造假。

用统计分布检验法评估数据准确性易于基层人员理解和接受,适用于原始调查数据质量的控制和检验、汇总住户调查数据的质量探究的质量评估。该方

---

① 区分总量与个体(分类)统计数据的标准是相对的:对于以部门或地区确立的分类统计数据,是就某一部门或地区而言,即为总量统计数据;在国际比较中,总量统计数据则是以国家确立的分类统计数据中的一个单元。

法只能识别出远离大多数数值点极端值,对于靠近分布中心的点,即使出现较大的统计偏差,也不一定会变现为异常值。对于较多,甚至全部个体上都存在系统性数据偏差的情况,该方法也无能为力。

(6) 调查误差评估

调查误差评估是比较事后调查的数据与先前调查的数据,评估先前调查数据中所包含的非抽样误差。对抽样误差,目前已有完善的理论与方法。对于非抽样误差,由于其成因非常复杂,目前评估方法较为有限,比较有代表性的方法有事后重复调查。

此方法对各种非抽样误差评估,目前对这方面内容还有待进一步的研究,所以使用该方法对住户调查数据质量进行评估还受到一定的限制。

3.2.3 各类评估方法的比较

上文分析了六类评估方法,本节从可行性、可信性和精确性三个方面来进行归纳,对评估方法进行比较,找出对住户调查数据质量进行评估哪类方法更为合适。

(1) 评估方法的可行性

可行性表示评估所需资料可获取的程度与方法操作的难易程度。在可行性方面,逻辑关系评估、相关指标评估、计量模型分析与统计诊断评估、核算数据评估要求寻找与被评估指标具有逻辑相关性的统计指标作为参考标准,这一类资料一般可以在被评估指标同时公布的住户调查数据中获得。逻辑关系评估、核算数据评估、相关指标评估、计量模型分析与统计诊断评估四类方法在参考标准与比较方式的复杂程度方面存在依次递进的关系。统计分布检验评估需要事先掌握对于总体理论或经验分布的相关信息,实际运用中往往采取本福特定律,所以统计分布检验的方法在获取了经验分布后很容易实施评估。调查误差评估方法需要有大量的人力物力的支持,因此该方法只适用于住户调查数据的生产者,并且这种方法对于模型构造和参数估计的技术上也有较高的要求。

根据以上的分析,在可行性方面,逻辑关系评估、核算数据评估、相关指标评估、计量模型分析与统计诊断评估、统计分布检验五类方法在实际运用中较为可行。

（2）评估方法的可信性

可信性表示各类评估方法产生误判的可能性。在可信性方面，评估结论可能导致两种错误：一种是"弃真"错误，即将准确的数据判定为不准确的数据；另一种是"取伪"错误，即将存在统计误差的数据判定为准确的数据[①]。这二类评估方法产生"取伪"的可能性较大，即将存在统计误差的数据判定为准确的数据，这说明对住户调查数据中误差因素的识别能力可能存在着不足。计量模型分析与统计诊断评估方法由于有相关的经济理论和统计诊断理论的支撑，产生"取伪"的可能性较小。同时，由于统计核算制度缺陷、社会进步导致的数据突变等原因也可能使逻辑评估、相关指标评估、计量模型分析与统计诊断评估、核算数据评估方法产生"弃真"错误。

对于调查误差评估方法，其准确性依赖于对误差机制所设置的假定与现实情况接近的情况，模型估计的本身的不确定性也会影响准确性，但该方法在实际运用中的准确性较高。

根据以上的分析，在可信性方面，逻辑关系评估、计量模型分析与统计诊断评估方法和统计分布检验方法是以上六类评估方法中可信性较高的。

（3）评估方法的精确性

精确性表示各类评估方法能够显示住户调查数据偏离正常水平的程度。在精确性方面，逻辑关系评估、相关指标评估、核算数据评估主要从方向上对住户调查数据是否偏离"真值"进行判断，但是很难判断出偏离"真值"的具体程度。计量模型分析与统计诊断评估方法借助经济理论和统计诊断理论，可以在计量模型分析的基础上，通过诊断统计量找出数据中的异常值，然后再借助经济计量模型对数据进行统计修正，因此该方法的精确性较高。

统计分布检验评估能识别出远离大多数数值点的极端值，以供进一步的核实。调查误差评估方法通过对住户调查数据的误差的把握，利用调查数据对初始住户调查数据的各项误差参数进行估计，具有较高的精确性。

根据以上的分析，在精确性方面，逻辑关系评估、计量模型分析与统计诊断评估方法和统计分布检验方法是以上六类评估方法中精确性较高的。

通过以上的比较分析，在可行性方面，逻辑关系评估、核算数据评估、相关指标评估、计量模型分析与统计诊断评估、统计分布检验五类方法在实际运

---

① 盛骤、谢式千、潘承毅：《概率论与数理统计》，高等教育出版社，2001。

用中较为可行；在可信性方面，计量模型分析与统计诊断方法评估和统计分布评估方法是较为可信的；在精确性方面，计量模型分析与统计诊断评估方法和统计分布评估方法是较为精确的。

因此，本书认为对住户调查数据质量进行评估，综合可行性、可信性和精确性三个方面来看，逻辑关系评估、计量模型分析与统计诊断评估、分布检验评估是以上六类评估方法中较为合适的方法。本书后面的研究也主要使用这三种方法对住户调查数据质量进行评估。

第4章 住户调查一体化数据质量评估的实证分析

前文介绍了住户调查数据质量评估的理论基础。本章以该理论为基础，首先运用逻辑评估方法，然后应用统计分布检验评估，最后运用计量模型分析与统计诊断，对全国31个省、市、自治区的住户调查数据的准确性进行评估。

4.1 指标的选取与数据说明

4.1.1 住户调查数据选取

住户调查数据数量庞杂，既有最初始的根据住户调查问卷统计的数据，也有乡、县、市、省再到国家一级一级上报的汇总数据，这其中每一层都可能出现统计误差或者统计失误，实证研究前需确定选取哪一级的研究最有意义。

笔者通过询问统计调查大队有关工作人员，联系书的写作目的，最终确定选择省市的汇总数据进行研究，主要原因有三，具体如下：

其一，这是由住户调查的工作目的决定的。住户调查的最终目的是帮助各直辖市政府、各省政府乃至国家政府了解居民生活状况，从而制定相应的经济发展战略和社会保障制度。因此，从执行住户调查工作的目的的角度来看，应该从各省市的住户调查汇总数据入手，检验政府最后得到的、用于制定政策的住户调查数据汇总结果是否准确，因为这些数据汇总的结果是真正影响政府战略、影响居民生活的数据。

其二，最原始的统计调查大队调查得到的住户调查数据难以获得，因为原始的调查问卷和收支账本都由相应统计机关负责保存，他人无权调阅，并且对每一份问卷或每一本居民收支账，想要评估它们的数据准确性是比较困难的，难度主要体现在实际调查过程中对人力、物力的需求上，因为对每个受访户的真实情况进行性调查十分耗时耗力，实际生活中普通的统计工作者无法得到住户调查数据的基层原始数据，只能直接对得到的住户调查汇总数据进行准确性评估，因此针对住户调查汇总数据的准确性评估方法应用范围较广。

  其三，本书的研究方向是对住户调查数据的质量做评估，而不是寻找误差来源。因此评估工作应该针对的是结果，而不是过程。如果对省市一级的住户调查汇总数据进行准确性评估后发现，不存在准确性问题，则不用再对乡县一级的数据再做检验。如果存在准确性问题，需要再往下查询乡县一级的住户调查数据做深入研究，寻找误差原因和统计失误出现的环节，这是统计局的住户调查工作人员需要重点解决的问题，已经不属于研究范畴之内。

  综合以上几点原因，最终选择省一级的统计部门发布的住户调查汇总数据进行准确性评估的实证检验。在查阅有关资料后发现，住户调查涵盖大量统计指标，包含居民生活的方方面面，总体分为四大类表格，分别是居民家庭成员基本情况调查表，包括家庭成员、户口状况、就业情况、彩电等家具拥有量以及生活中的用水用电量等指标；居民家庭现金收支调查表，包括起初（期末）手存现金、家庭总收入、可支配收入、存入储蓄款等指标；居民家庭消费支出调查表，包括消费性支出、粮食支出、衣着支出、教育支出等指标；居民家庭非现金收入调查表，包括单位的食品福利、交通福利、通信福利等指标。这些基础指标数据经过相关统计机关计算汇总后，才会形成统计部门发布的反映人民生活的官方数据。因此，本书综合考虑数据的重要性和调查、计算过程的复杂程度，选择居民人均可支配收入数据和居民人均支出数据进行研究。因为对受访户的收支记账进行数据汇总是住户调查工作的重中之重，据此计算各地区的人均可支配收入和人均支出是住户调查工作最主要的工作目标，所以它们的准确性最为重要。而且这二类数据在计算过程中需要汇总的基础指标类别繁杂，计算汇总过程中出现统计误差的概率较大，所以选择这二个类别的数据进行实证研究最有实际意义。

  具体实证研究过程中，笔者发现省统计局和市统计局的住户调查汇总数据准确性很可能会有差别，因为省级统计局还要汇总管辖的各市统计局数据，且其下属各市的居民生活状况可能会有较大差距，汇总的时候产生误差的可能性更高。同时不同省的住户调查汇总数据的准确性高低也可能不一样，因为各省的经济情况和人才储备情况不同。经济强省的住户统计调查大队可能会得到更有力的政府资金支持，基层的调查人员的统计素养可能更高。因此考虑到多方面因素，最终选取全国31个省级住户调查数据为研究对象。

4.1.2　城镇居民人均可支配收入数据质量评估相关指标

在对城镇居民人均可支配收入进行评估，选取以下指标：X_1代表该地区人均居民储蓄存款（deposit），X_2代表该地区的平均工资水平（wage），X_3代表该地区的社会消费品零售总额人均值（retail），X_4代表该地区出口额的人均值（export），X_5代表该地区的地方财政收入人均值（revenue），X_6三产比重（tertiary proportion）。

4.1.3　农村居民人均可支配收入数据质量评估相关指标

在对农村居民人均可支配收入进行评估，选取以下指标：X_1农业人口比重（agricultural population）、X_2农村居民最终消费构成比重（final consumption）、X_3人均地方公共财政预算支出（budget expenditure）、X_4农作物播种面积（万公顷）（crops）、X_5农业机械总动力（亿千瓦时）（agricultural machinery）、X_6年降水量（毫米）（rainfall）。

4.2　住户调查一体化数据质量评估的实证分析

4.2.1　分省市住户调查数据实证分析

（1）北京市住户调查数据评估

①逻辑关系评估。根据逻辑关系评估法的一般流程，为了评估农村居民人均总支出数据的准确性，本书选择了北京城镇、农村居民人均可支配收入数据与人均支出数据进行比较。这里做出了北京统计局发布的2000—2016年的北京

城镇、农村居民人均收入数据和人均支出数据（2014年及以后数据是根据城乡一体化住户调查数据）的折线图，具体如图4-1所示。

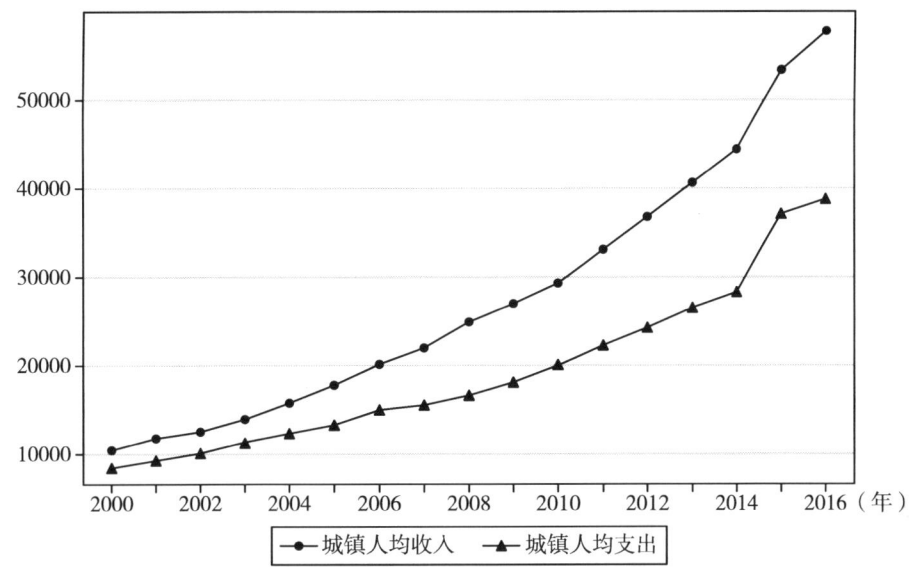

图4-1　2000—2016年北京市城镇人均可支配收入和人均支出数据折线图

从图4-1中可以看出，北京市城镇人均可支配收入和人均支出逐年递增，没有出现过下降现象，这比较符合我国的经济发展情况。北京城镇人均收入与人均支出之间的距离在不断扩大，并且都在2014—2015年中有一个较大的跳跃。

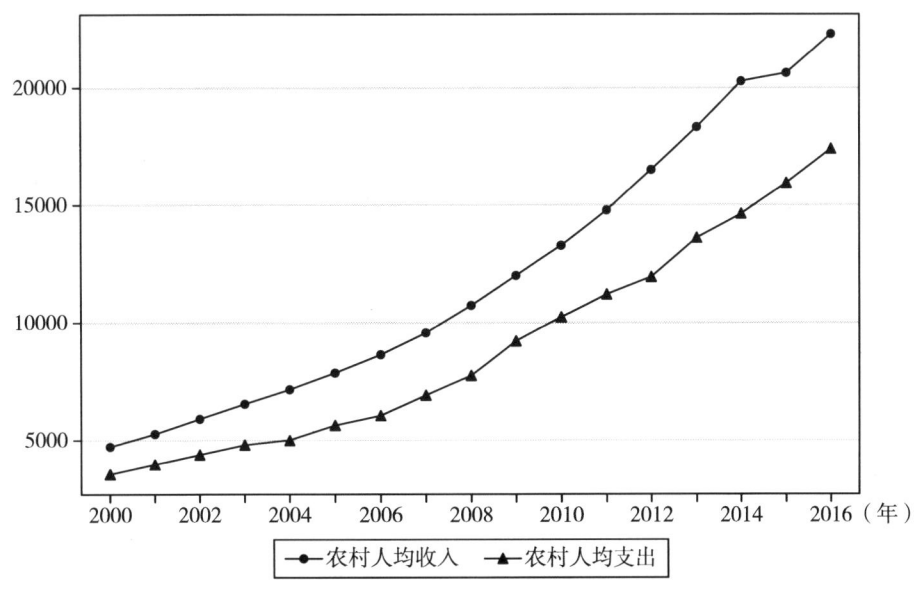

图4-2　2000—2016年北京市农村人均可支配收入和人均支出数据折线图

从图4-2中可以看出,北京市农村人均可支配收入和人均支出逐年递增,没有出现过下降现象,这比较符合我国的经济发展情况。相对于北京城镇人均收入与人均支出的数据,北京农村人均收入与支出间的距离变化小很多。

②分布检验评估。本书选取北京市统计局发布的2000—2016年的北京城镇、农村居民人均可支配收入数据与人均支出数据进行本福特定律的分布检验。利用R软件进行分析,检验北京市统计局公布的城镇、农村居民人均可支配收入数据与人均支出数据是否符合本福特定律描述的分布,具体结果如图4-3所示。

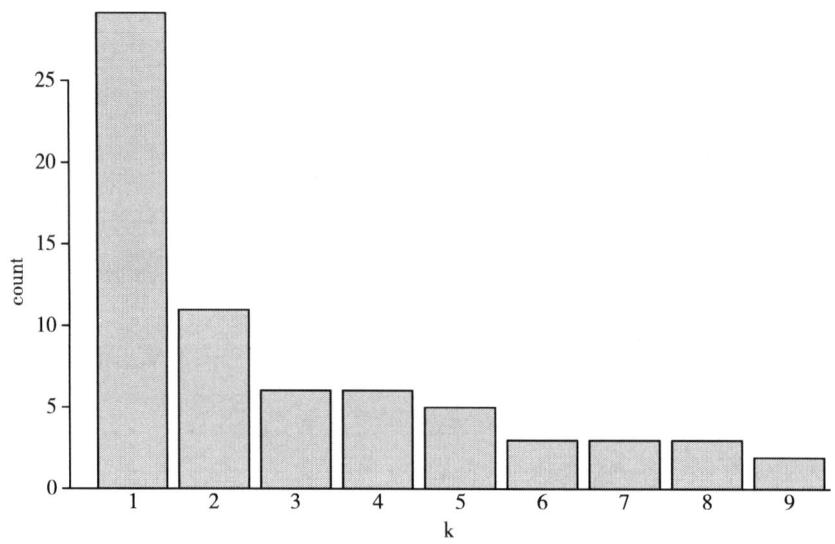

图4-3　北京市住户调查数据本福特定律检验结果图

图4-3显示,北京市统计局公布的城镇、农村居民人均可支配收入数据与人均支出数据的总体分布情况大体服从本福特定律,1开头的数据最多,9开头的数据最少,大致是从1开头到从9开头,数据量越来越少。再进一步对待检测数据做卡方检验,结果如表4-1所示。

表4-1　2000—2016年北京数据本福特定律检验表

	住户调查数据
Chi – squared	5.6651
df	8
p – value	0.6847

从表4-1可以看出,p值为0.6847,远大于显著性水平0.05,不能拒绝住

户调查数据满足本福特定律的原假设。可以认为北京市统计局发布的2000—2016年的公布的城镇、农村居民人均可支配收入数据与人均支出数据是符合本福特定律的。因此可以认为待检测数据通过了分布检验，根据分布检验评估法原理，暂时不认为待评估数据的准确性存在问题。

③统计诊断评估。可分为对城镇人均可支配收入数据诊断和农村人均可支配收入数据诊断。

A. 对城镇人均可支配收入数据诊断分以下几个步骤：

a. 建立回归模型

利用城镇人均可支配收入与人均居民储蓄存款（deposit）、平均工资水平（wage）、社会消费品零售总额人均值（retail）、出口额人均值（export）、人均地方财政收入（revenue）、三产比重（tertiary proportion）的内在联系，城镇人均可支配收入为因变量，人均居民储蓄存款、平均工资水平、社会消费品零售总额人均值、出口额人均值、人均地方财政收入、三产比重为自变量，对北京市2000—2016年城镇人均可支配收入数据建立回归模型，得到的结果如表4-2所示。

表4-2　　　　　北京城镇人均可支配收入模型回归结果

	Estimate	Std. Error	t-value	P-value
(Intercept)	30521.97	15891.35	1.920666	0.083717
deposit	0.220924	0.083228	2.654445	0.024128
wage	0.647477	0.139373	4.645632	0.000914
retail	-1.80905	0.389787	-4.64112	0.00092
export	-0.94767	0.533807	-1.77531	0.106234
revenue	1.410408	0.544661	2.589517	0.026972
tertiary proportion	-27392.2	23987.4	-1.14194	0.280085

表4-3　　　　　北京城镇人均可支配收入模型拟合效果

Multiple R^2	Adjusted R^2	F-statistic	df1	df2	p-value
0.999	0.998	1.15e+03	6	10	0.000

表4-3显示，建立的回归模型的拟合优度为0.998，F检验统计量为1.15e+03，对应的p值为0.000，说明该模型的拟合效果极好。

b. 统计诊断检验

表4-4　北京城镇人均可支配收入的学生化残差、cooks 距离

year	income_rstu	income_cooks	year	income_rstu	income_cooks
2000	1.063248	0.190965	2009	1.287024	0.129707
2001	-0.189191	0.002506	2010	1.484759	0.257482
2002	-1.701592	0.149841	2011	-0.830083	0.227529
2003	-0.011681	7.11E-06	2012	-1.433893	0.085068
2004	0.205524	0.001985	2013	-0.484854	0.011447
2005	-0.032121	9.89E-05	2014	-0.842281	0.241339
2006	-0.399811	0.022473	2015	1.168722	0.125043
2007	0.726016	0.101991	2016	0.341957	0.024374
2008	-0.433162	0.019916			

从表4-4可以看出，没有任何一年的学生化残差的绝对值大于5%显著性水平对应的t值（1.753）的绝对值，也没有任何一年的cook距离较大。

B. 对应农村人均可支配收入数据诊断分为以下步骤：

a. 建立回归模型

利用农村人均可支配收入与农业人口比重（agricultural population）、农村居民最终消费构成比重（final consumption）、人均地方公共财政预算支出（budget expenditure）、农作物播种面积（crops）、农业机械总动力（agricultural machinery）、降水量（rainfall）的内在联系，农村人均可支配收入为因变量，农业人口比重、农村居民最终消费构成比重、人均地方公共财政预算支出、农作物播种面积、农业机械总动力、降水量为自变量，对北京市2000—2016年农村人均可支配收入数据建立回归模型，得到的结果如表4-5所示。

表4-5　北京农村人均可支配收入模型回归结果

	Estimate	Std. Error	t-value	P-value
(Intercept)	24301.54	5198.659	4.674578	0.000875
agricultural population	-155480	41080.07	-3.78479	0.003574
final consumption	130386.9	34372.89	3.793306	0.003524
budget expenditure	0.434872	0.098197	4.428579	0.001277

续表

	Estimate	Std. Error	t-value	P-value
crops	-95.7799	58.05879	-1.64971	0.130017
agricultural machinery	-5.57816	14.43072	-0.38655	0.707189
rainfall	0.317957	1.737308	0.183017	0.858442

表4-6　　北京农村人均可支配收入模型拟合效果

Multiple R²	Adjusted R²	F-statistic	df1	df2	p-value
0.993	0.988	228	6	10	0.000

表4-6显示，建立的回归模型的拟合优度为0.988，F检验统计量为228，对应的p值为0.000，说明该模型的拟合效果极好。

b. 统计诊断检验

表4-7　　北京农村可支配人均收入的学生化残差、cooks距离

year	income_rstu	income_cooks	year	income_rstu	income_cooks
2000	0.102238	0.003912	2009	-0.056694	0.000179
2001	0.425802	0.011448	2010	-1.572976	0.195779
2002	-0.172337	0.001684	2011	0.177901	0.005236
2003	-0.469532	0.024388	2012	1.463333	0.206355
2004	0.302738	0.009168	2013	0.973087	0.035641
2005	0.017964	2.23E-05	2014	1.384664	0.217084
2006	0.883893	0.111013	2015	-0.668957	0.072278
2007	-0.532365	0.011579	2016	-1.356976	0.334077
2008	-1.589881	0.264708			

从表4-7可以看出，没有任何一年的学生化残差的绝对值大于5%显著性水平对应的t值（1.753）的绝对值。也没有任何一年的cook距离较大。

（2）天津市住户调查数据评估

①逻辑关系评估。根据逻辑关系评估法的一般流程，为了评估农村居民人均总支出数据的准确性，本书选择了天津城镇、农村居民人均可支配收入数据与人均支出数据进行比较。这里做出了天津统计局发布的2000—2016年的天津

城镇、农村居民人均收入数据和人均支出数据（2014年及以后数据是根据城乡一体化住户调查数据）的折线图，具体如图4-4所示。

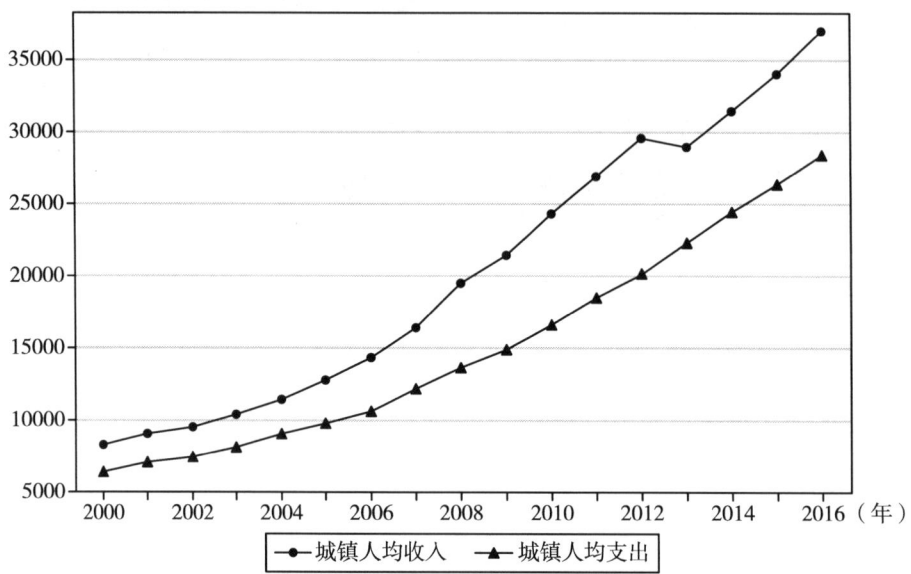

图4-4　2000—2016年天津市城镇人均可支配收入和人均支出数据折线图

从图4-4中可以看出，天津市除了2013年城镇人均收入略微下降以外，城镇人均可支配收入和人均支出逐年递增，这比较符合我国的经济发展情况。天津的城镇人均收入与人均支出之间的距离在不断扩大。

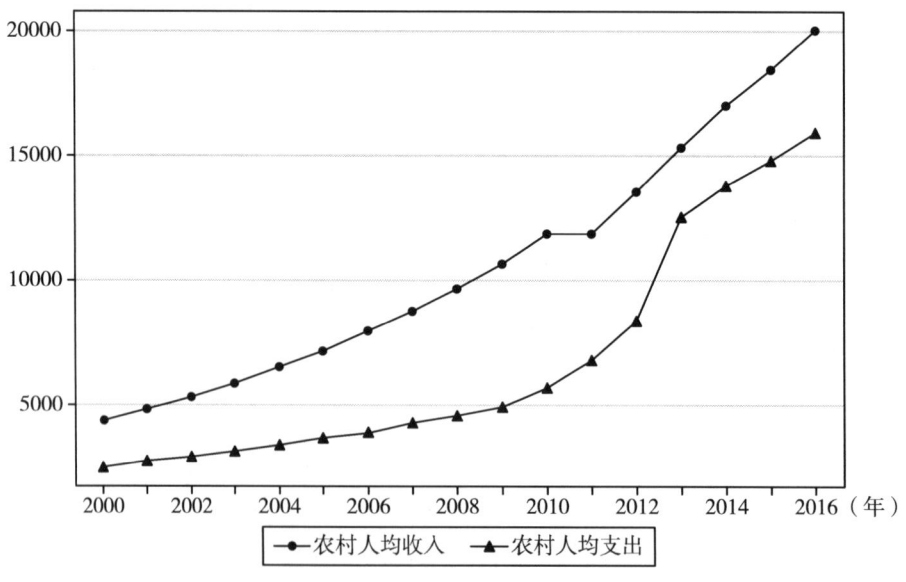

图4-5　2000—2016年天津市农村人均可支配收入和人均支出数据折线图

从图4-5中可以看出，天津市农村人均可支配收入和人均支出逐年递增，没有出现过下降现象，这比较符合我国的经济发展情况。2011年天津农村人均收入增幅平缓，2013年农村人均支出出现大幅度增长。

②分布检验评估。主要是选取天津市统计局发布的2000—2016年的天津城镇、农村居民人均可支配收入数据与人均支出数据进行本福特定律的分布检验。利用R软件进行分析，检验天津市统计局公布的城镇、农村居民人均可支配收入数据与人均支出数据是否符合本福特定律描述的分布，具体结果如图4-6所示。

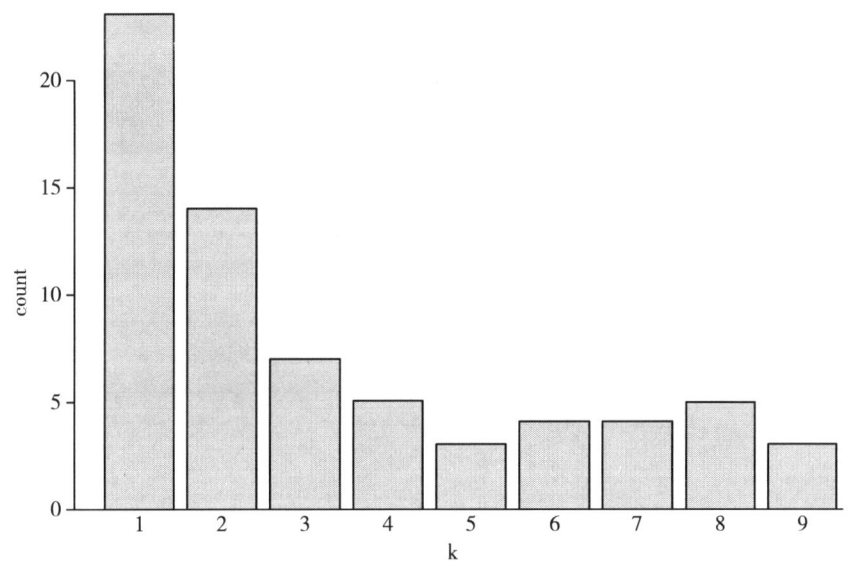

图4-6 天津市住户调查数据本福特定律检验结果图

图4-6显示，天津市统计局公布的城镇、农村居民人均可支配收入数据与人均支出数据的总体分布情况大体服从本福特定律，大致是从1开头到从9开头，数据量越来越少。再进一步对待检测数据做卡方检验，结果如表4-8所示。

表4-8 2000—2016年天津数据本福特定律检验表

	住户调查数据
Chi – squared	3.1
df	8
p – value	0.9

从表4-8可以看出，p值为0.9，远大于显著性水平0.05，不能拒绝住户

调查数据满足本福特定律的原假设。可以认为天津市统计局发布的2000—2016年的公布的城镇、农村居民人均可支配收入数据与人均支出数据是符合本福特定律的。因此可以认为待检测数据通过了分布检验,根据分布检验评估法原理,暂时不认为待评估数据的准确性存在问题。

③统计诊断评估。

A. 对城镇人均可支配收入数据诊断过程如下:

a. 建立回归模型

利用城镇人均可支配收入与人均居民储蓄存款(deposit)、平均工资水平(wage)、社会消费品零售总额人均值(retail)、出口额人均值(export)、人均地方财政收入(revenue)、三产比重(tertiary proportion)的内在联系,城镇人均可支配收入为因变量,人均居民储蓄存款、平均工资水平、社会消费品零售总额人均值、出口额人均值、人均地方财政收入、三产比重为自变量,对天津市2000—2016年城镇人均可支配收入数据建立回归模型,得到的结果如表4-9所示。

表4-9　天津城镇人均可支配收入模型回归结果

	Estimate	Std. Error	t-value	P-value
(Intercept)	-13437.2	14239.49	-0.943662	0.367585
deposit	0.312473	0.21306	1.466595	0.173215
wage	0.014969	0.19832	0.075481	0.941321
retail	0.331304	0.50523	0.655749	0.526784
export	0.697022	0.807757	0.862911	0.408405
revenue	-0.058683	0.444214	-0.13191	0.89767
tertiary proportion	31663.45	31318.84	1.011003	0.335851

表4-10　天津城镇人均可支配收入模型拟合效果

Multiple R^2	Adjusted R^2	F-statistic	df1	df2	p-value
0.996	0.994	447	6	10	0.000

表4-10显示,建立的回归模型的拟合优度为0.994,F检验统计量为447,对应的p值为0.000,说明该模型的拟合效果极好。

b. 统计诊断检验

表 4 – 11　天津城镇人均可支配收入的学生化残差、cooks 距离

year	income_rstu	income_cooks	year	income_rstu	income_cooks
2000	0.929619	0.074166	2009	-0.702813	0.080058
2001	0.523406	0.018663	2010	0.327298	0.011945
2002	-1.077621	0.157665	2011	1.298308	0.130155
2003	-0.279884	0.00557	2012	1.303044	0.19343
2004	0.118233	0.000905	2013	-1.046331	0.180133
2005	-0.709722	0.021457	2014	0.218013	0.005544
2006	-0.795392	0.091104	2015	-0.452144	0.0187814
2007	0.478588	0.024742	2016	0.644604	0.2449721
2008	0.238042	0.010632			

从表 4 – 11 可以看出，没有任何一年的学生化残差的绝对值大于 5% 显著性水平对应的 t 值（1.753）的绝对值。也没有任何一年的 cook 距离较大。

B. 对应农村人均可支配收入数据诊断如下：

a. 建立回归模型

利用农村人均可支配收入与农业人口比重（agricultural population）、农村居民最终消费构成比重（final consumption）、人均地方公共财政预算支出（budget expenditure）、农作物播种面积（crops）、农业机械总动力（agricultural machinery）、降水量（rainfall）的内在联系，农村人均可支配收入为因变量，农业人口比重、农村居民最终消费构成比重、人均地方公共财政预算支出、农作物播种面积、农业机械总动力、降水量为自变量，对天津市 2000—2016 年农村人均可支配收入数据建立回归模型，得到的结果如表 4 – 12 所示。

表 4 – 12　天津农村人均可支配收入模型回归结果

	Estimate	Std. Error	t – value	P – value
(Intercept)	92322.87	20931.94	4.410623	0.001313
agricultural population	-198189	46557.72	-4.25686	0.001671
final consumption	-13004.8	19121.13	-0.68013	0.51186

续表

	Estimate	Std. Error	t - value	P - value
budget expenditure	0.114265	0.157575	0.72515	0.484983
crops	33.62519	55.52515	0.605585	0.558284
agricultural machinery	-8.92061	6.02071	-1.48165	0.169242
rainfall	-0.77303	0.59107	-1.30785	0.220191

表4-13　天津农村人均可支配收入模型拟合效果

Multiple R^2	Adjusted R^2	F - statistic	df1	df2	p - value
0.993	0.997	834	6	10	0.000

表4-13显示，建立的回归模型的拟合优度为0.997，F检验统计量为834，对应的p值为0.000，说明该模型的拟合效果极好。

b. 统计诊断检验

表4-14　天津农村可支配人均收入的学生化残差、cooks距离

year	income_rstu	income_cooks	year	income_rstu	income_cooks
2000	0.408014	0.023752	2009	1.007062	0.0245
2001	0.552321	0.026253	2010	1.362168	0.235047
2002	0.025744	5.04E-05	2011	-1.393226	0.243832
2003	-1.390425	0.270883	2012	0.486686	0.032789
2004	-0.438552	0.020991	2013	-1.564857	0.267639
2005	0.149606	0.001996	2014	-0.175586	0.002803
2006	-0.306293	0.014419	2015	1.730106	0.274113
2007	-0.519225	0.020642	2016	0.232378	0.0864
2008	0.758969	0.024322			

从表4-14可以看出，没有任何一年的学生化残差的绝对值大于5%显著性水平对应的t值（1.753）的绝对值，也没有任何一年的cook距离较大。

（3）河北省住户调查数据评估

①逻辑关系评估。根据逻辑关系评估法的一般流程，为了评估农村居民人均总支出数据的准确性，本书选择了河北城镇、农村居民人均可支配收入数据与人均支出数据进行比较。这里做出了河北统计局发布的2000—2016年的河北

城镇、农村居民人均收入数据和人均支出数据（2014年及以后数据是根据城乡一体化住户调查数据）的折线图，具体如图4-7所示。

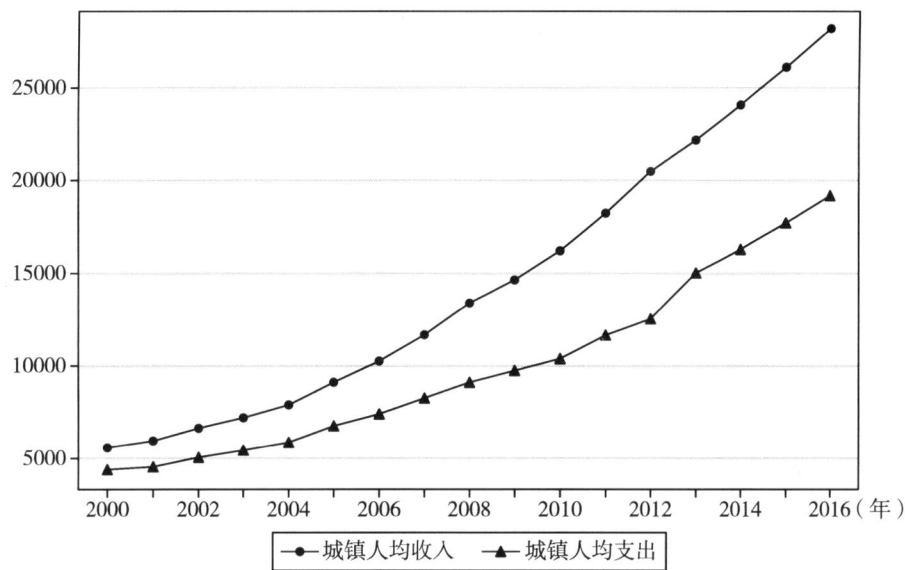

图4-7　2000—2016年河北省城镇人均可支配收入和人均支出数据折线图

从图4-7中可以看出，河北省城镇人均可支配收入和人均支出逐年递增，没有出现过下降现象，这比较符合我国的经济发展情况，并且河北城镇人均收入与人均支出之间的距离在不断扩大。

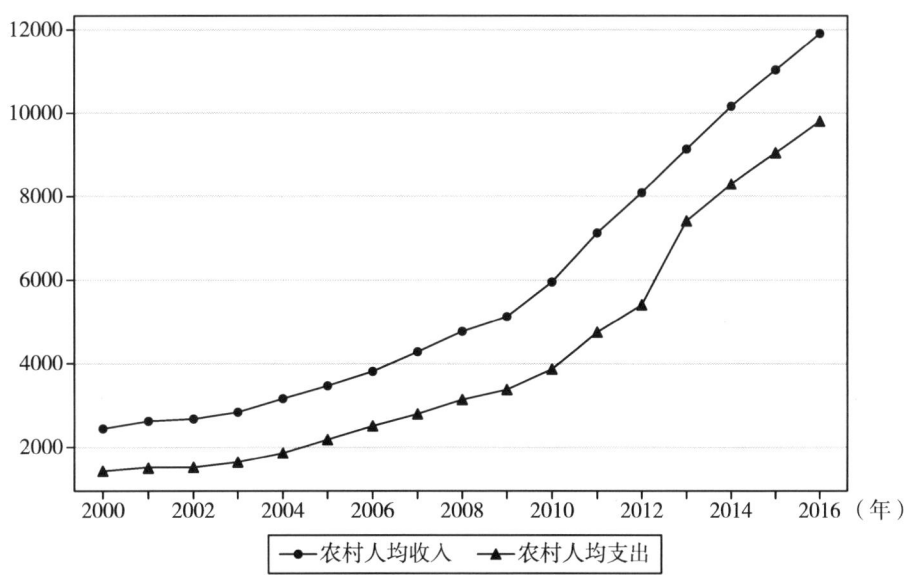

图4-8　2000—2016年河北省农村人均可支配收入和人均支出数据折线图

从图4-8中可以看出，河北省农村人均可支配收入和人均支出逐年递增，没有出现过下降现象，这比较符合我国的经济发展情况，并且河北城镇人均收入与人均支出增长趋势基本保持一致。

②分布检验评估。本书选取河北省统计局发布的2000—2016年的河北城镇、农村居民人均可支配收入数据与人均支出数据进行本福特定律的分布检验。利用R软件进行分析，检验河北省统计局公布的城镇、农村居民人均可支配收入数据与人均支出数据是否符合本福特定律描述的分布，具体结果如图4-9所示。

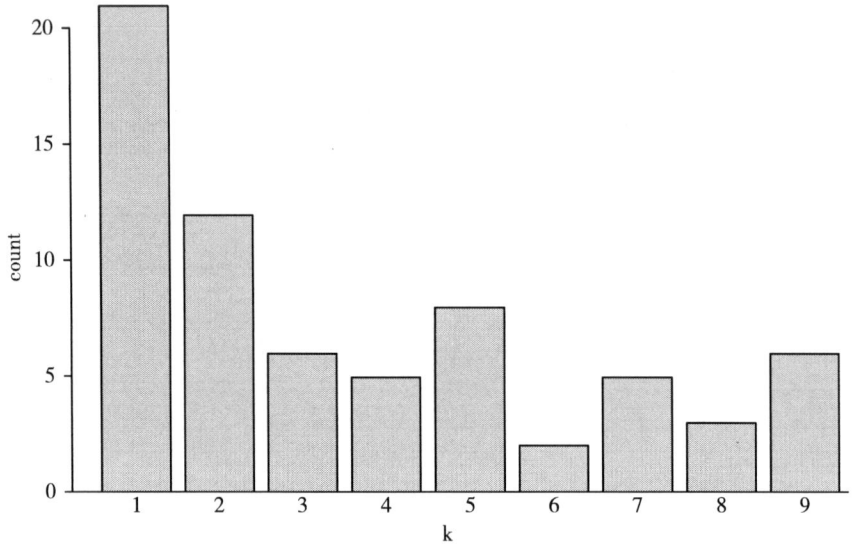

图4-9　河北省住户调查数据本福特定律检验结果图

图4-9显示，河北省统计局公布的城镇、农村居民人均可支配收入数据与人均支出数据的总体分布情况大体服从本福特定律，1开头的数据最多，从1开头到从9结尾，数据量越来越少。再进一步对待检测数据做卡方检验，结果如表4-15所示。

表4-15　　　　2000—2016年河北数据本福特定律检验表

	住户调查数据
Chi-squared	6.9
df	8
p-value	0.6

从表 4-15 可以看出，p 值为 0.6，远大于显著性水平 0.05，不能拒绝住户调查数据满足本福特定律的原假设。可以认为河北省统计局发布的 2000—2016 年的公布的城镇、农村居民人均可支配收入数据与人均支出数据是符合本福特定律的。因此可以认为待检测数据通过了分布检验，根据分布检验评估法原理，暂时不认为待评估数据的准确性存在问题。

③统计诊断评估。

A. 对城镇人均可支配收入数据诊断如下：

a. 建立回归模型

利用城镇人均可支配收入与人均居民储蓄存款（deposit）、平均工资水平（wage）、社会消费品零售总额人均值（retail）、出口额人均值（export）、人均地方财政收入（revenue）、三产比重（tertiary proportion）的内在联系，城镇人均可支配收入为因变量，人均居民储蓄存款、平均工资水平、社会消费品零售总额人均值、出口额人均值、人均地方财政收入、三产比重为自变量，对河北省 2000—2016 年城镇人均可支配收入数据建立回归模型，得到的结果如表 4-16 所示。

表 4-16　　河北城镇人均可支配收入模型回归结果

	Estimate	Std. Error	t-value	P-value
(Intercept)	-1172.27	3534.006	-0.33171	0.746341
deposit	0.275494	0.075849	3.632118	0.003942
wage	0.112211	0.056384	1.990102	0.072014
export	5.73019	2.481463	2.309198	0.041357
revenue	0.698434	0.445216	1.568743	0.145006
tertiary proportion	10992.26	10760.29	1.021559	0.328932

表 4-17　　河北城镇人均可支配收入模型拟合效果

Multiple R^2	Adjusted R^2	F-statistic	df1	df2	p-value
0.999	0.996	2.75e+03	5	11	0.000

表 4-17 显示，建立的回归模型的拟合优度为 0.996，F 检验统计量为 2.75e+03，对应的 p 值为 0.000，说明该模型的拟合效果极好。

b. 统计诊断检验

表 4-18　河北城镇人均可支配收入的学生化残差、cooks 距离

year	income_rstu	income_cooks	year	income_rstu	income_cooks
2000	-0.542242	0.019433	2009	1.398254	0.252747
2001	-0.973497	0.039194	2010	-0.771265	0.050133
2002	-0.628485	0.051076	2011	-2.102626	0.244283
2003	-0.418394	0.009829	2012	-0.244153	0.011467
2004	-0.260193	0.00671	2013	-0.261042	0.008979
2005	0.619012	0.012706	2014	0.325344	0.018421
2006	1.718917	0.048248	2015	0.012906	1.94E-05
2007	2.347101	0.419308	2016	0.428462	0.045735
2008	-0.44356	0.039036			

从表 4-18 可以看出，2007 年的学生化残差的绝对值大于 5% 显著性水平对应的 t 值（1.753）的绝对值，此点可能成为强影响点。2007 年的 cook 距离较大，该点为强影响点，是可能的异常值。

B. 对农村人均可支配收入数据诊断如下：

a. 建立回归模型

利用农村人均可支配收入与农业人口比重（agricultural population）、农村居民最终消费构成比重（final consumption）、人均地方公共财政预算支出（budget expenditure）、农作物播种面积（crops）、农业机械总动力（agricultural machinery）、降水量（rainfall）的内在联系，农村人均可支配收入为因变量，农业人口比重、农村居民最终消费构成比重、人均地方公共财政预算支出、农作物播种面积、农业机械总动力、降水量为自变量，对河北省 2000—2016 年农村人均可支配收入数据建立回归模型，得到的结果如表 4-19 所示。

表 4-19　河北农村人均可支配收入模型回归结果

	Estimate	Std. Error	t-value	P-value
(Intercept)	12219.07	8991.551	1.358951	0.201373
agricultural population	1244.379	2534.92	0.490895	0.633147
budget expenditure	1.342674	0.082982	16.18033	5.12E-09

续表

	Estimate	Std. Error	t – value	P – value
crops	– 10.3694	10.85503	– 0.95526	0.359968
agricultural machinery	– 0.15464	0.103473	– 1.49445	0.16318
rainfall	– 2.46492	1.58431	– 1.55583	0.148033

表 4 – 20　　河北农村人均可支配收入模型拟合效果

Multiple R^2	Adjusted R^2	F – statistic	df1	df2	p – value
0.993	0.989	298	5	11	0.000

表 4 – 20 显示，建立的回归模型的拟合优度为 0.989，F 检验统计量为 298，对应的 p 值为 0.000，说明该模型的拟合效果极好。

b. 统计诊断检验

表 4 – 21　　河北农村可支配人均收入的学生化残差、cooks 距离

year	income_rstu	income_cooks	year	income_rstu	income_cooks
2000	0.573196	0.043921	2009	– 1.024163	0.045745
2001	0.080062	0.000575	2010	– 1.063017	0.023967
2002	– 0.732366	0.048163	2011	– 1.593944	0.058338
2003	0.266021	0.021551	2012	– 1.198926	0.045219
2004	– 0.219044	0.005625	2013	1.374579	0.116269
2005	1.417821	0.158867	2014	2.685791	0.606756
2006	0.125851	0.001698	2015	0.241399	0.005335
2007	– 0.031715	6.5E – 05	2016	– 1.600846	0.221894
2008	0.644642	0.024165			

从表 4 – 21 可以看出，2014 年的学生化残差的绝对值大于 5% 显著性水平对应的 t 值（1.753）的绝对值，这些点可能成为强影响点。2014 年的 cook 距离较大，这些点为强影响点，是可能的异常值。

（4）山西省住户调查数据评估

①逻辑关系评估。根据逻辑关系评估法的一般流程，为了评估农村居民人均总支出数据的准确性，本书选择了山西城镇、农村居民人均可支配收入数据与人均支出数据进行比较。这里做出了山西统计局发布的 2000—2016 年的山西

城镇、农村居民人均收入数据和人均支出数据（2014年及以后数据是根据城乡一体化住户调查数据）的折线图，具体如图4-10所示。

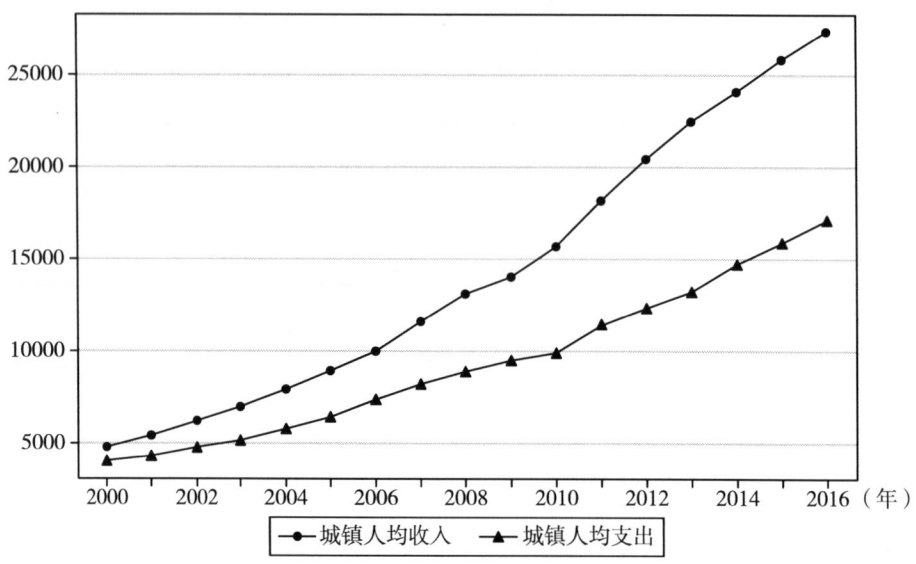

图4-10　2000—2016年山西省城镇人均可支配收入和人均支出数据折线图

从图4-10中可以看出，山西省城镇人均可支配收入和人均支出逐年递增，没有出现过下降现象，这比较符合我国的经济发展情况。山西城镇人均收入与人均支出之间的距离在不断扩大，并且在2011—2012年有一个较大的跳跃。

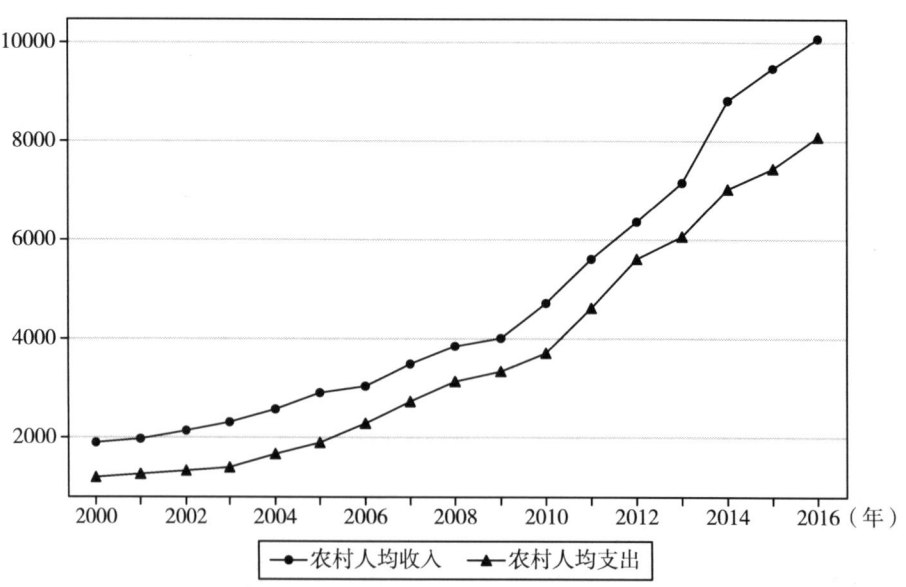

图4-11　2000—2016年山西省农村人均可支配收入和人均支出数据折线图

从图4-11中可以看出，山西省农村人均可支配收入和人均支出逐年递增，没有出现过下降现象，这比较符合我国的经济发展情况。相对于山西城镇人均收入与人均支出的数据，山西农村人均收入与支出间的距离变化小很多。

②分布检验评估。本书选取山西省统计局发布的2000—2016年的山西城镇、农村居民人均可支配收入数据与人均支出数据进行本福特定律的分布检验。利用R软件进行分析，检验山西省统计局公布的城镇、农村居民人均可支配收入数据与人均支出数据是否符合本福特定律描述的分布，具体结果如图4-12所示。

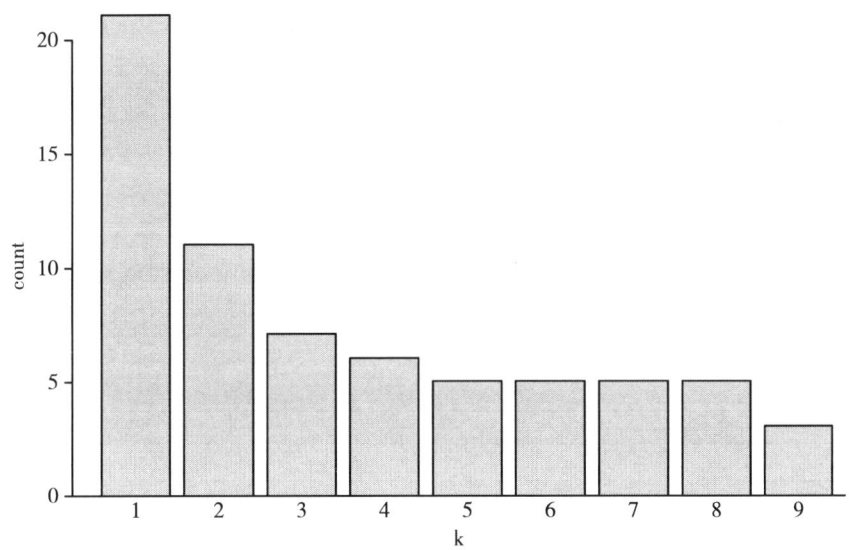

图4-12 山西省住户调查数据本福特定律检验结果图

图4-12显示，山西省统计局公布的城镇、农村居民人均可支配收入数据与人均支出数据的总体分布情况大体服从本福特定律，1开头的数据最多，9开头的数据最少，大致是从1开头到从9开头，数据量越来越少。再进一步对待检测数据做卡方检验，结果如表4-22所示。

表4-22　　　2000—2016年山西数据本福特定律检验表

	住户调查数据
Chi – squared	1.4
df	8
p – value	1

从表 4-22 可以看出，p 值为 1，远大于显著性水平 0.05，不能拒绝住户调查数据满足本福特定律的原假设。可以认为山西省统计局发布的 2000—2016 年的公布的城镇、农村居民人均可支配收入数据与人均支出数据是符合本福特定律的。因此可以认为待检测数据通过了分布检验，根据分布检验评估法原理，暂时不认为待评估数据的准确性存在问题。

③统计诊断评估。

A. 对应城镇人均可支配收入数据诊断如下：

a. 建立回归模型

利用城镇人均可支配收入与人均居民储蓄存款（deposit）、平均工资水平（wage）、社会消费品零售总额人均值（retail）、出口额人均值（export）、人均地方财政收入（revenue）、三产比重（tertiary proportion）的内在联系，城镇人均可支配收入为因变量，人均居民储蓄存款、平均工资水平、社会消费品零售总额人均值、出口额人均值、人均地方财政收入、三产比重为自变量，对山西省 2000—2016 年城镇人均可支配收入数据建立回归模型，得到的结果如表 4-23 所示。

表 4-23　山西城镇人均可支配收入模型回归结果

	Estimate	Std. Error	t-value	P-value
(Intercept)	1662.351	1819.651	0.913555	0.382449
deposit	0.116914	0.122947	0.950926	0.364059
wage	0.136926	0.111289	1.230313	0.246737
retail	0.668902	0.405797	1.648368	0.130295
export	4.829532	1.883199	2.564536	0.028153
revenue	-0.202851	0.439236	-0.461835	0.654086
tertiary proportion	916.7884	4579.339	0.200201	0.845336

表 4-24　山西城镇人均可支配收入模型拟合效果

Multiple R^2	Adjusted R^2	F-statistic	df1	df2	p-value
0.999	0.998	1.42e+03	6	10	0.000

表 4-24 显示，建立的回归模型的拟合优度为 0.998，F 检验统计量为 1.42e+03，对应的 p 值为 0.000，说明该模型的拟合效果极好。

b. 统计诊断检验

表4-25　山西城镇人均可支配收入的学生化残差、cooks距离

year	income_rstu	income_cooks	year	income_rstu	income_cooks
2000	-2.189952	0.201604	2009	-0.473118	0.068853
2001	-0.834524	0.051706	2010	-0.941441	0.047942
2002	0.590584	0.014636	2011	-0.182846	0.006929
2003	0.913773	0.022181	2012	-0.350870	0.019507
2004	0.285143	0.006956	2013	0.129275	0.001344
2005	0.754958	0.013895	2014	-0.206560	0.022184
2006	1.503146	0.150736	2015	0.842508	0.080233
2007	1.190969	0.070776	2016	-0.032883	0.000429
2008	-3.191421	1.357998			

从表4-25可以看出，2000年和2008年的学生化残差的绝对值大于5%显著性水平对应的t值（1.753）的绝对值，这些点可能成为强影响点。而2008年距离较大，该点为强影响点，是可能的异常值。

B. 对应农村人均可支配收入数据诊断如下：

a. 建立回归模型

利用农村人均可支配收入与农业人口比重（agricultural population）、农村居民最终消费构成比重（final consumption）、人均地方公共财政预算支出（budget expenditure）、农作物播种面积（crops）、农业机械总动力（agricultural machinery）、降水量（rainfall）的内在联系，农村人均可支配收入为因变量，农业人口比重、农村居民最终消费构成比重、人均地方公共财政预算支出、农作物播种面积、农业机械总动力、降水量为自变量，对山西省2000—2016年农村人均可支配收入数据建立回归模型，得到的结果如表4-26所示。

表4-26　山西农村人均可支配收入模型回归结果

	Estimate	Std. Error	t-value	P-value
(Intercept)	36754.58	33360.01	1.101756	0.296378
agricultural population	-43856.9	38043.83	-1.15287	0.275805
final consumption	11342.88	12673.78	0.894988	0.391827
budget expenditure	0.556057	0.608302	0.914113	0.382169

续表

	Estimate	Std. Error	t – value	P – value
crops	– 13.1221	24.28971	– 0.54023	0.600859
agricultural machinery	– 3.09765	4.154053	– 0.74569	0.473016
rainfall	– 1.58689	2.122754	– 0.74756	0.471936

表 4 – 27　　山西农村人均可支配收入模型拟合效果

Multiple R^2	Adjusted R^2	F – statistic	df1	df2	p – value
0.95	0.919	31.4	6	10	0.000

表 4 – 27 显示，建立的回归模型的拟合优度为 0.919，F 检验统计量为 31.4，对应的 p 值为 0.000，说明该模型的拟合效果极好。

b. 统计诊断检验

表 4 – 28　　山西农村可支配人均收入的学生化残差、cooks 距离

year	income_rstu	income_cooks	year	income_rstu	income_cooks
2000	– 1.124783	1.470942	2009	– 0.694216	0.012394
2001	1.008594	0.589717	2010	– 1.036535	0.025872
2002	0.741832	0.291463	2011	– 0.802663	0.032102
2003	1.385123	0.768628	2012	– 1.374685	0.054749
2004	1.403197	0.206875	2013	– 0.790733	0.035502
2005	0.300996	0.009948	2014	1.174046	0.055267
2006	– 1.061245	0.291611	2015	0.901307	0.059572
2007	– 0.041226	8.31E – 05	2016	1.891516	0.586003
2008	– 0.664323	0.012299			

从表 4 – 28 可以看出，2016 年的学生化残差的绝对值大于 5% 显著性水平对应的 t 值（1.753）的绝对值，该点可能成为强影响点。而 2000 年、2001 年、2003 年和 2016 年的 cook 距离较大，这些点为强影响点，是可能的异常值。

（5）内蒙古自治区住户调查数据评估

①逻辑关系评估。根据逻辑关系评估法的一般流程，为了评估农村居民人均总支出数据的准确性，本书选择了内蒙古城镇、农村居民人均可支配收入数据与人均支出数据进行比较。这里做出了内蒙古统计局发布的 2000—2016 年的

内蒙古城镇、农村居民人均收入数据和人均支出数据（2014年及以后数据是根据城乡一体化住户调查数据）的折线图，具体如图4-13所示。

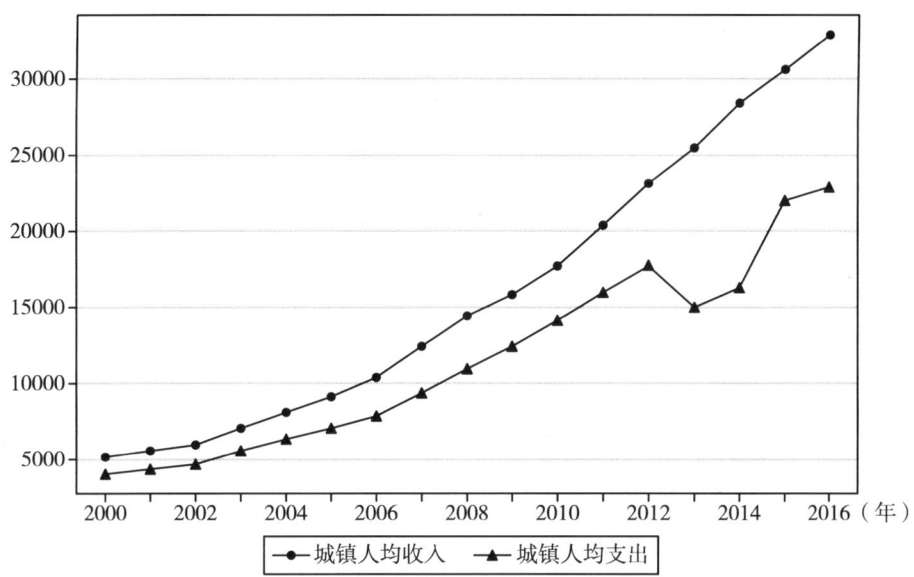

图4-13　2000—2016年内蒙古自治区城镇人均可支配收入和人均支出数据折线图

从图4-13中可以看出，内蒙古自治区城镇人均可支配收入和人均支出逐年递增，除2013年城镇人均大幅度下降外，其余保持上升趋势，这比较符合我国的经济发展情况。内蒙古城镇人均收入与人均支出之间的距离在不断扩大。

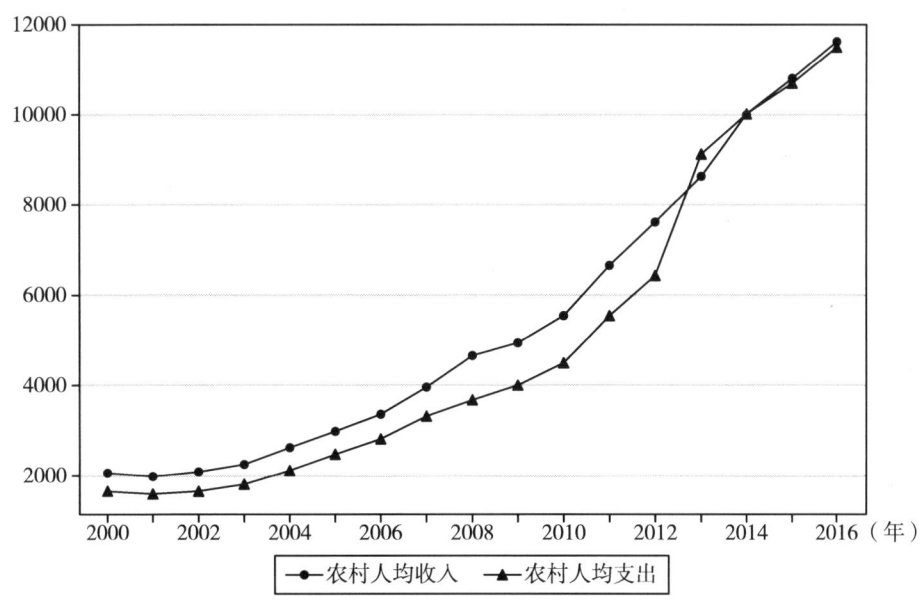

图4-14　2000—2016年内蒙古自治区农村人均可支配收入和人均支出数据折线图

从图 4-14 中可以看出，内蒙古自治区农村人均可支配收入和人均支出逐年递增，没有出现过下降现象，这比较符合我国的经济发展情况。相对于内蒙古城镇人均收入与人均支出的数据，内蒙古农村人均收入与支出间的距离变化小很多，且农村人均收入与人均支出之间的差距逐年减少。

②分布检验评估。主要是选取内蒙古自治区统计局发布的 2000—2016 年的内蒙古城镇、农村居民人均可支配收入数据与人均支出数据进行本福特定律的分布检验。利用 R 软件进行分析，检验内蒙古自治区统计局公布的城镇、农村居民人均可支配收入数据与人均支出数据是否符合本福特定律描述的分布，具体结果如图 4-15 所示。

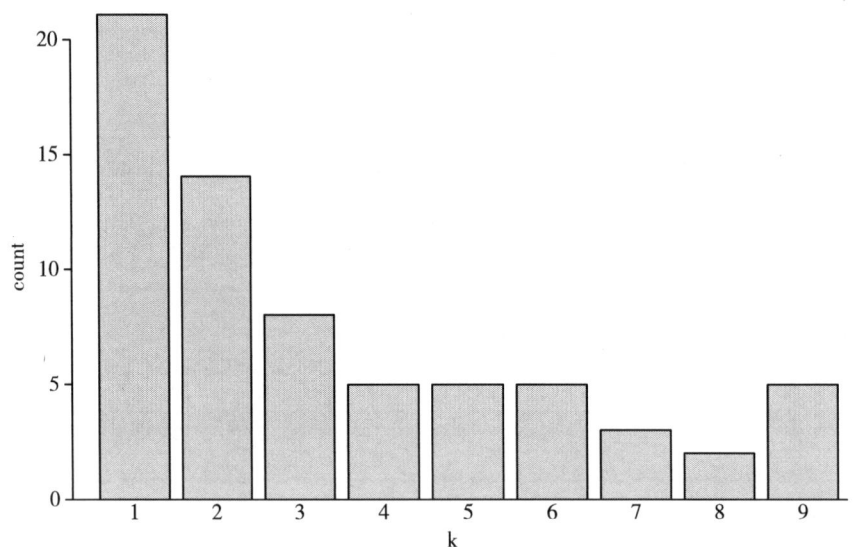

图 4-15　内蒙古自治区住户调查数据本福特定律检验结果图

图 4-15 显示，内蒙古自治区统计局公布的城镇、农村居民人均可支配收入数据与人均支出数据的总体分布情况大体服从本福特定律，1 开头的数据最多，大致是从 1 开头到从 9 开头，数据量越来越少。再进一步对待检测数据做卡方检验，结果如表 4-29 所示。

表 4-29　2000—2016 年内蒙古数据本福特定律检验表

	住户调查数据
Chi - squared	2.8
df	8
p - value	0.9

从表 4-29 可以看出，p 值为 0.9，远大于显著性水平 0.05，不能拒绝住户调查数据满足本福特定律的原假设。可以认为内蒙古省统计局发布的 2000—2016 年的公布的城镇、农村居民人均可支配收入数据与人均支出数据是符合本福特定律的。因此可以认为待检测数据通过了分布检验，根据分布检验评估法原理，暂时不认为待评估数据的准确性存在问题。

③统计诊断评估。

A. 对应城镇人均可支配收入数据诊断如下：

a. 建立回归模型

利用城镇人均可支配收入与人均居民储蓄存款（deposit）、平均工资水平（wage）、社会消费品零售总额人均值（retail）、出口额人均值（export）、人均地方财政收入（revenue）、三产比重（tertiary proportion）的内在联系，城镇人均可支配收入为因变量，人均居民储蓄存款、平均工资水平、社会消费品零售总额人均值、出口额人均值、人均地方财政收入、三产比重为自变量，对内蒙古省 2000—2016 年城镇人均可支配收入数据建立回归模型，得到的结果如表 4-30 所示。

表 4-30　内蒙古城镇人均可支配收入模型回归结果

	Estimate	Std. Error	t-value	P-value
(Intercept)	3596.184	2692.925	1.335419	0.211339
deposit	0.032763	0.158388	0.206854	0.840275
wage	0.005053	0.106784	0.047324	0.963187
retail	1.592353	0.426607	3.732601	0.003894
export	3.325863	3.486972	0.953797	0.362673
revenue	-1.489061	0.312113	-4.770963	0.000756
tertiary proportion	-6025.93	6586.063	-0.91495	0.38175

表 4-31　内蒙古城镇人均可支配收入模型拟合效果

Multiple R^2	Adjusted R^2	F-statistic	df1	df2	p-value
1	0.999	5.22e+03	6	10	0.000

表 4-31 显示，建立的回归模型的拟合优度为 0.999，F 检验统计量为 5.22e+03，对应的 p 值为 0.000，说明该模型的拟合效果极好。

b. 统计诊断检验

表4-32　内蒙古城镇人均可支配收入的学生化残差、cooks 距离

year	income_rstu	income_cooks	year	income_rstu	income_cooks
2000	1.077467	0.175555	2009	1.529745	0.309158
2001	0.156484	0.001422	2010	-2.039243	0.584209
2002	-1.330061	0.085961	2011	-0.627862	0.030333
2003	-0.098326	0.000579	2012	0.616633	0.04448
2004	0.131214	0.000985	2013	-0.019646	3.19E-05
2005	0.036094	0.000222	2014	-0.323082	0.02512
2006	-1.163560	0.084955	2015	0.772603	0.054669
2007	2.570756	0.473145	2016	-0.564326	0.167944
2008	-0.099640	0.001292			

从表4-32可以看出，2007年和2010年的学生化残差的绝对值大于5%显著性水平对应的t值（1.753）的绝对值，这些点可能成为强影响点。而2007年和2010年的cook距离较大，这些点为强影响点，是可能的异常值。

B. 对农村人均可支配收入数据诊断如下：

a. 建立回归模型

利用农村人均可支配收入与农业人口比重（agricultural population）、农村居民最终消费构成比重（final consumption）、人均地方公共财政预算支出（budget expenditure）、农作物播种面积（crops）、农业机械总动力（agricultural machinery）、降水量（rainfall）的内在联系，农村人均可支配收入为因变量，农业人口比重、农村居民最终消费构成比重、人均地方公共财政预算支出、农作物播种面积、农业机械总动力、降水量为自变量，对内蒙古2000—2016年农村人均可支配收入数据建立回归模型，得到的结果如表4-33所示。

表4-33　内蒙古农村人均可支配收入模型回归结果

	Estimate	Std. Error	t-value	P-value
(Intercept)	-1589.29	13262.88	-0.11983	0.906991
agricultural population	-23679.6	16911.92	-1.40017	0.191715
final consumption	23348.48	5698.952	4.096978	0.002155

续表

	Estimate	Std. Error	t-value	P-value
budget expenditure	0.349041	0.082021	4.255485	0.001675
crops	15.95948	6.708647	2.378942	0.038682
agricultural machinery	0.440325	0.573599	0.767653	0.460435
rainfall	2.877334	1.446159	1.989638	0.074666

表4-34 内蒙古农村人均可支配收入模型拟合效果

Multiple R^2	Adjusted R^2	F-statistic	df1	df2	p-value
0.993	0.989	244	6	10	0.000

表4-34显示，建立的回归模型的拟合优度为0.989，F检验统计量为244，对应的p值为0.000，说明该模型的拟合效果极好。

b. 统计诊断检验

表4-35 内蒙古农村可支配人均收入的学生化残差、cooks距离

year	income_rstu	income_cooks	year	income_rstu	income_cooks
2000	-1.553882	0.840609	2009	0.131456	0.001033
2001	0.124556	0.000914	2010	-0.482710	0.010841
2002	0.672932	0.050369	2011	0.373789	0.042738
2003	0.137038	0.001854	2012	-1.564476	0.141302
2004	0.816524	0.038219	2013	-2.694152	1.255769
2005	0.623776	0.071481	2014	1.506566	0.120606
2006	-1.303712	0.093884	2015	0.924784	0.070149
2007	0.233576	0.003783	2016	1.385457	1.163834
2008	0.424741	0.02949			

从表4-35可以看出，2013年的学生化残差的绝对值大于5%显著性水平对应的t值（1.753）的绝对值，该点可能成为强影响点。2000年、2013年和2016年的cook距离较大，这些点为强影响点，是可能的异常值。

（6）辽宁省住户调查数据评估

①逻辑关系评估。根据逻辑关系评估法的一般流程，为了评估农村居民人均总支出数据的准确性，本书选择了辽宁城镇、农村居民人均可支配收入数据与人均支出数据进行比较。这里做出了辽宁统计局发布的2000—2016年的辽宁

城镇、农村居民人均收入数据和人均支出数据（2014年及以后数据是根据城乡一体化住户调查数据）的折线图，具体如图4-16所示。

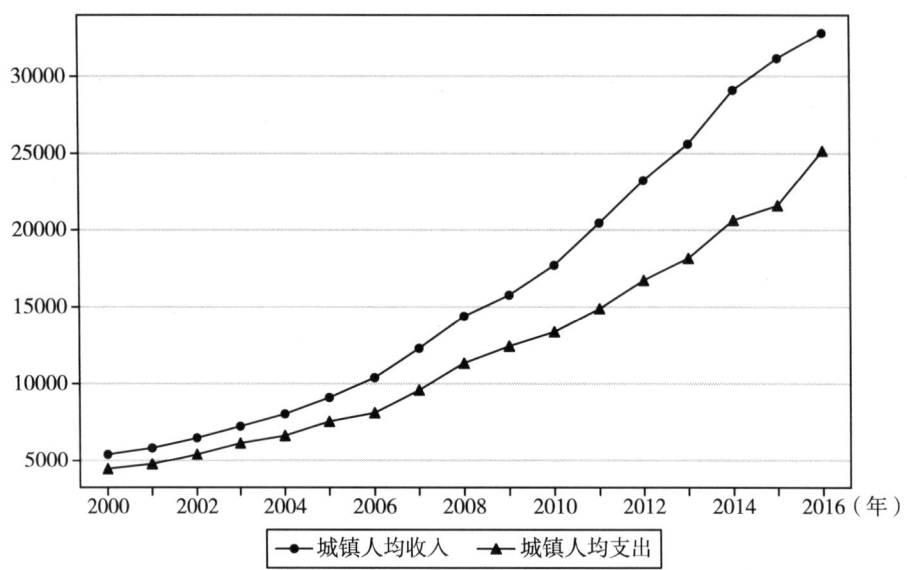

图4-16　2000—2016年辽宁省城镇人均可支配收入和人均支出数据折线图

从图4-16中可以看出，辽宁省城镇人均可支配收入和人均支出逐年递增，没有出现过下降现象，这比较符合我国的经济发展情况。辽宁城镇人均收入与人均支出之间的距离在不断扩大。

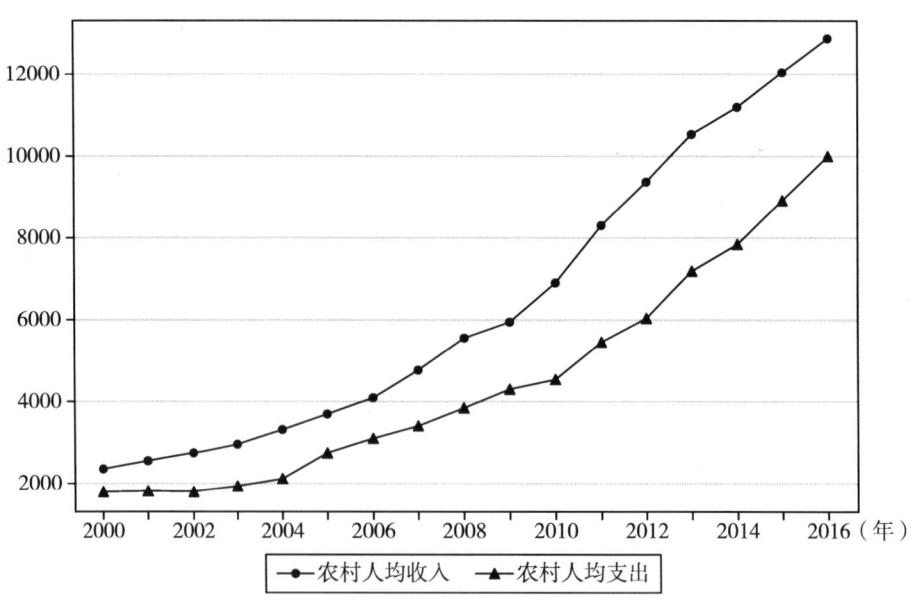

图4-17　2000—2016年辽宁省农村人均可支配收入和人均支出数据折线图

从图4-17中可以看出，辽宁省农村人均可支配收入和人均支出逐年递增，没有出现过下降现象，这比较符合我国的经济发展情况。相对于辽宁城镇人均收入与人均支出的数据，辽宁农村人均收入与支出间的距离变化小很多。

②分布检验评估。本书选取辽宁省统计局发布的2000—2016年的辽宁城镇、农村居民人均可支配收入数据与人均支出数据进行本福特定律的分布检验。利用R软件进行分析，检验辽宁省统计局公布的城镇、农村居民人均可支配收入数据与人均支出数据是否符合本福特定律描述的分布，具体结果如图4-18所示。

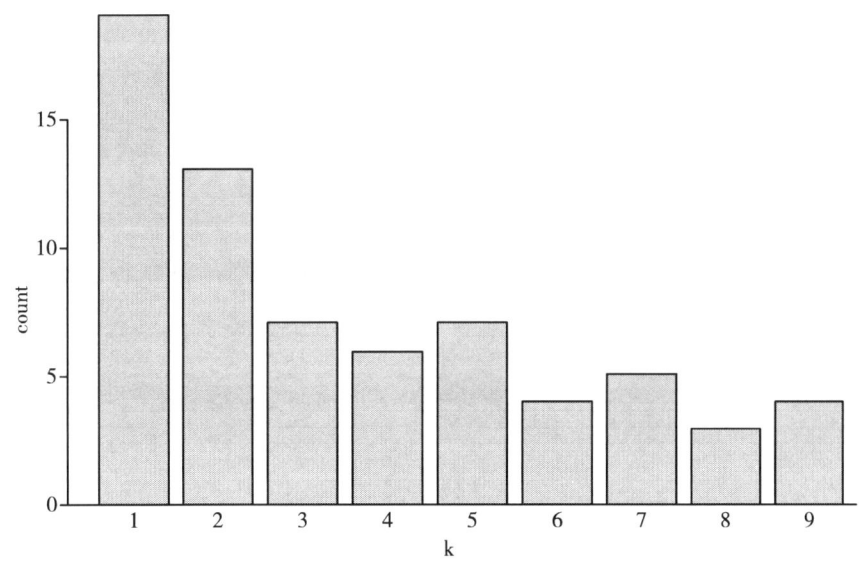

图4-18　辽宁省住户调查数据本福特定律检验结果图

图4-18显示，辽宁省统计局公布的城镇、农村居民人均可支配收入数据与人均支出数据的总体分布情况大体服从本福特定律，1开头的数据最多，大致是从1开头到从9开头，数据量越来越少。再进一步对待检测数据做卡方检验，结果如表4-36所示。

表4-36　2000—2016年辽宁数据本福特定律检验表

	住户调查数据
Chi - squared	1.7
df	8
p - value	1

从表 4-36 可以看出，p 值为 1，远大于显著性水平 0.05，不能拒绝住户调查数据满足本福特定律的原假设。可以认为辽宁省统计局发布的 2000—2016 年的公布的城镇、农村居民人均可支配收入数据与人均支出数据是符合本福特定律的。因此可以认为待检测数据通过了分布检验，根据分布检验评估法原理，暂时不认为待评估数据的准确性存在问题。

③统计诊断评估。

A. 对应城镇人均可支配收入数据诊断如下：

a. 建立回归模型

利用城镇人均可支配收入与人均居民储蓄存款（deposit）、平均工资水平（wage）、社会消费品零售总额人均值（retail）、出口额人均值（export）、人均地方财政收入（revenue）、三产比重（tertiary proportion）的内在联系，城镇人均可支配收入为因变量，人均居民储蓄存款、平均工资水平、社会消费品零售总额人均值、出口额人均值、人均地方财政收入、三产比重为自变量，对辽宁省 2000—2016 年城镇人均可支配收入数据建立回归模型，得到的结果如表 4-37 所示。

表 4-37　　　　辽宁城镇人均可支配收入模型回归结果

	Estimate	Std. Error	t-value	P-value
(Intercept)	-5998.56	5230.066	-1.146943	0.278109
deposit	0.307969	0.180594	1.705314	0.11895
wage	0.194825	0.165198	1.179344	0.265558
retail	0.020478	0.018247	1.122285	0.287965
export	1.882842	1.84468	1.020687	0.33146
revenue	0.039857	0.339036	0.117391	0.908875
tertiary proportion	14145.94	13074.74	1.081929	0.304684

表 4-38　　　　辽宁城镇人均可支配收入模型拟合效果

Multiple R^2	Adjusted R^2	F-statistic	df1	df2	p-value
0.998	0.996	700	6	10	0.000

表 4-38 显示，建立的回归模型的拟合优度为 0.996，F 检验统计量为 700，对应的 p 值为 0.000，说明该模型的拟合效果极好。

b. 统计诊断检验

表 4-39　辽宁城镇人均可支配收入的学生化残差、cooks 距离

year	income_rstu	income_cooks	year	income_rstu	income_cooks
2000	-5.285352	461.2169	2009	-0.384421	0.014972
2001	0.793795	0.036307	2010	-0.755482	0.043982
2002	0.528448	0.013625	2011	0.025744	3.99E-05
2003	0.118142	0.000649	2012	-0.514158	0.018017
2004	-0.551046	0.010564	2013	-1.858374	1.18614
2005	-0.747072	0.019434	2014	3.949492	1.34373
2006	-0.502116	0.009571	2015	1.228788	0.264678
2007	1.342903	0.397905	2016	-2.010315	2.0029
2008	0.379313	0.014462			

从表 4-39 可以看出，2000 年、2013 年、2014 年和 2016 年的学生化残差的绝对值大于 5% 显著性水平对应的 t 值（1.753）的绝对值，这些点可能成为强影响点。而 2000 年、2013 年、2014 年和 2016 年的 cook 距离较大，这些点为强影响点，是可能的异常值。

B. 对应农村人均可支配收入数据诊断如下：

a. 建立回归模型

利用农村人均可支配收入与农业人口比重（agricultural population）、农村居民最终消费构成比重（final consumption）、人均地方公共财政预算支出（budget expenditure）、农作物播种面积（crops）、农业机械总动力（agricultural machinery）、降水量（rainfall）的内在联系，农村人均可支配收入为因变量，农业人口比重、农村居民最终消费构成比重、人均地方公共财政预算支出、农作物播种面积、农业机械总动力、降水量为自变量，对辽宁省 2000—2016 年农村人均可支配收入数据建立回归模型，得到的结果如表 4-40 所示。

表 4-40　辽宁农村人均可支配收入模型回归结果

	Estimate	Std. Error	t-value	P-value
(Intercept)	12648.93	8548.452	1.479675	0.16702
final consumption	-2682.82	12980.01	-0.20669	0.84003
budget expenditure	1.144428	0.208941	5.477285	0.000193

续表

	Estimate	Std. Error	t – value	P – value
crops	– 27.3399	22.93938	– 1.19183	0.258405
agricultural machinery	– 0.58996	1.84064	– 0.32052	0.75458
rainfall	– 0.71996	2.422274	– 0.29722	0.771834

表 4 – 41　　辽宁农村人均可支配收入模型拟合效果

Multiple R^2	Adjusted R^2	F – statistic	df1	df2	p – value
0.949	0.925	40.6	5	11	0.000

表 4 – 41 显示，建立的回归模型的拟合优度为 0.925，F 检验统计量为 40.6，对应的 p 值为 0.000，说明该模型的拟合效果极好。

b. 统计诊断检验

表 4 – 42　　辽宁农村可支配人均收入的学生化残差、cooks 距离

year	income_rstu	income_cooks	year	income_rstu	income_cooks
2000	0.148743	0.002959	2009	– 0.446171	0.012992
2001	– 0.107461	0.001081	2010	– 0.090323	0.001455
2002	– 0.001181	9.35E – 08	2011	– 0.295321	0.013766
2003	– 0.401473	0.012547	2012	– 0.674084	0.040522
2004	0.133508	0.001112	2013	– 2.138861	0.267874
2005	0.408745	0.008022	2014	– 1.149074	0.200009
2006	– 0.327483	0.00734	2015	4.749848	1.262073
2007	– 0.278225	0.004773	2016	5.742613	2.402774
2008	0.263591	0.002929			

从表 4 – 42 可以看出，2013 年、2015 年和 2016 年的学生化残差的绝对值大于 5% 显著性水平对应的 t 值（1.753）的绝对值，这些点可能成为强影响点。而 2015 年和 2016 年的 cook 距离较大，这些点都为强影响点，是可能的异常值。

（7）吉林省住户调查数据评估

①逻辑关系评估。根据逻辑关系评估法的一般流程，为了评估农村居民人均总支出数据的准确性，本书选择了吉林城镇、农村居民人均可支配收入数据与人均支出数据进行比较。这里做出了吉林统计局发布的 2000—2016 年的吉林

城镇、农村居民人均收入数据和人均支出数据（2014年及以后数据是根据城乡一体化住户调查数据）的折线图，具体如图4-19所示。

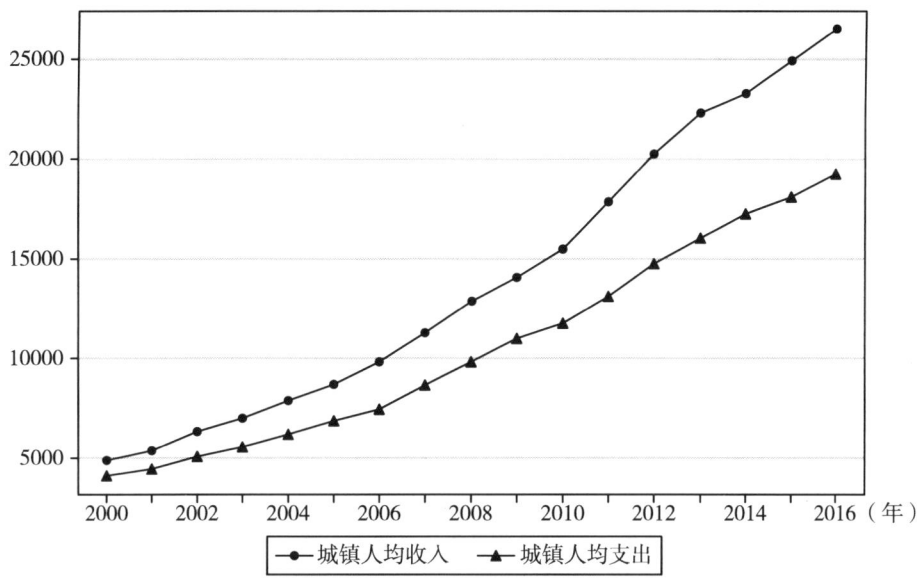

图4-19 2000—2016年吉林省城镇人均可支配收入和人均支出数据折线图

从图4-19中可以看出，吉林省城镇人均可支配收入和人均支出逐年递增，没有出现过下降现象，这比较符合我国的经济发展情况。吉林城镇人均收入与人均支出之间的距离在不断扩大。

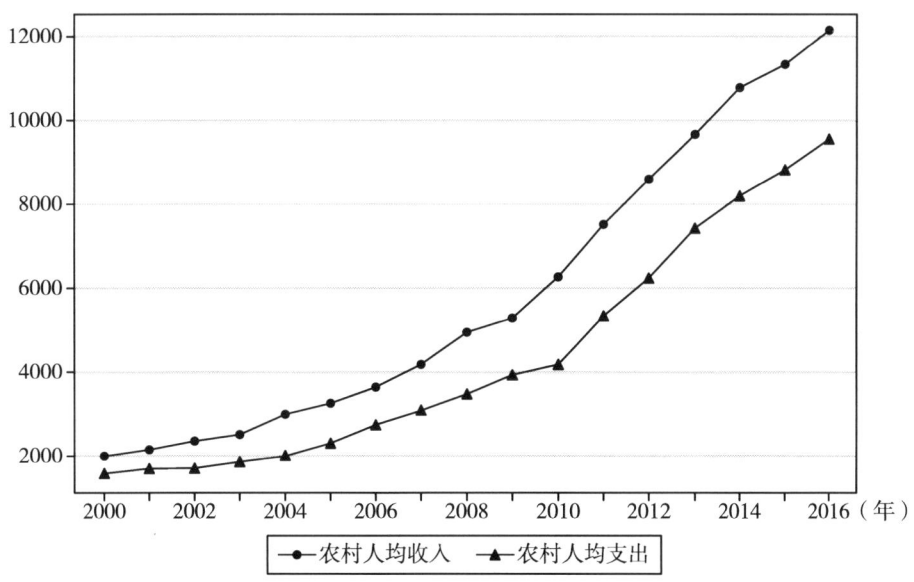

图4-20 2000—2016年吉林省农村人均可支配收入和人均支出数据折线图

从图 4-20 中可以看出，吉林省农村人均可支配收入和人均支出逐年递增，没有出现过下降现象，这比较符合我国的经济发展情况。相对于吉林城镇人均收入与人均支出的数据，吉林农村人均收入与支出间的距离变化小很多。

②分布检验评估。本书选取吉林省统计局发布的 2000—2016 年的吉林城镇、农村居民人均可支配收入数据与人均支出数据进行本福特定律的分布检验。利用 R 软件进行分析，检验吉林省统计局公布的城镇、农村居民人均可支配收入数据与人均支出数据是否符合本福特定律描述的分布，具体结果如图 4-21 所示。

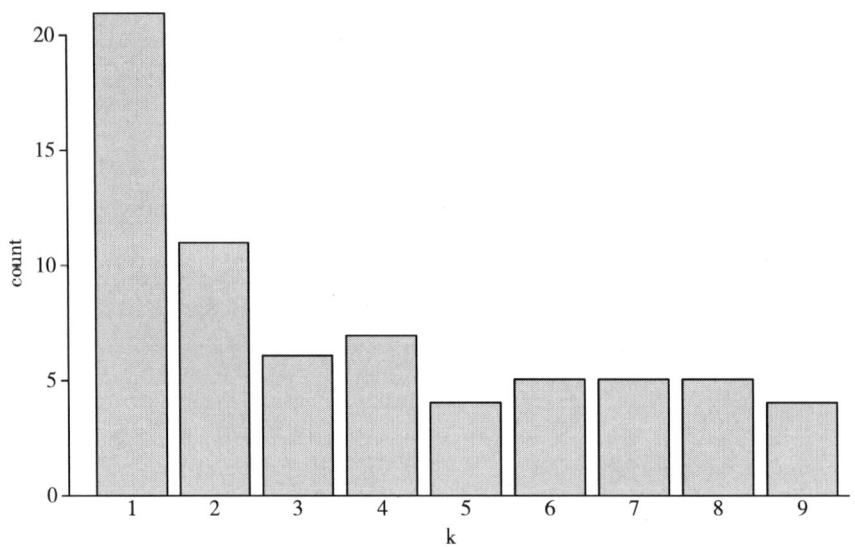

图 4-21　吉林省住户调查数据本福特定律检验结果图

图 4-21 显示，吉林省统计局公布的城镇、农村居民人均可支配收入数据与人均支出数据的总体分布情况大体服从本福特定律，1 开头的数据最多，大致是从 1 开头到从 9 开头，数据量越来越少。再进一步对待检测数据做卡方检验，结果如表 4-43 所示。

表 4-43　2000—2016 年吉林数据本福特定律检验表

	住户调查数据
Chi-squared	2.5
df	8
p-value	1

从表 4-43 可以看出，p 值为 1，远大于显著性水平 0.05，不能拒绝住户调查数据满足本福特定律的原假设。可以认为吉林省统计局发布的 2000—2016 年的公布的城镇、农村居民人均可支配收入数据与人均支出数据是符合本福特定律的。因此可以认为待检测数据通过了分布检验，根据分布检验评估法原理，暂时不认为待评估数据的准确性存在问题。

③统计诊断评估。

A. 对城镇人均可支配收入数据诊断如下：

a. 建立回归模型

利用城镇人均可支配收入与人均居民储蓄存款（deposit）、平均工资水平（wage）、社会消费品零售总额人均值（retail）、出口额人均值（export）、人均地方财政收入（revenue）、三产比重（tertiary proportion）的内在联系，城镇人均可支配收入为因变量，人均居民储蓄存款、平均工资水平、社会消费品零售总额人均值、出口额人均值、人均地方财政收入、三产比重为自变量，对吉林省 2000—2016 年城镇人均可支配收入数据建立回归模型，得到的结果如表 4-44 所示。

表 4-44　　　吉林城镇人均可支配收入模型回归结果

	Estimate	Std. Error	t - value	P - value
(Intercept)	1959.241	334.2827	5.861029	0.000159
deposit	0.565432	0.091928	6.150764	0.000108
wage	0.496883	0.046071	10.78509	7.92E-07
retail	-1.072646	0.173575	-6.17973	0.000104
export	4.688962	2.288402	2.049011	0.06762
revenue	1.060486	0.288686	3.673501	0.004292
tertiary proportion	-3910.76	935.7692	-4.17919	0.00189

表 4-45　　　吉林城镇人均可支配收入模型拟合效果

Multiple R^2	Adjusted R^2	F - statistic	df1	df2	p - value
1	0.999	7.21e+03	6	10	0.000

表 4-45 显示，建立的回归模型的拟合优度为 0.999，F 检验统计量为 7.21e+03，对应的 p 值为 0.000，说明该模型的拟合效果极好。

b. 统计诊断检验

表 4-46　吉林城镇人均可支配收入的学生化残差、cooks 距离

year	income_rstu	income_cooks	year	income_rstu	income_cooks
2000	-0.149992	0.003559	2009	1.140956	0.095252
2001	-0.928075	0.055218	2010	0.385316	0.026116
2002	0.439646	0.007515	2011	-0.913630	0.117599
2003	-1.501538	0.180315	2012	-1.288830	0.188899
2004	2.174476	0.41612	2013	1.181897	0.173431
2005	-0.135682	0.001225	2014	1.325152	0.135299
2006	0.100204	0.000896	2015	-0.093841	0.000917
2007	0.553157	0.050341	2016	-1.294117	0.195339
2008	-1.30569	0.165416			

从表 4-46 可以看出，2004 年的学生化残差的绝对值大于 5% 显著性水平对应的 t 值（1.753）的绝对值，该点可能成为强影响点。2014 年的 cook 距离较大，该点为强影响点，是可能的异常值。

B. 对农村人均可支配收入数据诊断如下：

a. 建立回归模型

利用农村人均可支配收入与农业人口比重（agricultural population）、农村居民最终消费构成比重（final consumption）、人均地方公共财政预算支出（budget expenditure）、农作物播种面积（crops）、农业机械总动力（agricultural machinery）、降水量（rainfall）的内在联系，农村人均可支配收入为因变量，农业人口比重、农村居民最终消费构成比重、人均地方公共财政预算支出、农作物播种面积、农业机械总动力、降水量为自变量，对吉林省 2000—2016 年农村人均可支配收入数据建立回归模型，得到的结果如表 4-47 所示。

表 4-47　吉林农村人均可支配收入模型回归结果

	Estimate	Std. Error	t-value	P-value
(Intercept)	-10672.2	9737.815	-1.09595	0.29879
agricultural population	11575.98	13589.59	0.851827	0.414244
final consumption	6550.091	6394.774	1.024288	0.329839
budget expenditure	0.711995	0.213296	3.338062	0.007515
crops	8.388331	7.545237	1.111739	0.292264

续表

	Estimate	Std. Error	t – value	P – value
agricultural machinery	0.351812	1.230903	0.285816	0.780852
rainfall	-0.53679	0.764275	-0.70235	0.498481

表4-48　吉林农村人均可支配收入模型拟合效果

Multiple R^2	Adjusted R^2	F – statistic	df1	df2	p – value
0.996	0.994	424	6	10	0.000

表4-48显示，建立的回归模型的拟合优度为0.994，F检验统计量为424，对应的p值为0.000，说明该模型的拟合效果极好。

b. 统计诊断检验

表4-49　吉林农村可支配人均收入的学生化残差、cooks距离

year	income_rstu	income_cooks	year	income_rstu	income_cooks
2000	0.046103	0.000423	2009	-3.211791	1.438102
2001	0.851125	0.182901	2010	-1.475284	0.157811
2002	-1.723981	1.16838	2011	-1.842361	0.507663
2003	0.641918	0.032698	2012	-0.284163	0.002511
2004	1.021838	0.080875	2013	0.184291	0.001569
2005	0.517659	0.022146	2014	2.239238	0.595445
2006	0.030364	6.12E-05	2015	0.498094	0.032043
2007	0.380702	0.005281	2016	0.332342	0.042141
2008	0.331081	0.002573			

从表4-49可以看出，2009年、2011年和2014年的学生化残差的绝对值大于5%显著性水平对应的t值（1.753）的绝对值，这些点可能成为强影响点。而2002年、2009年和2014年的cook距离较大，这些点为强影响点，是可能的异常值。

（8）黑龙江省住户调查数据评估

①逻辑关系评估。根据逻辑关系评估法的一般流程，为了评估农村居民人均总支出数据的准确性，本书选择了黑龙江城镇、农村居民人均可支配收入数据与人均支出数据进行比较。这里做出了黑龙江统计局发布的2000—2016年的

黑龙江城镇、农村居民人均收入数据和人均支出数据（2014年及以后数据是根据城乡一体化住户调查数据）的折线图，具体如图4-22所示。

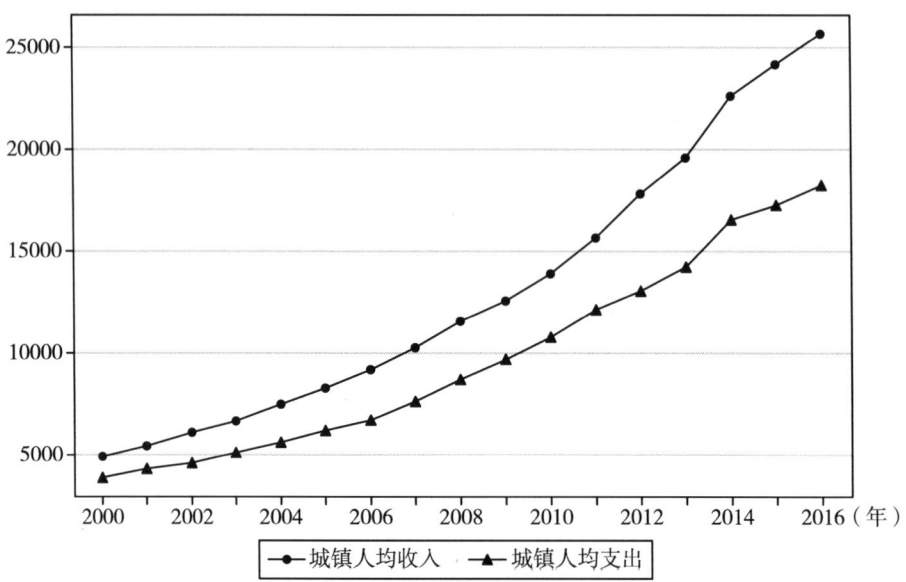

图4-22　2000—2016年黑龙江省城镇人均可支配收入和人均支出数据折线图

从图4-22中可以看出，黑龙江省城镇人均可支配收入和人均支出逐年递增，没有出现过下降现象，这比较符合我国的经济发展情况。黑龙江城镇人均收入与人均支出之间的距离在不断扩大，并且都在2013—2014年份有一个较大的跳跃。

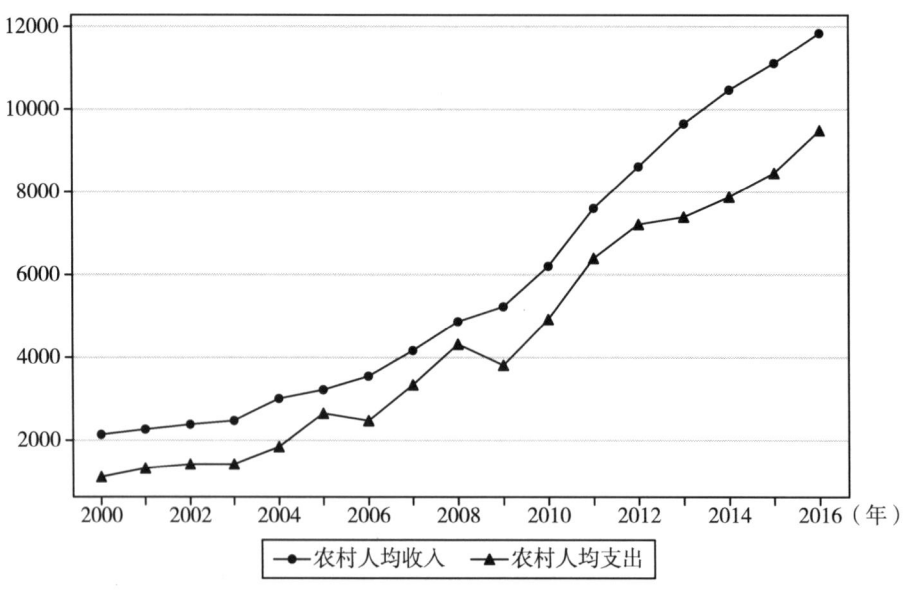

图4-23　2000—2016年黑龙江省农村人均可支配收入和人均支出数据折线图

从图 4-23 中可以看出,黑龙江省除了在 2006 年和 2009 年农村人均支出略有下降,其他年份农村人均可支配收入和人均支出逐年递增,这比较符合我国的经济发展情况。相对于黑龙江城镇人均收入与人均支出的数据,黑龙江农村人均收入与支出间的距离变化小很多。

②分布检验评估。本书选取黑龙江省统计局发布的 2000—2016 年的黑龙江城镇、农村居民人均可支配收入数据与人均支出数据进行本福特定律的分布检验。利用 R 软件进行分析,检验黑龙江省统计局公布的城镇、农村居民人均可支配收入数据与人均支出数据是否符合本福特定律描述的分布,具体结果如图 4-24 所示。

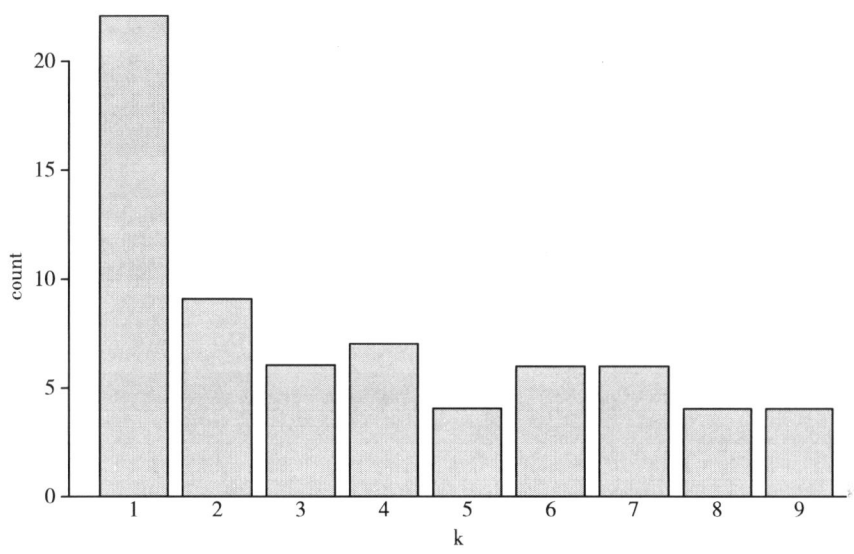

图 4-24　黑龙江省住户调查数据本福特定律检验结果图

图 4-24 显示,黑龙江省统计局公布的城镇、农村居民人均可支配收入数据与人均支出数据的总体分布情况大体服从本福特定律,1 开头的数据最多,大致是从 1 开头到从 9 开头,数据量越来越少。再进一步对待检测数据做卡方检验,结果如表 4-50 所示。

表 4-50　　2000—2016 年黑龙江数据本福特定律检验表

	住户调查数据
Chi - squared	3.8
df	8
p - value	0.9

从表 4-50 可以看出，p 值为 0.9，远大于显著性水平 0.05，不能拒绝住户调查数据满足本福特定律的原假设。可以认为黑龙江省统计局发布的 2000—2016 年的公布的城镇、农村居民人均可支配收入数据与人均支出数据是符合本福特定律的。因此可以认为待检测数据通过了分布检验，根据分布检验评估法原理，暂时不认为待评估数据的准确性存在问题。

③统计诊断评估。

A. 对城镇人均可支配收入数据诊断如下：

a. 建立回归模型

利用城镇人均可支配收入与人均居民储蓄存款（deposit）、平均工资水平（wage）、社会消费品零售总额人均值（retail）、出口额人均值（export）、人均地方财政收入（revenue）、三产比重（tertiary proportion）的内在联系，城镇人均可支配收入为因变量，人均居民储蓄存款、平均工资水平、社会消费品零售总额人均值、出口额人均值、人均地方财政收入、三产比重为自变量，对黑龙江省 2000—2016 年城镇人均可支配收入数据建立回归模型，得到的结果如表 4-51 所示。

表 4-51　黑龙江城镇人均可支配收入模型回归结果

	Estimate	Std. Error	t-value	P-value
(Intercept)	5696.017	2781.769	2.047624	0.067777
deposit	-0.377512	0.198667	-1.90023	0.086589
wage	0.433941	0.110832	3.915303	0.002888
retail	0.82793	0.218453	3.789967	0.003544
export	-0.197873	1.436736	-0.137686	0.893229
revenue	-1.065757	0.464994	-2.291852	0.044872
tertiary proportion	-7739.12	8390.446	-0.922374	0.378051

表 4-52　黑龙江城镇人均可支配收入模型拟合效果

Multiple R^2	Adjusted R^2	F-statistic	df1	df2	p-value
0.999	0.998	1.33e+03	6	10	0.000

表 4-52 显示，建立的回归模型的拟合优度为 0.998，F 检验统计量为 1.33e+03，对应的 p 值为 0.000，说明该模型的拟合效果极好。

b. 统计诊断检验

表 4-53　黑龙江城镇人均可支配收入的学生化残差、cooks 距离

year	income_rstu	income_cooks	year	income_rstu	income_cooks
2000	-0.540436	0.077302	2009	-0.109341	0.000715
2001	-0.322263	0.007071	2010	-1.106160	0.137985
2002	0.115118	0.001113	2011	0.280527	0.008501
2003	0.079076	0.000495	2012	-0.097157	0.001302
2004	0.243175	0.002724	2013	-2.638935	0.47749
2005	0.878783	0.064747	2014	4.930885	0.999025
2006	0.952843	0.051653	2015	0.848206	0.055878
2007	-1.134645	0.293544	2016	-1.539647	0.597888
2008	-0.074032	0.000492			

从表 4-53 可以看出，2014 年的学生化残差的绝对值大于 5% 显著性水平对应的 t 值（1.753）的绝对值，该点可能成为强影响点。而 2014 年和 2016 年的 cook 距离较大，该二个点为强影响点，是可能的异常值。

B. 对农村人均可支配收入数据诊断如下：

a. 建立回归模型

利用农村人均可支配收入与农业人口比重（agricultural population）、农村居民最终消费构成比重（final consumption）、人均地方公共财政预算支出（budget expenditure）、农作物播种面积（crops）、农业机械总动力（agricultural machinery）、降水量（rainfall）的内在联系，农村人均可支配收入为因变量，农业人口比重、农村居民最终消费构成比重、人均地方公共财政预算支出、农作物播种面积、农业机械总动力、降水量为自变量，对黑龙江省 2000—2016 年农村人均可支配收入数据建立回归模型，得到的结果如表 4-54 所示。

表 4-54　黑龙江农村人均可支配收入模型回归结果

	Estimate	Std. Error	t-value	P-value
(Intercept)	-8396.21	7541.749	-1.11334	0.289318
agricultural population	21375.32	15148.84	1.41102	0.18589
budget expenditure	0.368674	0.135449	2.721857	0.019865

续表

	Estimate	Std. Error	t – value	P – value
crops	-4.09459	0.648162	-6.31722	5.7E-05
agricultural machinery	2.447442	0.418131	5.853292	0.00011
rainfall	-0.47014	0.602422	-0.78041	0.451614

表4-55　黑龙江农村人均可支配收入模型拟合效果

Multiple R^2	Adjusted R^2	F – statistic	df1	df2	p – value
0.998	0.997	1.3e+03	5	11	0.000

表4-55显示，建立的回归模型的拟合优度为0.997，F检验统计量为1.3e+03，对应的p值为0.000，说明该模型的拟合效果极好。

b. 统计诊断检验

表4-56　黑龙江农村可支配人均收入的学生化残差、cooks距离

year	income_rstu	income_cooks	year	income_rstu	income_cooks
2000	0.029672	5.79E-05	2009	-0.447063	0.033864
2001	0.255574	0.006278	2010	-0.400871	0.010553
2002	0.037355	0.000103	2011	1.153034	0.102956
2003	-0.200521	0.001952	2012	-0.601521	0.026595
2004	0.290675	0.003247	2013	1.102587	0.079176
2005	1.721601	0.073606	2014	2.726124	0.707245
2006	-1.356472	0.118216	2015	-1.603913	0.179885
2007	-1.749481	0.465541	2016	-0.384134	0.020064
2008	0.199235	0.015592			

从表4-56可以看出，2007年和2014年的学生化残差的绝对值大于5%显著性水平对应的t值（1.753）的绝对值，这些点可能成为强影响点。2007年和2014年的cook距离较大，这些点为强影响点，是可能的异常值。

（9）上海市住户调查数据评估

①逻辑关系评估。根据逻辑关系评估法的一般流程，为了评估农村居民人均总支出数据的准确性，本书选择了上海城镇、农村居民人均可支配收入数据与人均支出数据进行比较。这里做出了上海统计局发布的2000—2016年的上海

城镇、农村居民人均收入数据和人均支出数据(2014年及以后数据是根据城乡一体化住户调查数据)的折线图,具体如图4-25所示。

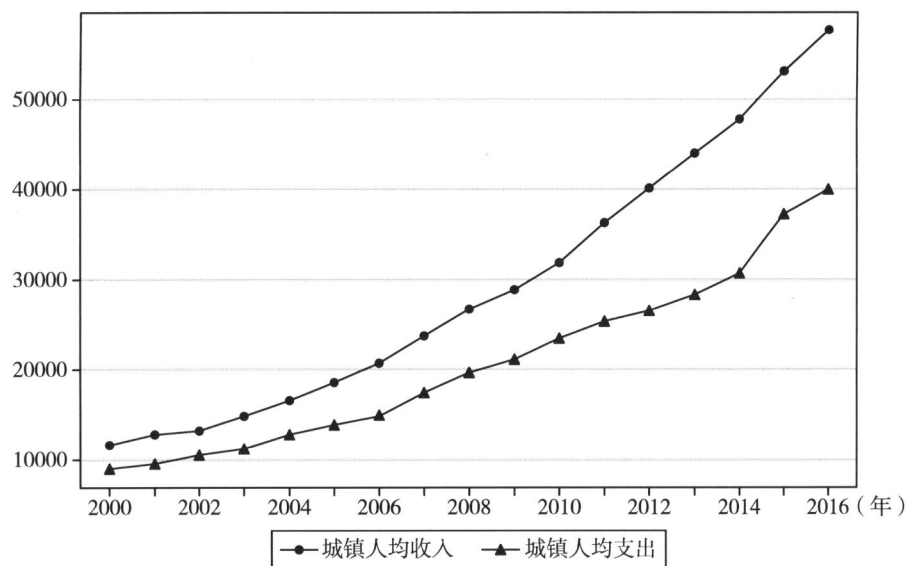

图4-25　2000—2016年上海市城镇人均可支配收入和人均支出数据折线图

从图4-25中可以看出,上海市城镇人均可支配收入和人均支出逐年递增,没有出现过下降现象,这比较符合我国的经济发展情况。上海城镇人均收入与人均支出之间的距离在不断扩大。

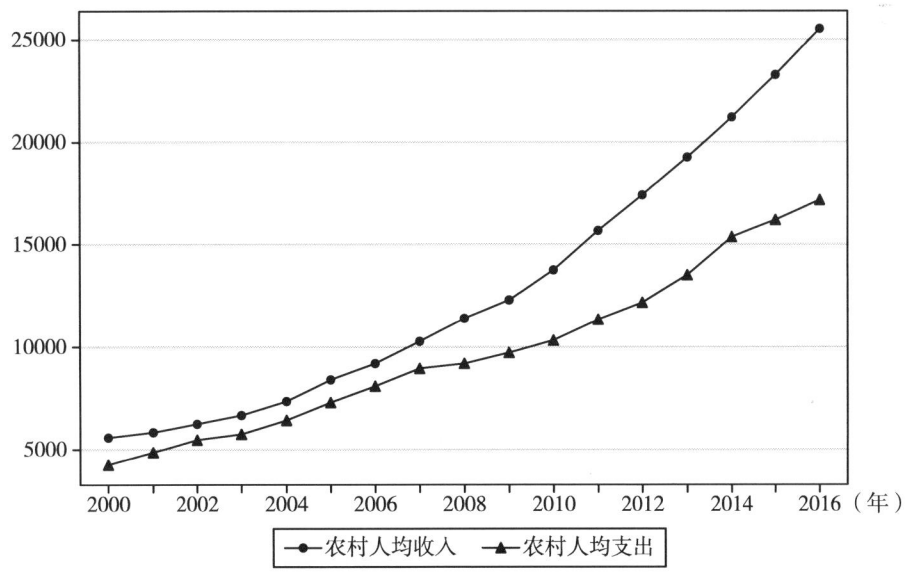

图4-26　2000—2016年上海市农村人均可支配收入和人均支出数据折线图

从图 4-26 中可以看出，上海市农村人均可支配收入和人均支出逐年递增，没有出现过下降现象，这比较符合我国的经济发展情况。相对于上海城镇人均收入与人均支出的数据，上海农村人均收入与支出间的距离变化小很多。

②分布检验评估。本书选取上海市统计局发布的 2000—2016 年的上海城镇、农村居民人均可支配收入数据与人均支出数据进行本福特定律的分布检验。利用 R 软件进行分析，检验上海市统计局公布的城镇、农村居民人均可支配收入数据与人均支出数据是否符合本福特定律描述的分布，具体结果如图 4-27 所示。

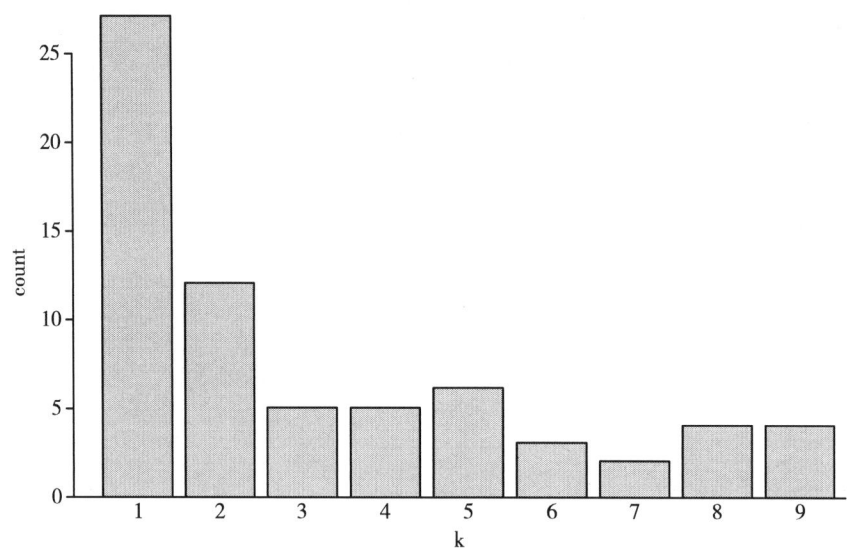

图 4-27 上海市住户调查数据本福特定律检验结果图

图 4-27 显示，上海市统计局公布的城镇、农村居民人均可支配收入数据与人均支出数据的总体分布情况大体服从本福特定律，1 开头的数据最多，大致是从 1 开头到从 9 开头，数据量越来越少。再进一步对待检测数据做卡方检验，结果如表 4-57 所示。

表 4-57　　2000—2016 年上海数据本福特定律检验表

	住户调查数据
Chi – squared	5.8
df	8
p – value	0.7

从表 4-57 可以看出，p 值为 0.7，远大于显著性水平 0.05，不能拒绝住户调查数据满足本福特定律的原假设。可以认为上海市统计局发布的 2000—2016 年的公布的城镇、农村居民人均可支配收入数据与人均支出数据是符合本福特定律的。因此可以认为待检测数据通过了分布检验，根据分布检验评估法原理，暂时不认为待评估数据的准确性存在问题。

③统计诊断评估。

A. 对城镇人均可支配收入数据诊断如下：

a. 建立回归模型

利用城镇人均可支配收入与人均居民储蓄存款（deposit）、平均工资水平（wage）、社会消费品零售总额人均值（retail）、出口额人均值（export）、人均地方财政收入（revenue）、三产比重（tertiary proportion）的内在联系，城镇人均可支配收入为因变量，人均居民储蓄存款、平均工资水平、社会消费品零售总额人均值、出口额人均值、人均地方财政收入、三产比重为自变量，对上海市 2000—2016 年城镇人均可支配收入数据建立回归模型，得到的结果如表 4-58 所示。

表 4-58　上海城镇人均可支配收入模型回归结果

	Estimate	Std. Error	t-value	P-value
(Intercept)	-986.882	8617.967	-0.114516	0.910894
deposit	-0.045925	0.044491	-1.032073	0.324198
wage	0.806871	0.167208	4.825543	0.000531
retail	-0.154352	0.114665	-1.346052	0.20537
revenue	0.137234	0.268883	0.510384	0.619868
tertiary proportion	765.0676	18902.27	0.040475	0.96844

表 4-59　上海城镇人均可支配收入模型拟合效果

Multiple R^2	Adjusted R^2	F-statistic	df1	df2	p-value
0.998	0.996	1.3e+03	5	11	0.000

表 4-59 显示，建立的回归模型的拟合优度为 0.996，F 检验统计量为 1.3e+03，对应的 p 值为 0.000，说明该模型的拟合效果极好。

b. 统计诊断检验

表 4-60　上海城镇人均可支配收入的学生化残差、cooks 距离

year	income_rstu	income_cooks	year	income_rstu	income_cooks
2000	1.421471	0.197434	2009	-1.360571	0.174569
2001	0.228753	0.005517	2010	-1.358091	0.232013
2002	-0.511278	0.018397	2011	-0.153452	0.001529
2003	-0.863483	0.077498	2012	0.703643	0.026569
2004	-0.076822	0.000471	2013	1.429222	0.133713
2005	0.771331	0.055548	2014	0.806742	0.023602
2006	1.264932	0.093717	2015	0.687841	0.038634
2007	-0.788453	0.079597	2016	-1.622178	0.396691
2008	-0.634368	0.037506			

从表 4-60 可以看出，没有任何一年的学生化残差的绝对值大于 5% 显著性水平对应的 t 值（1.753）的绝对值。也没有任何一年的 cook 距离较大。

B. 对农村人均可支配收入数据诊断如下：

a. 建立回归模型

利用农村人均可支配收入与农业人口比重（agricultural population）、农村居民最终消费构成比重（final consumption）、人均地方公共财政预算支出（budget expenditure）、农作物播种面积（crops）、农业机械总动力（agricultural machinery）、降水量（rainfall）的内在联系，农村人均可支配收入为因变量，农业人口比重、农村居民最终消费构成比重、人均地方公共财政预算支出、农作物播种面积、农业机械总动力、降水量为自变量，对上海市 2000—2016 年农村人均可支配收入数据建立回归模型，得到的结果如表 4-61 所示。

表 4-61　上海农村人均可支配收入模型回归结果

	Estimate	Std. Error	t-value	P-value
(Intercept)	-5516.41	4722.128	-1.16825	0.269821
agricultural population	-10726.6	21149.6	-0.50718	0.623027
final consumption	19429.51	61320.9	0.31685	0.757873
budget expenditure	1.007396	0.122187	8.244717	9.03E-06

续表

	Estimate	Std. Error	t – value	P – value
crops	221.7899	109.2577	2.029971	0.069808
agricultural machinery	-2.44584	0.961634	-2.54342	0.029191
rainfall	-2.43794	0.922469	-2.64284	0.024614

表4-62　　上海农村人均可支配收入模型拟合效果

Multiple R^2	Adjusted R^2	F – statistic	df1	df2	p – value
0.996	0.993	401	6	10	0.000

表4-62显示，建立的回归模型的拟合优度为0.993，F检验统计量为401，对应的p值为0.000，说明该模型的拟合效果极好。

b. 统计诊断检验

表4-63　　上海农村可支配人均收入的学生化残差、cooks距离

year	income_rstu	income_cooks	year	income_rstu	income_cooks
2000	-1.316431	0.267111	2009	-1.174914	0.049459
2001	0.628833	0.031635	2010	-1.173132	0.031751
2002	1.703309	0.245952	2011	-1.317835	0.301749
2003	0.106916	0.002556	2012	0.807803	0.022832
2004	0.127862	0.001175	2013	1.497597	0.136784
2005	-0.235531	0.001841	2014	1.466361	0.081845
2006	-0.732941	0.056886	2015	-1.105171	0.093333
2007	-0.224943	0.002062	2016	-0.857681	0.189248
2008	0.481283	0.017693			

从表4-63可以看出，没有任何一年的学生化残差的绝对值大于5%显著性水平对应的t值（1.753）的绝对值。也没有任何一年的cook距离较大。

（10）江苏省住户调查数据评估

①逻辑关系评估。根据逻辑关系评估法的一般流程，为了评估农村居民人均总支出数据的准确性，本书选择了江苏城镇、农村居民人均可支配收入数据与人均支出数据进行比较。这里做出了江苏统计局发布的2000—2016年的江苏

城镇、农村居民人均收入数据和人均支出数据（2014年及以后数据是根据城乡一体化住户调查数据）的折线图，具体如图4－28所示。

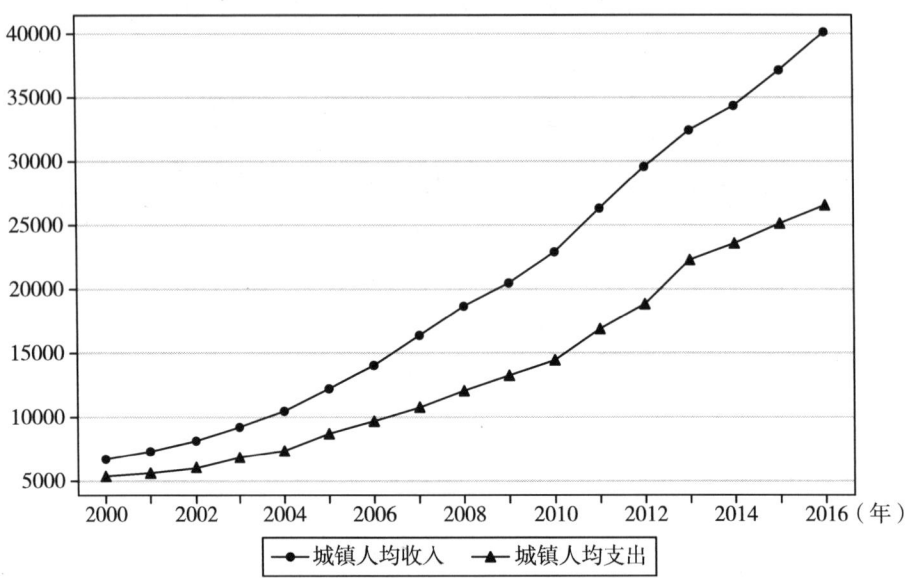

图4－28　2000—2016年江苏省城镇人均可支配收入和人均支出数据折线图

从图4－28中可以看出，江苏省城镇人均可支配收入和人均支出逐年递增，没有出现过下降现象，这比较符合我国的经济发展情况。江苏城镇人均收入与人均支出之间的距离在不断扩大。

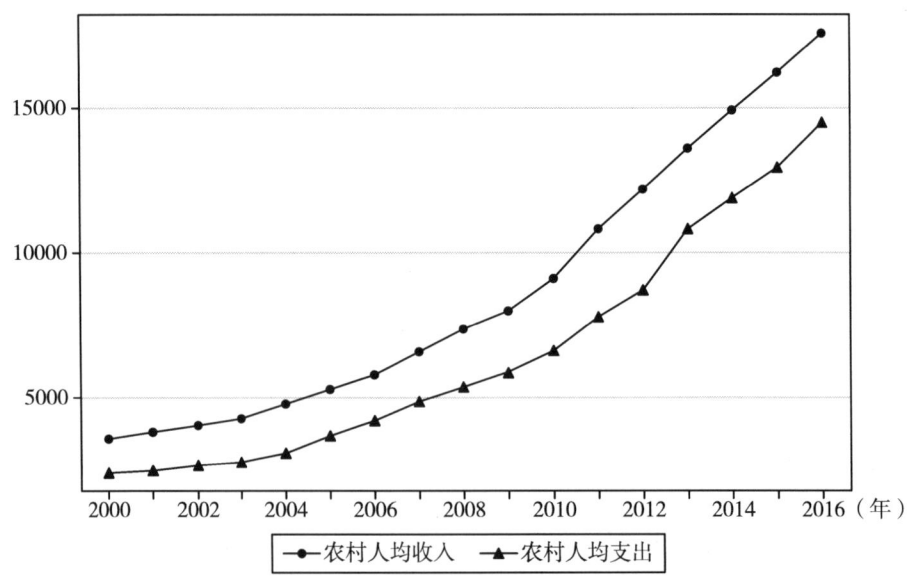

图4－29　2000—2016年江苏省农村人均可支配收入和人均支出数据折线图

从图 4-29 中可以看出，江苏省农村人均可支配收入和人均支出逐年递增，没有出现过下降现象，这比较符合我国的经济发展情况。相对于江苏城镇人均收入与人均支出的数据，江苏农村人均收入与支出间的距离变化小很多。

②分布检验评估。本书选取江苏省统计局发布的 2000—2016 年的江苏城镇、农村居民人均可支配收入数据与人均支出数据进行本福特定律的分布检验。利用 R 软件进行分析，检验江苏省统计局公布的城镇、农村居民人均可支配收入数据与人均支出数据是否符合本福特定律描述的分布，具体结果如图 4-30 所示。

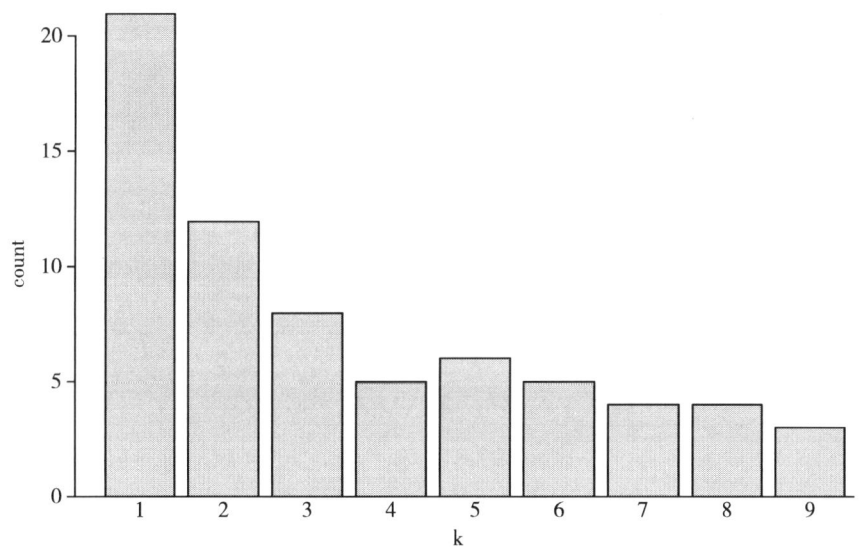

图 4-30　江苏省住户调查数据本福特定律检验结果图

图 4-30 显示，江苏省统计局公布的城镇、农村居民人均可支配收入数据与人均支出数据的总体分布情况大体服从本福特定律，1 开头的数据最多，9 开头的数据最少，大致是从 1 开头到从 9 开头，数据量越来越少。再进一步对待检测数据做卡方检验，结果如表 4-64 所示。

表 4-64　2000—2016 年江苏数据本福特定律检验表

	住户调查数据
Chi-squared	0.62
df	8
p-value	1

从表4-64可以看出，p值为1，远大于显著性水平0.05，不能拒绝住户调查数据满足本福特定律的原假设。可以认为江苏省统计局发布的2000—2016年的公布的城镇、农村居民人均可支配收入数据与人均支出数据是符合本福特定律的。因此可以认为待检测数据通过了分布检验，根据分布检验评估法原理，暂时不认为待评估数据的准确性存在问题。

③统计诊断评估。

A. 对城镇人均可支配收入数据诊断如下：

a. 建立回归模型

利用城镇人均可支配收入与人均居民储蓄存款（deposit）、平均工资水平（wage）、社会消费品零售总额人均值（retail）、出口额人均值（export）、人均地方财政收入（revenue）、三产比重（tertiary proportion）的内在联系，城镇人均可支配收入为因变量，人均居民储蓄存款、平均工资水平、社会消费品零售总额人均值、出口额人均值、人均地方财政收入、三产比重为自变量，对江苏省2000—2016年城镇人均可支配收入数据建立回归模型，得到的结果如表4-65所示。

表4-65　　　　江苏城镇人均可支配收入模型回归结果

	Estimate	Std. Error	t-value	P-value
(Intercept)	-2060.26	4983.332	-0.413437	0.688018
deposit	-0.074346	0.135155	-0.550056	0.594358
wage	0.474553	0.140348	3.381263	0.006988
retail	0.126728	0.207677	0.610224	0.555329
export	0.745796	0.313033	2.382483	0.038449
revenue	-0.030392	0.080637	-0.376892	0.714129
tertiary proportion	9680.12	14020.38	0.690432	0.505631

表4-66　　　　江苏城镇人均可支配收入模型拟合效果

Multiple R^2	Adjusted R^2	F-statistic	df1	df2	p-value
1	0.999	4.88e+03	6	10	0.000

表4-66显示，建立的回归模型的拟合优度为0.999，F检验统计量为4.88e+03，对应的p值为0.000，说明该模型的拟合效果极好。

b. 统计诊断检验

表 4-67　江苏城镇人均可支配收入的学生化残差、cooks 距离

year	income_rstu	income_cooks	year	income_rstu	income_cooks
2000	1.140673	0.138807	2009	1.103078	0.117081
2001	-0.002636	5.38E-07	2010	-1.391183	0.230438
2002	-0.209756	0.003276	2011	-0.341142	0.012125
2003	-0.366162	0.004881	2012	0.991621	0.213191
2004	-1.142572	0.152349	2013	0.450784	0.033104
2005	-0.070484	0.000253	2014	-1.392876	0.112395
2006	0.005636	1.76E-06	2015	-0.945245	0.119011
2007	0.162019	0.012072	2016	0.735982	0.118416
2008	-0.133587	0.001731			

从表 4-67 可以看出，没有任何一年的学生化残差的绝对值大于 5% 显著性水平对应的 t 值（1.753）的绝对值。也没有任何一年的 cook 距离较大。

B. 对农村人均可支配收入数据诊断如下：

a. 建立回归模型

利用农村人均可支配收入与农业人口比重（agricultural population）、农村居民最终消费构成比重（final consumption）、人均地方公共财政预算支出（budget expenditure）、农作物播种面积（crops）、农业机械总动力（agricultural machinery）、降水量（rainfall）的内在联系，农村人均可支配收入为因变量，农业人口比重、农村居民最终消费构成比重、人均地方公共财政预算支出、农作物播种面积、农业机械总动力、降水量为自变量，对江苏省 2000—2016 年农村人均可支配收入数据建立回归模型，得到的结果如表 4-68 所示。

表 4-68　江苏农村人均可支配收入模型回归结果

	Estimate	Std. Error	t-value	P-value
（Intercept）	9261.982	12367.97	0.748868	0.471184
agricultural population	18238.87	11611.63	1.570741	0.147316
final consumption	-2961.15	5530.747	-0.53543	0.604076
budget expenditure	1.598263	0.30446	5.24952	0.000374

续表

	Estimate	Std. Error	t-value	P-value
crops	-17.9056	13.06918	-1.37007	0.200639
agricultural machinery	-0.97217	1.642818	-0.59177	0.567141
rainfall	0.774585	0.626851	1.235676	0.24482

表4-69 江苏农村人均可支配收入模型拟合效果

Multiple R^2	Adjusted R^2	F-statistic	df1	df2	p-value
0.997	0.995	496	6	10	0.000

表4-69显示，建立的回归模型的拟合优度为0.995，F检验统计量为496，对应的p值为0.000，说明该模型的拟合效果极好。

b. 统计诊断检验

表4-70 江苏农村可支配人均收入的学生化残差、cooks距离

year	income_rstu	income_cooks	year	income_rstu	income_cooks
2000	0.130513	0.002253	2009	-1.452516	0.270185
2001	-0.775736	0.053371	2010	0.383531	0.053873
2002	0.664821	0.034348	2011	-1.330232	0.063779
2003	-0.570953	0.028361	2012	-1.126833	0.077695
2004	0.937638	0.169744	2013	0.416936	0.019493
2005	0.989747	0.088165	2014	1.614557	0.148448
2006	0.123587	0.001935	2015	-1.461935	0.159635
2007	0.195839	0.003734	2016	1.345432	0.221009
2008	0.166182	0.002252			

从表4-70可以看出，没有任何一年的学生化残差的绝对值大于5%显著性水平对应的t值（1.753）的绝对值。也没有任何一年的cook距离较大。

（11）浙江省住户调查数据评估

①逻辑关系评估。根据逻辑关系评估法的一般流程，为了评估农村居民人均总支出数据的准确性，本书选择了浙江城镇、农村居民人均可支配收入数据与人均支出数据进行比较。这里做出了浙江统计局发布的2000—2016年的浙江

城镇、农村居民人均收入数据和人均支出数据（2014年及以后数据是根据城乡一体化住户调查数据）的折线图，具体如图4-31所示。

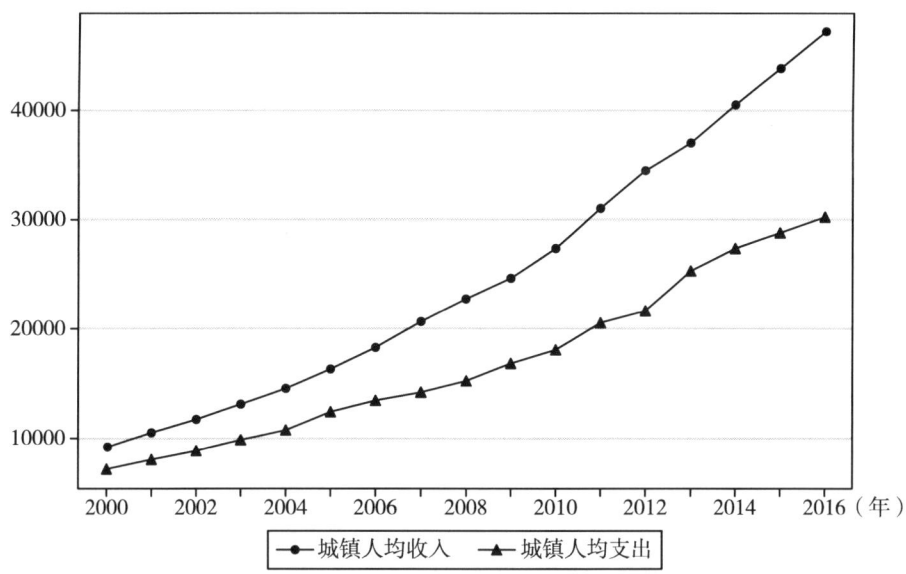

图4-31　2000—2016年浙江省城镇人均可支配收入和人均支出数据折线图

从图4-31中可以看出，浙江省城镇人均可支配收入和人均支出逐年递增，没有出现过下降现象，这比较符合我国的经济发展情况。浙江城镇人均收入与人均支出之间的距离在不断扩大。

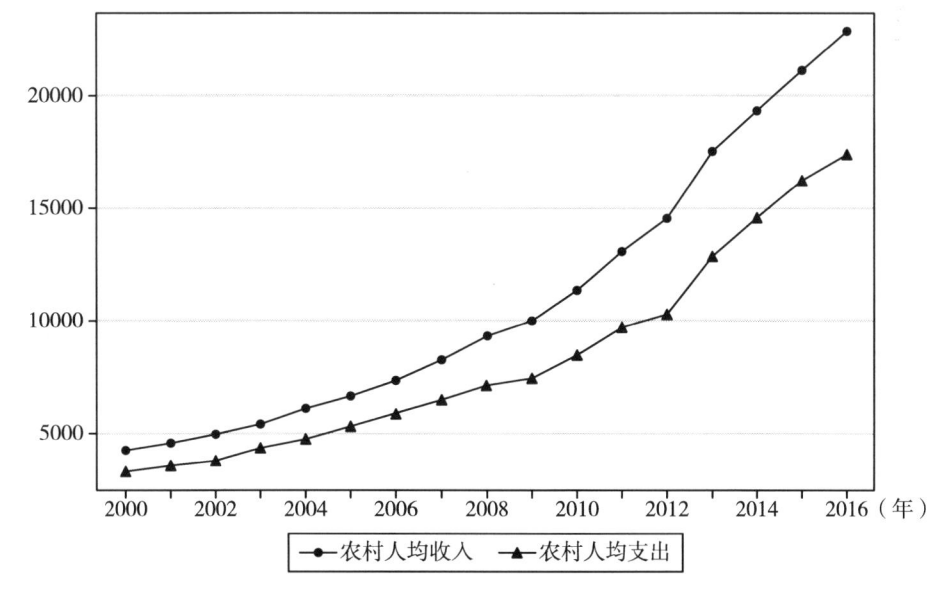

图4-32　2000—2016年浙江省农村人均可支配收入和人均支出数据折线图

从图 4-32 中可以看出，浙江省农村人均可支配收入和人均支出逐年递增，没有出现过下降现象，这比较符合我国的经济发展情况。相对于浙江城镇人均收入与人均支出的数据，浙江农村人均收入与支出间的距离变化小很多。

②分布检验评估。本书选取浙江省统计局发布的 2000—2016 年的浙江城镇、农村居民人均可支配收入数据与人均支出数据进行本福特定律的分布检验。利用 R 软件进行分析，检验浙江省统计局公布的城镇、农村居民人均可支配收入数据与人均支出数据是否符合本福特定律描述的分布，具体结果如图 4-33 所示。

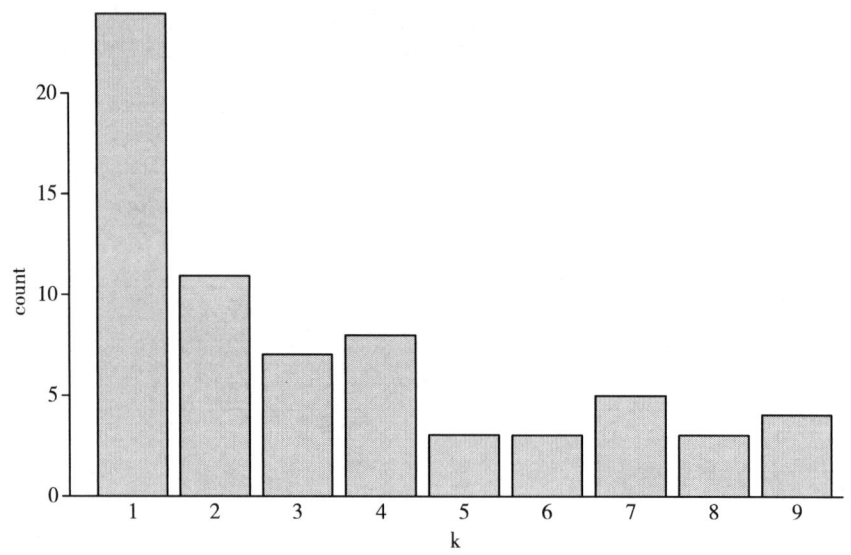

图 4-33　浙江省住户调查数据本福特定律检验结果图

图 4-33 显示，浙江省统计局公布的城镇、农村居民人均可支配收入数据与人均支出数据的总体分布情况大体服从本福特定律，1 开头的数据最多，大致是从 1 开头到从 9 开头，数据量越来越少。再进一步对待检测数据做卡方检验，结果如表 4-71 所示。

表 4-71　2000—2016 年浙江数据本福特定律检验表

	住户调查数据
Chi – squared	3.4
df	8
p – value	0.9

从表 4-71 可以看出，p 值为 0.9，远大于显著性水平 0.05，不能拒绝住户调查数据满足本福特定律的原假设。可以认为浙江省统计局发布的 2000—2016 年的公布的城镇、农村居民人均可支配收入数据与人均支出数据是符合本福特定律的。因此可以认为待检测数据通过了分布检验，根据分布检验评估法原理，暂时不认为待评估数据的准确性存在问题。

③统计诊断评估。

A. 对城镇人均可支配收入数据诊断如下：

a. 建立回归模型

利用城镇人均可支配收入与人均居民储蓄存款（deposit）、平均工资水平（wage）、社会消费品零售总额人均值（retail）、出口额人均值（export）、人均地方财政收入（revenue）、三产比重（tertiary proportion）的内在联系，城镇人均可支配收入为因变量，人均居民储蓄存款、平均工资水平、社会消费品零售总额人均值、出口额人均值、人均地方财政收入、三产比重为自变量，对浙江省 2000—2016 年城镇人均可支配收入数据建立回归模型，得到的结果如表 4-72 所示。

表 4-72　　　　浙江城镇人均可支配收入模型回归结果

	Estimate	Std. Error	t-value	P-value
(Intercept)	8327.854	4448.631	1.872004	0.090709
deposit	0.033016	0.089063	0.370701	0.718592
wage	0.352997	0.077673	4.544629	0.001067
retail	0.077058	0.084714	0.909633	0.384416
export	-0.031261	0.014721	-2.123281	0.059693
revenue	1.489247	0.665217	2.238738	0.049109
tertiary proportion	-14429.6	13186.72	-1.09425	0.299501

表 4-73　　　　浙江城镇人均可支配收入模型拟合效果

Multiple R^2	Adjusted R^2	F-statistic	df1	df2	p-value
1	0.999	3.58e+03	6	10	0.000

表 4-73 显示，建立的回归模型的拟合优度为 0.999，F 检验统计量为 3.58e+03，对应的 p 值为 0.000，说明该模型的拟合效果极好。

b. 统计诊断检验

表 4-74　浙江城镇人均可支配收入的学生化残差、cooks 距离

year	income_rstu	income_cooks	year	income_rstu	income_cooks
2000	0.005963	2.69E-05	2009	0.531953	0.041309
2001	0.004145	1.12E-06	2010	-0.928214	0.036915
2002	0.125204	0.002936	2011	-1.232152	0.211498
2003	-0.161043	0.001383	2012	1.437604	0.242456
2004	-1.139984	0.040755	2013	-0.682254	0.028074
2005	-0.205062	0.001982	2014	0.634208	0.178168
2006	0.956057	0.042498	2015	1.194328	0.219966
2007	1.418897	0.224056	2016	-1.203685	0.226927
2008	0.163969	0.001619			

从表 4-74 可以看出，没有任何一年的学生化残差的绝对值大于 5% 显著性水平对应的 t 值（1.753）的绝对值。也没有任何一年的 cook 距离较大。

B. 对农村人均可支配收入数据诊断如下：

a. 建立回归模型

利用农村人均可支配收入与农业人口比重（agricultural population）、农村居民最终消费构成比重（final consumption）、人均地方公共财政预算支出（budget expenditure）、农作物播种面积（crops）、农业机械总动力（agricultural machinery）、降水量（rainfall）的内在联系，农村人均可支配收入为因变量，农业人口比重、农村居民最终消费构成比重、人均地方公共财政预算支出、农作物播种面积、农业机械总动力、降水量为自变量，对浙江省 2000—2016 年农村人均可支配收入数据建立回归模型，得到的结果如表 4-75 所示。

表 4-75　浙江农村人均可支配收入模型回归结果

	Estimate	Std. Error	t-value	P-value
(Intercept)	-28487	21901.72	-1.30067	0.219958
agricultural population	36534.22	21453.11	1.70298	0.116624
final consumption	-8167.77	19568.54	-0.41739	0.684422
budget expenditure	1.433759	0.058775	24.39405	6.29E-11

续表

	Estimate	Std. Error	t – value	P – value
crops	15.96983	20.72011	0.770741	0.457096
agricultural machinery	-0.51708	2.277103	-0.22708	0.824529

表 4 – 76　　浙江农村人均可支配收入模型拟合效果

Multiple R^2	Adjusted R^2	F – statistic	df1	df2	p – value
1	0.999	3.58e+03	6	10	0.000

表 4 – 76 显示，建立的回归模型的拟合优度为 0.999，F 检验统计量为 3.58e+03，对应的 p 值为 0.000，说明该模型的拟合效果极好。

b. 统计诊断检验

表 4 – 77　　浙江农村可支配人均收入的学生化残差、cooks 距离

year	income_rstu	income_cooks	year	income_rstu	income_cooks
2000	0.932159	0.361131	2009	-0.435981	0.009525
2001	-0.012331	1.34E-05	2010	-0.804411	0.025365
2002	-0.206115	0.002261	2011	-1.013272	0.043469
2003	-0.280082	0.006032	2012	-0.000733	3.82E-08
2004	-0.141241	0.001534	2013	0.830531	0.085727
2005	-1.457484	0.284736	2014	0.990806	0.241911
2006	0.671664	0.051754	2015	-0.651081	0.246944
2007	0.535063	0.012117	2016	0.901015	0.214227
2008	0.597443	0.033226			

从表 4 – 77 可以看出，没有任何一年的学生化残差的绝对值大于 5% 显著性水平对应的 t 值（1.753）的绝对值，也没有任何一年的 cook 距离较大。

（12）安徽省住户调查数据评估

①逻辑关系评估。根据逻辑关系评估法的一般流程，为了评估农村居民人均总支出数据的准确性，本书选择了安徽城镇、农村居民人均可支配收入数据与人均支出数据进行比较。这里做出了安徽统计局发布的 2000—2016 年的安徽

城镇、农村居民人均收入数据和人均支出数据（2014年及以后数据是根据城乡一体化住户调查数据）的折线图，具体如图4-34所示。

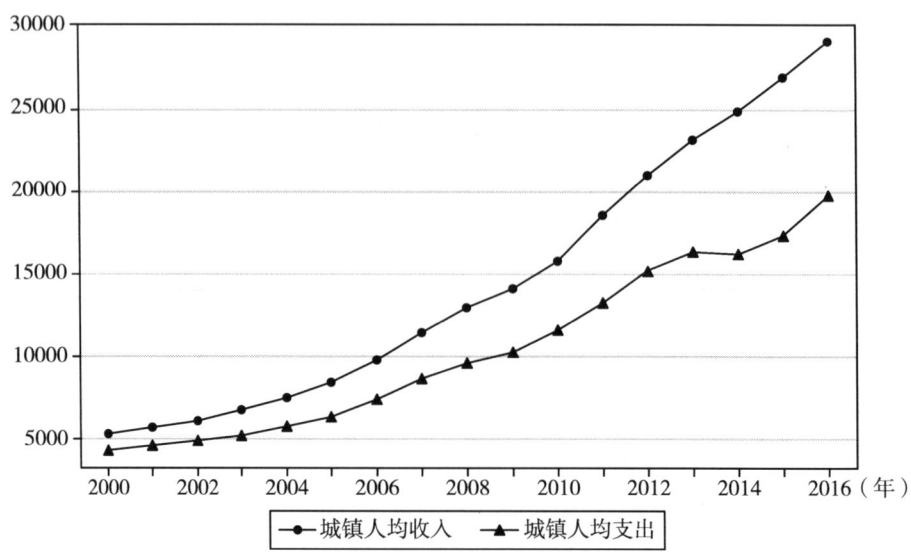

图4-34　2000—2016年安徽省城镇人均可支配收入和人均支出数据折线图

从图4-34中可以看出，安徽省城镇人均可支配收入和人均支出逐年递增，在2014年城镇人均支出有小幅下落但马上回升至正常增长水平，这比较符合我国的经济发展情况。安徽省城镇人均收入与人均支出之间的距离在不断扩大，并且增长速度都在2010年开始有了大幅增加。

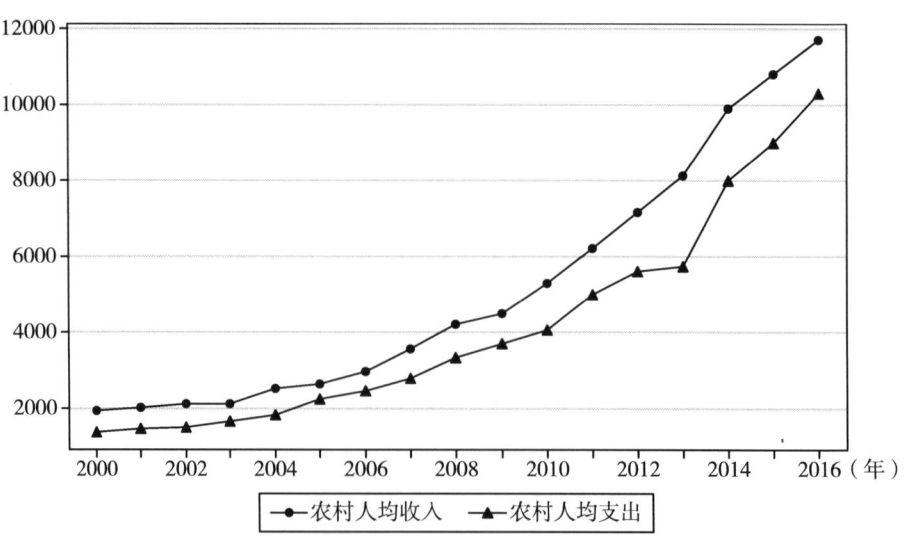

图4-35　2000—2016年安徽省农村人均可支配收入和人均支出数据折线图

从图 4-35 中可以看出，安徽省农村人均可支配收入和人均支出逐年递增，没有出现过下降现象，这比较符合我国的经济发展情况。相对于安徽省城镇人均收入与人均支出的数据，安徽农村人均收入与支出间的距离变化小很多。

②分布检验评估。本书选取安徽省统计局发布的 2000—2016 年的安徽城镇、农村居民人均可支配收入数据与人均支出数据进行本福特定律的分布检验。利用 R 软件进行分析，检验安徽省统计局公布的城镇、农村居民人均可支配收入数据与人均支出数据是否符合本福特定律描述的分布，具体结果如图 4-36 所示。

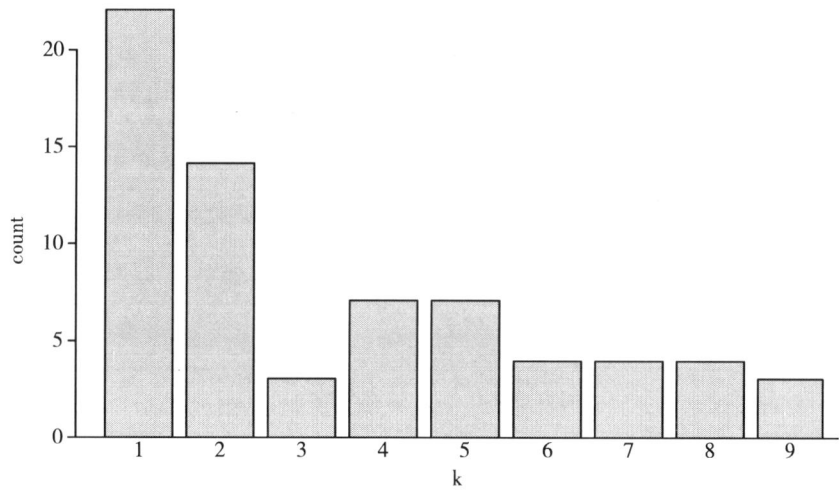

图 4-36　安徽省住户调查数据本福特定律检验结果图

图 4-36 显示，安徽省统计局公布的城镇、农村居民人均可支配收入数据与人均支出数据的总体分布情况大体服从本福特定律，从 1—9 基本上数据量越来越少。再进一步对待检测数据做卡方检验，结果如表 4-78 所示。

表 4-78　　　　2000—2016 年安徽数据本福特定律检验表

	住户调查数据
X – squared	4.6726
df	8
p – value	0.7919

从表 4-78 可以看出，p 值为 0.7919，远大于显著性水平 0.05，不能拒绝住

户调查数据满足本福特定律的原假设。可以认为安徽省统计局发布的2000—2016年的公布的城镇、农村居民人均可支配收入数据与人均支出数据是符合本福特定律的。因此可以认为待检测数据通过了分布检验，根据分布检验评估法原理，暂时不认为待评估数据的准确性存在问题。

③统计诊断评估。

A. 对城镇人均可支配收入数据诊断如下：

a. 建立回归模型

利用城镇人均可支配收入与人均居民储蓄存款（deposit）、平均工资水平（wage）、社会消费品零售总额人均值（retail）、出口额人均值（export）、人均地方财政收入（revenue）、三产比重（tertiary proportion）的内在联系，城镇人均可支配收入为因变量，人均居民储蓄存款、平均工资水平、社会消费品零售总额人均值、出口额人均值、人均地方财政收入、三产比重为自变量，对安徽省2000—2016年城镇人均可支配收入数据建立回归模型，得到的结果如表4-79所示。

表4-79　　　　　安徽城镇人均可支配收入模型回归结果

	Estimate	Std. Error	t-value	P-value
(Intercept)	-3111.78	1873.626	-1.66083	0.127731
deposit	-0.30382	0.182284	-1.66666	0.126549
wage	0.327741	0.022652	14.46834	4.94E-08
retail	0.639416	0.192505	3.321559	0.007727
export	1.917956	0.870254	2.203904	0.052096
revenue	0.727794	0.416296	1.748259	0.110993
tertiary proportion	13788.68	4771.14	2.890018	0.016107

表4-80　　　　　安徽城镇人均可支配收入模型拟合效果

Multiple R^2	Adjusted R^2	F-statistic	df1	df2	p-value
1	0.999	9.28e+03	6	10	0.000

表4-80显示，建立的回归模型的拟合优度为0.999，F检验统计量为9.28e+03，对应的p值为0.000，说明该模型的拟合效果极好。

b. 统计诊断检验

表 4-81　安徽城镇人均可支配收入的学生化残差、cooks 距离

year	income_rstu	income_cooks	year	income_rstu	income_cooks
2000	0.640954	0.037637	2009	-0.650113	0.088386
2001	1.832948	0.871159	2010	-1.026291	0.084906
2002	-1.127461	0.037823	2011	0.316533	0.029817
2003	-0.691122	0.034822	2012	0.984008	0.301305
2004	-1.049332	0.041059	2013	-0.684211	0.048478
2005	-0.808471	0.02179	2014	-0.362991	0.015152
2006	1.353026	0.062461	2015	-0.570344	0.04772
2007	1.737233	0.208487	2016	1.968289	1.513187
2008	-0.002312	4.86E-07			

从表 4-81 可以看出，2001 年和 2016 年的学生化残差的绝对值大于 5% 显著性水平对应的 t 值（1.753）的绝对值，这些点可能成为强影响点。而 2001 年和 2016 年的 cook 距离较大，该二个点为强影响点，是可能的异常值。

B. 对农村人均可支配收入数据诊断如下：

a. 建立回归模型

利用农村人均可支配收入与农业人口比重（agricultural population）、农村居民最终消费构成比重（final consumption）、人均地方公共财政预算支出（budget expenditure）、农作物播种面积（crops）、农业机械总动力（agricultural machinery）、降水量（rainfall）的内在联系，农村人均可支配收入为因变量，农业人口比重、农村居民最终消费构成比重、人均地方公共财政预算支出、农作物播种面积、农业机械总动力、降水量为自变量，对安徽省 2000—2016 年农村人均可支配收入数据建立回归模型，得到的结果如表 4-82 所示。

表 4-82　安徽农村人均可支配收入模型回归结果

	Estimate	Std. Error	t-value	P-value
(Intercept)	3977.531	69801.24	0.056984	0.95558
agricultural population	-598.504	75467.64	-0.00793	0.993814
final consumption	-1692.14	2620.653	-0.64569	0.531717

续表

	Estimate	Std. Error	t-value	P-value
budget expenditure	1.286142	0.413411	3.111046	0.009907
crops	0.007361	0.098882	0.074443	0.941994
agricultural machinery	-0.50779	5.428974	-0.09353	0.927161

表4-83　　安徽农村人均可支配收入模型拟合效果

Multiple R^2	Adjusted R^2	F-statistic	df1	df2	p-value
0.974	0.962	81.9	6	10	0.000

表4-83显示，建立的回归模型的拟合优度为0.962，F检验统计量为81.9，对应的p值为0.000，说明该模型的拟合效果极好。

b. 统计诊断检验

表4-84　　安徽农村可支配人均收入的学生化残差、cooks距离

year	income_rstu	income_cooks	year	income_rstu	income_cooks
2000	0.095872	0.001097	2009	-0.183031	0.00367
2001	0.044001	0.000137	2010	-0.675614	0.121021
2002	0.099852	0.000429	2011	-1.385592	0.054627
2003	0.034053	3.41E-05	2012	-2.265784	0.131652
2004	0.523156	0.00976	2013	-1.451251	0.066626
2005	2.216181	4.254956	2014	0.940255	0.029918
2006	0.023751	9.86E-05	2015	0.848843	0.053879
2007	0.195765	0.007259	2016	2.217883	0.262362
2008	1.173416	0.307663			

从表4-84可以看出，2005年、2012年和2016年的学生化残差的绝对值大于5%显著性水平对应的t值（1.753）的绝对值，这些点可能成为强影响点。而2005年的cook距离较大，该点为强影响点，是可能的异常值。

（13）福建省住户调查数据评估

①逻辑关系评估。根据逻辑关系评估法的一般流程，为了评估农村居民人均总支出数据的准确性，本书选择了安徽城镇、农村居民人均可支配收入数据与人均支出数据进行比较。这里做出了福建省统计局发布的2000—2016年的福

建城镇、农村居民人均收入数据和人均支出数据（2014年及以后数据是根据城乡一体化住户调查数据）的折线图，具体如图4-37所示。

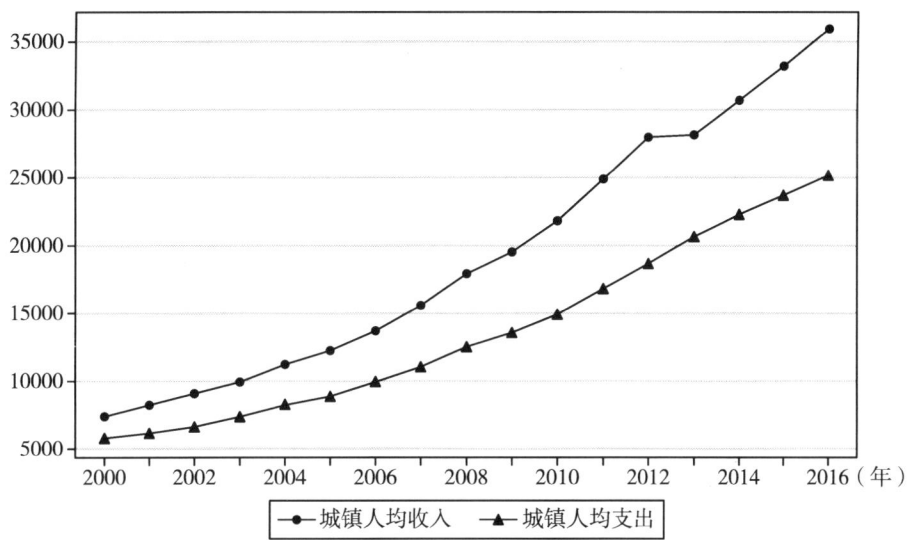

图4-37 2000—2016年福建省城镇人均可支配收入和人均支出数据折线图

从图4-37中可以看出，福建省城镇人均可支配收入和人均支出逐年递增，2013年城镇人均收入有小幅下落但马上回升至正常增长水平，这比较符合我国的经济发展情况。福建省城镇人均收入与人均支出之间的距离在不断扩大。

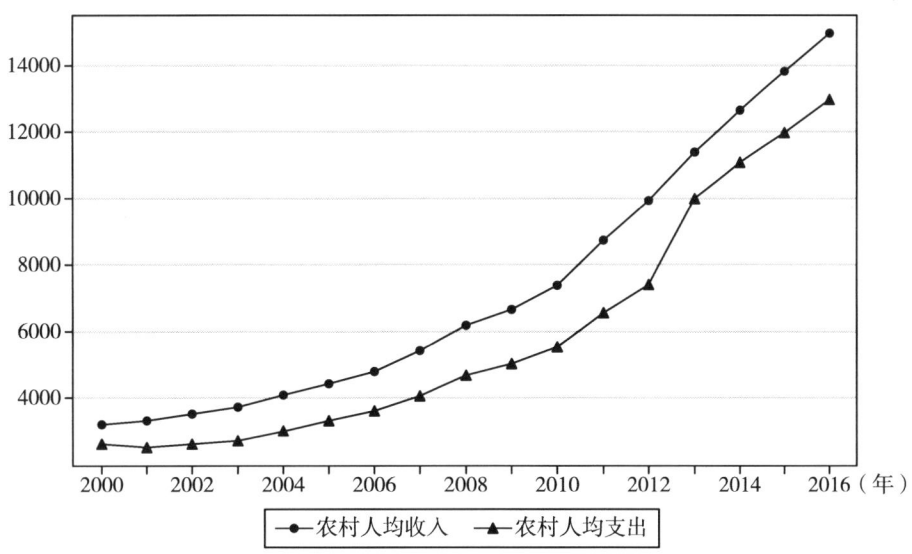

图4-38 2000—2016年福建省农村人均可支配收入和人均支出数据折线图

从图4-38中可以看出，福建省农村人均可支配收入和人均支出总体上逐年递增，这比较符合我国的经济发展情况。相对于福建省城镇人均收入与人均支出的数据，安徽农村人均收入与支出间的距离变化小很多。

②分布检验评估。本书选取福建省统计局发布的2000—2016年的安徽城镇、农村居民人均可支配收入数据与人均支出数据进行本福特定律的分布检验。利用R软件进行分析，检验福建省统计局公布的城镇、农村居民人均可支配收入数据与人均支出数据是否符合本福特定律描述的分布，具体结果如表4-39所示。

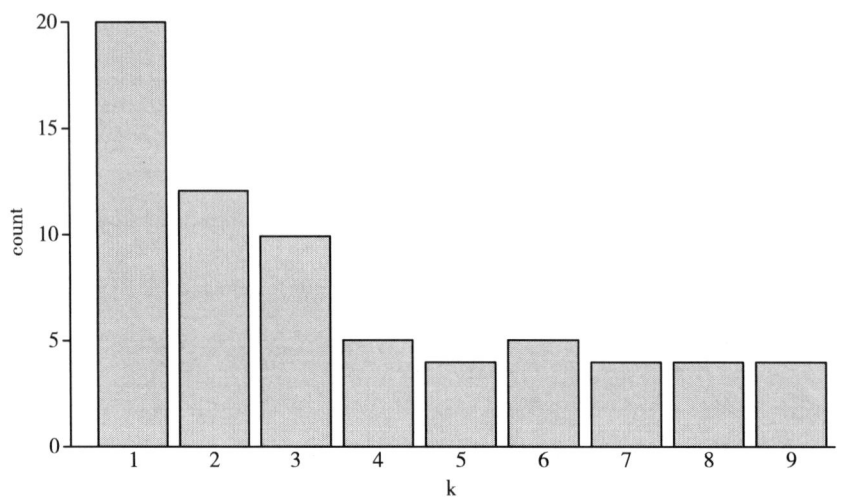

图4-39　福建省住户调查数据本福特定律检验结果图

图4-39显示，福建省统计局公布的城镇、农村居民人均可支配收入数据与人均支出数据的总体分布情况大体服从本福特定律，除6开头数据外，基本上数据量越来越少。再进一步对待检测数据做卡方检验，结果如表4-85所示。

表4-85　　2000—2016年福建数据本福特定律检验表

	住户调查数据
X-squared	1.4
df	8
p-value	1

从表4-85可以看出，p值为1，远大于显著性水平0.05，不能拒绝住户调

查数据满足本福特定律的原假设。可以认为福建省统计局发布的2000—2016年的公布的城镇、农村居民人均可支配收入数据与人均支出数据是符合本福特定律的。因此可以认为待检测数据通过了分布检验，根据分布检验评估法原理，暂时不认为待评估数据的准确性存在问题。

③统计诊断评估。

A. 对城镇人均可支配收入数据诊断如下：

a. 建立回归模型

利用城镇人均可支配收入与人均居民储蓄存款（deposit）、平均工资水平（wage）、社会消费品零售总额人均值（retail）、出口额人均值（export）、人均地方财政收入（revenue）、三产比重（tertiary proportion）的内在联系，城镇人均可支配收入为因变量，人均居民储蓄存款、平均工资水平、社会消费品零售总额人均值、出口额人均值、人均地方财政收入、三产比重为自变量，对安徽省2000—2016年城镇人均可支配收入数据建立回归模型，得到的结果如表4-86所示。

表4-86　　　　　福建城镇人均可支配收入模型回归结果

	Estimate	Std. Error	t-value	P-value
(Intercept)	-16089.4	3728.988	-4.31468	0.001526
deposit	0.144003	0.097253	1.4807	0.169491
wage	1.090363	0.194916	5.594022	0.00023
retail	-0.24084	0.301834	-0.79793	0.443445
export	3.286982	0.553622	5.937235	0.000144
revenue	-5.54683	0.566627	-9.78921	1.93E-06
tertiary proportion	53116.81	12549.62	4.232545	0.001737

表4-87　　　　　福建城镇人均可支配收入模型拟合效果

Multiple R^2	Adjusted R^2	F-statistic	df1	df2	p-value
0.999	0.995	3.16e+03	6	10	0.000

表4-87显示，建立的回归模型的拟合优度为0.995，F检验统计量为3.16e+03，对应的p值为0.000，说明该模型的拟合效果极好。

b. 统计诊断检验

表 4-88　福建城镇人均可支配收入的学生化残差、cooks 距离

year	income_rstu	income_cooks	year	income_rstu	income_cooks
2000	1.792833	0.464323	2009	1.465485	0.275657
2001	0.573642	0.031111	2010	-0.636964	0.057834
2002	-2.158622	0.240409	2011	-0.387372	0.013709
2003	-0.529561	0.013795	2012	1.959793	0.522889
2004	-0.141917	0.004831	2013	-2.260214	0.627485
2005	0.047038	9.92E-05	2014	1.189721	0.185741
2006	-0.575552	0.007094	2015	-0.550278	0.028335
2007	-0.116118	0.000984	2016	-0.067063	0.002599
2008	0.711585	0.017695			

从表 4-88 可以看出，2000 年、2012 年和 2013 年的学生化残差的绝对值大于 5% 显著性水平对应的 t 值（1.753）的绝对值，这些点可能成为强影响点。2000 年、2012 年和 2013 年的 cook 距离较大，该三个点为强影响点，是可能的异常值。

B. 对农村人均可支配收入数据诊断如下：

a. 建立回归模型

利用农村人均可支配收入与农业人口比重（agricultural population）、农村居民最终消费构成比重（final consumption）、人均地方公共财政预算支出（budget expenditure）、农作物播种面积（crops）、农业机械总动力（agricultural machinery）、降水量（rainfall）的内在联系，农村人均可支配收入为因变量，农村居民人均存款、农村居民平均工资、农村居民零售支出、人均出口额、农村居民平均收入、第三产业比重为自变量，对福建省 2000—2016 年农村人均可支配收入数据建立回归模型，得到的结果如表 4-89 所示。

表 4-89　福建农村人均可支配收入模型回归结果

	Estimate	Std. Error	t-value	P-value
(Intercept)	8895.504	5225.402	1.702358	0.116744
agricultural population	-5466.03	10927.17	-0.50022	0.626774

续表

	Estimate	Std. Error	t – value	P – value
final consumption	8991.323	14257.13	0.630654	0.541147
budget expenditure	1.120232	0.1332	8.410165	4.05E – 06
crops	– 15.9567	12.63161	– 1.26324	0.232623
agricultural machinery	– 1.77828	1.775606	– 1.00135	0.338177

表 4 – 90　　福建农村人均可支配收入模型拟合效果

Multiple R^2	Adjusted R^2	F – statistic	df1	df2	p – value
0.998	0.996	890	5	11	0.000

表 4 – 90 显示，建立的回归模型的拟合优度为 0.996，F 检验统计量为 890，对应的 p 值为 0.000，说明该模型的拟合效果极好。

b. 统计诊断检验

表 4 – 91　　福建农村可支配人均收入的学生化残差、cooks 距离

year	income_rstu	income_cooks	year	income_rstu	income_cooks
2000	– 0.040273	0.000222	2009	– 0.311332	0.003496
2001	– 0.487622	0.02996	2010	– 0.713454	0.045564
2002	– 0.044412	0.00024	2011	– 0.964612	0.03362
2003	– 0.169161	0.002366	2012	– 1.351621	0.077563
2004	0.953081	0.148624	2013	– 0.039623	0.000109
2005	0.621073	0.015256	2014	2.490591	0.635075
2006	– 0.222881	0.003936	2015	– 1.238425	0.202432
2007	0.124769	0.001887	2016	0.682857	1.198912
2008	0.677474	0.021401			

从表 4 – 91 可以看出，2014 年的学生化残差的绝对值大于 5% 显著性水平对应的 t 值（1.753）的绝对值，这个点可能成为强影响点。而 2014 年和 2016 年的 cook 距离较大，该二个点为强影响点，是可能的异常值。

（14）江西省住户调查数据评估

①逻辑关系评估。根据逻辑关系评估法的一般流程，为了评估农村居民人均总支出数据的准确性，本书选择了江西城镇、农村居民人均可支配收入数据与人均支出数据进行比较。这里做出了江西省统计局发布的 2000—2016 年的江

西城镇、农村居民人均收入数据和人均支出数据（2014年及以后数据是根据城乡一体化住户调查数据）的折线图，具体如图4-40所示。

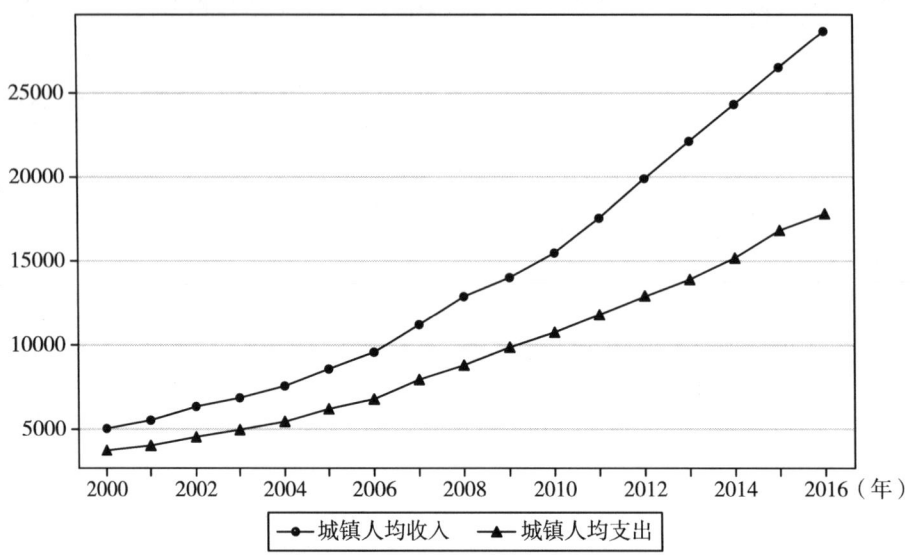

图4-40　2000—2016年江西省城镇人均可支配收入和人均支出数据折线图

从图4-40中可以看出，江西省城镇人均可支配收入和人均支出逐年递增，这比较符合我国的经济发展情况。江西省城镇人均收入与人均支出之间的距离在不断扩大，增长速度较为稳定。

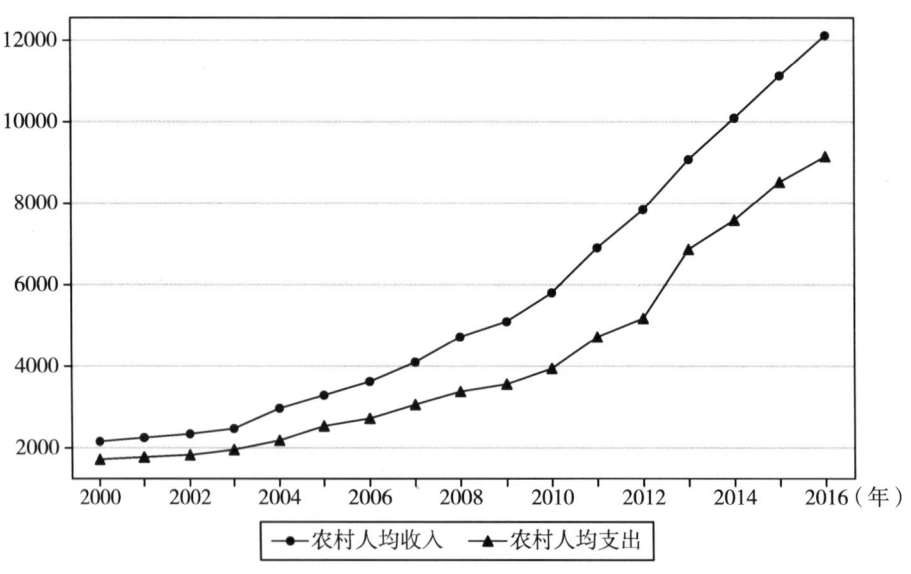

图4-41　2000—2016年江西省农村人均可支配收入和人均支出数据折线图

从图 4-41 中可以看出，江西省农村人均可支配收入和人均支出逐年递增，没有出现过下降现象，这比较符合我国的经济发展情况。相对于江西省城镇人均收入与人均支出的数据，江西农村人均收入与支出间的距离变化小很多。

②分布检验评估。本书选取江西省统计局发布的 2000—2016 年的江西省城镇、农村居民人均可支配收入数据与人均支出数据进行本福特定律的分布检验。利用 R 软件进行分析，检验江省统计局公布的城镇、农村居民人均可支配收入数据与人均支出数据是否符合本福特定律描述的分布，具体结果如图 4-42 所示。

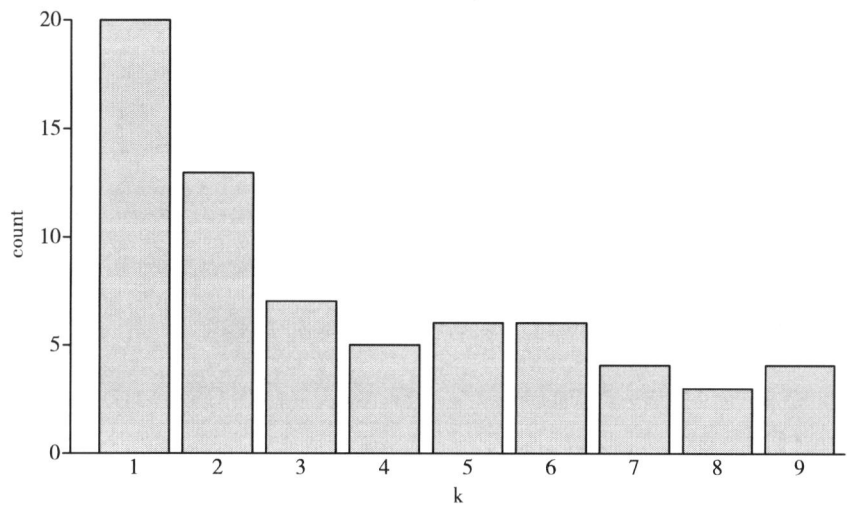

图 4-42　江西省住户调查数据本福特定律检验结果图

图 4-42 显示，江西省统计局公布的城镇、农村居民人均可支配收入数据与人均支出数据的总体分布情况大体服从本福特定律，基本上数据量从 1 开始越来越少。再进一步对待检测数据做卡方检验，结果如表 4-92 所示。

表 4-92　2000—2016 年江西数据本福特定律检验表

	住户调查数据
X – squared	1.6
df	8
p – value	0.99

从表 4-92 可以看出，p 值为 0.99，远大于显著性水平 0.05，不能拒绝住户

调查数据满足本福特定律的原假设。可以认为江西省统计局发布的2000—2016年的公布的城镇、农村居民人均可支配收入数据与人均支出数据是符合本福特定律的。因此可以认为待检测数据通过了分布检验，根据分布检验评估法原理，暂时不认为待评估数据的准确性存在问题。

③统计诊断评估。

A. 对城镇人均可支配收入数据诊断如下：

a. 建立回归模型

利用城镇人均可支配收入与人均居民储蓄存款（deposit）、平均工资水平（wage）、社会消费品零售总额人均值（retail）、出口额人均值（export）、人均地方财政收入（revenue）、三产比重（tertiary proportion）的内在联系，城镇人均可支配收入为因变量，人均居民储蓄存款、平均工资水平、社会消费品零售总额人均值、出口额人均值、人均地方财政收入、三产比重为自变量，对江西省2000—2016年城镇人均可支配收入数据建立回归模型，得到的结果如表4-93所示。

表4-93　江西城镇人均可支配收入模型回归结果

	Estimate	Std. Error	t - value	P - value
(Intercept)	8494.303	1404.978	6.045863	0.000124
deposit	-0.61395	0.198221	-3.09729	0.011303
wage	0.254737	0.100713	2.529338	0.029905
retail	1.554674	0.347227	4.477395	0.001184
export	-8.89708	2.298683	-3.87051	0.003107
revenue	2.100737	0.643708	3.263491	0.008524
tertiary proportion	-15875.8	3250.984	-4.88337	0.000639

表4-94　江西城镇人均可支配收入模型拟合效果

Multiple R^2	Adjusted R^2	F - statistic	df1	df2	p - value
1	0.999	4.27e+03	6	10	0.000

表4-94显示，建立的回归模型的拟合优度为0.999，F检验统计量为4.27e+03，对应的p值为0.000，说明该模型的拟合效果极好。

b. 统计诊断检验

表 4-95　江西城镇人均可支配收入的学生化残差、cooks 距离

year	income_rstu	income_cooks	year	income_rstu	income_cooks
2000	-0.757331	0.060313	2009	0.867146	0.052211
2001	-0.616933	0.029041	2010	-0.935091	0.076452
2002	1.630581	0.115028	2011	-0.130012	0.003042
2003	0.392329	0.005349	2012	-1.220171	0.226868
2004	-0.881742	0.037579	2013	1.754511	0.220223
2005	0.129183	0.000958	2014	-0.112312	0.002066
2006	-0.403561	0.011873	2015	0.053484	0.000426
2007	-1.884391	0.782578	2016	-0.949241	0.141963
2008	2.280979	0.290361			

从表 4-95 可以看出，2007 年、2008 年和 2013 年的学生化残差的绝对值大于 5% 显著性水平对应的 t 值（1.753）的绝对值，这些点可能成为强影响点。而 2007 年的 cook 距离较大，该点为强影响点，是可能的异常值。

B. 对农村人均可支配收入数据诊断如下：

a. 建立回归模型

利用农村人均可支配收入与农业人口比重（agricultural population）、农村居民最终消费构成比重（final consumption）、人均地方公共财政预算支出（budget expenditure）、农作物播种面积（crops）、农业机械总动力（agricultural machinery）、降水量（rainfall）的内在联系，农村人均可支配收入为因变量，农业人口比重、农村居民最终消费构成比重、人均地方公共财政预算支出、农作物播种面积、农业机械总动力、降水量为自变量，对江西省 2000—2016 年农村人均可支配收入数据建立回归模型，得到的结果如表 4-96 所示。

表 4-96　江西农村人均可支配收入模型回归结果

	Estimate	Std. Error	t-value	P-value
(Intercept)	7359.858	2267.714	3.245496	0.008787
agricultural population	-15495.6	4926.06	-3.14563	0.01041
final consumption	2834.618	2463.346	1.150719	0.276621

续表

	Estimate	Std. Error	t-value	P-value
budget expenditure	0.708859	0.098257	7.214326	2.88E-05
crops	7.562764	6.087311	1.242382	0.242441
agricultural machinery	-0.22383	0.096175	-2.32735	0.042241
rainfall	0.037779	0.216983	0.17411	0.865253

表4-97　江西农村人均可支配收入模型拟合效果

Multiple R^2	Adjusted R^2	F-statistic	df1	df2	p-value
0.997	0.996	637	6	10	0.000

表4-97显示，建立的回归模型的拟合优度为0.996，F检验统计量为637，对应的p值为0.000，说明该模型的拟合效果极好。

b. 统计诊断检验

表4-98　江西农村可支配人均收入的学生化残差、cooks距离

year	income_rstu	income_cooks	year	income_rstu	income_cooks
2000	1.414255	0.197697	2009	-0.389223	0.008625
2001	-0.292611	0.006071	2010	-0.238421	0.005051
2002	-0.837132	0.067813	2011	-0.335842	0.026159
2003	-0.473133	0.210783	2012	-0.502741	0.052644
2004	-0.188491	0.001553	2013	-1.903583	0.242786
2005	-0.330212	0.007338	2014	-0.387911	0.007642
2006	-0.275081	0.006699	2015	-0.427284	0.014577
2007	0.914273	0.043653	2016	3.182578	0.504793
2008	3.069239	0.831686			

从表4-98可以看出，2008年、2013年和2016年的学生化残差的绝对值大于5%显著性水平对应的t值（1.753）的绝对值，这些点可能成为强影响点。而2008年和2016年的cook距离较大，该二个点为强影响点，是可能的异常值。

（15）山东省住户调查数据评估

①逻辑关系评估。根据逻辑关系评估法的一般流程，为了评估农村居民人均总支出数据的准确性，本书选择了山东城镇、农村居民人均可支配收入数据与人均支出数据进行比较。这里做出了山东统计局发布的2000—2016年的山东

城镇、农村居民人均收入数据和人均支出数据（2014年及以后数据是根据城乡一体化住户调查数据）的折线图，具体如图4-43所示。

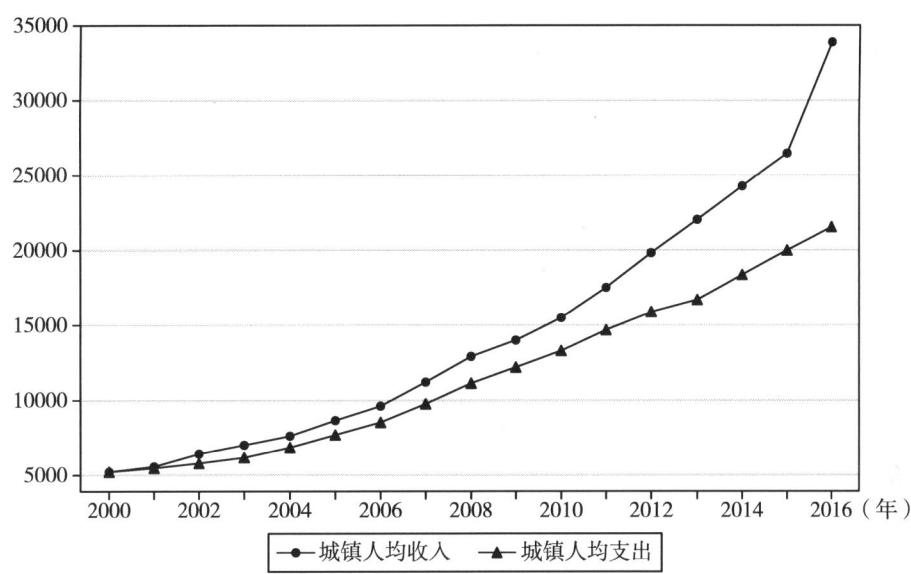

图4-43　2000—2016年山东省城镇人均可支配收入和人均支出数据折线图

从图4-43中可以看出，山东省城镇人均可支配收入和人均支出逐年递增，这比较符合我国的经济发展情况。山东省城镇人均收入与人均支出之间的距离在不断扩大。

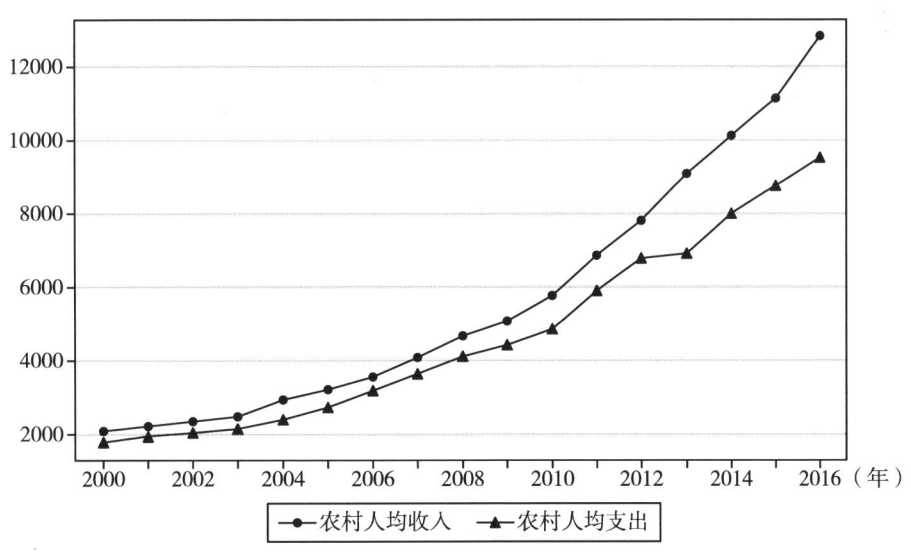

图4-44　2000—2016年山东省农村人均可支配收入和人均支出数据折线图

从图 4-44 中可以看出，山东省农村人均可支配收入和人均支出逐年递增，没有出现过下降现象，这比较符合我国的经济发展情况。山东省农村人均收入与人均支出之间的距离也在不断扩大。

②分布检验评估。本书选取山东省统计局发布的 2000—2016 年的山东城镇、农村居民人均可支配收入数据与人均支出数据进行本福特定律的分布检验。利用 R 软件进行分析，检验山东省统计局公布的城镇、农村居民人均可支配收入数据与人均支出数据是否符合本福特定律描述的分布，具体结果如图 4-45 所示。

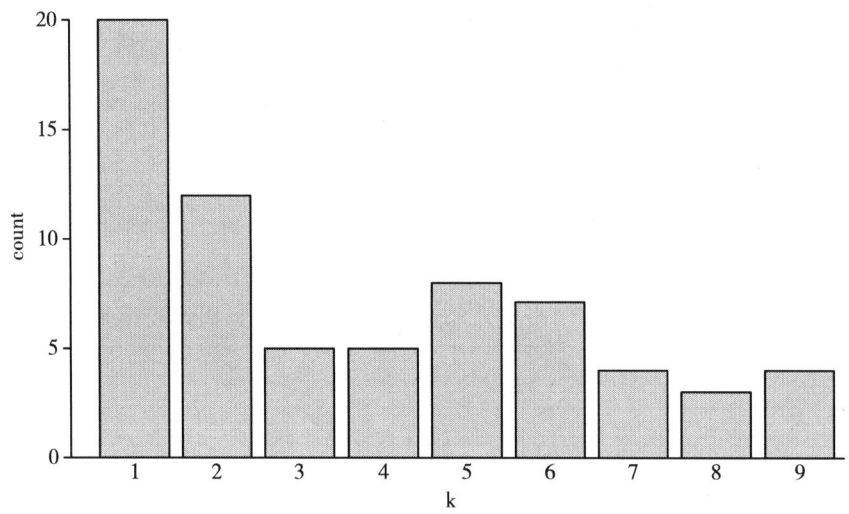

图 4-45　山东省住户调查数据本福特定律检验结果图

图 4-45 显示，山东省统计局公布的城镇、农村居民人均可支配收入数据与人均支出数据的总体分布情况大体服从本福特定律，1 开头的数据量最多，并且基本上数据量越来越少。再进一步对待检测数据做卡方检验，结果如表 4-99 所示。

表 4-99　　　2000—2016 年山东数据本福特定律检验表

	住户调查数据
X - squared	4.7
df	8
p - value	0.8

从表 4-99 可以看出，p 值为 0.8，远大于显著性水平 0.05，不能拒绝住户

调查数据满足本福特定律的原假设。可以认为山东省统计局发布的 2000—2016 年的公布的城镇、农村居民人均可支配收入数据与人均支出数据是符合本福特定律的。因此可以认为待检测数据通过了分布检验，根据分布检验评估法原理，暂时不认为待评估数据的准确性存在问题。

③统计诊断评估。

A. 对城镇人均可支配收入数据诊断如下：

a. 建立回归模型

利用城镇人均可支配收入与人均居民储蓄存款（deposit）、平均工资水平（wage）、社会消费品零售总额人均值（retail）、出口额人均值（export）、人均地方财政收入（revenue）、三产比重（tertiary proportion）的内在联系，城镇人均可支配收入为因变量，人均居民储蓄存款、平均工资水平、社会消费品零售总额人均值、出口额人均值、人均地方财政收入、三产比重为自变量，对山东省 2000—2016 年城镇人均可支配收入数据建立回归模型，得到的结果如表 4 - 100 所示。

表 4 - 100　　山东城镇人均可支配收入模型回归结果

	Estimate	Std. Error	t - value	P - value
(Intercept)	-8110.56	6728.127	-1.20547	0.255771
deposit	0.336508	0.630509	0.533709	0.605203
wage	1.116783	0.416283	2.682752	0.022984
retail	-0.46569	1.499506	-0.3105	0.762554
export	1.342214	0.65693	2.043161	0.068285
revenue	-7.76983	2.780981	-2.79392	0.018992
tertiary proportion	19743.35	19099.78	1.033695	0.32563

表 4 - 101　　山东城镇人均可支配收入模型拟合效果

Multiple R^2	Adjusted R^2	F - statistic	df1	df2	p - value
0.994	0.991	284	6	10	0.000

表 4 - 101 显示，建立的回归模型的拟合优度为 0.991，F 检验统计量为 284，对应的 p 值为 0.000，说明该模型的拟合效果极好。

b. 统计诊断检验

表4-102　　山东城镇人均可支配收入的学生化残差、cooks 距离

year	income_rstu	income_cooks	year	income_rstu	income_cooks
2000	0.591764	0.035067	2009	-0.896613	0.062301
2001	0.136104	0.001545	2010	0.620634	0.129884
2002	-0.721212	0.047803	2011	-0.498292	0.063681
2003	-0.192841	0.001275	2012	1.343658	0.162903
2004	-0.370363	0.018454	2013	0.445939	0.014344
2005	0.065704	0.000268	2014	-0.501881	0.016332
2006	0.267524	0.005878	2015	-4.240573	0.444031
2007	0.673994	0.110827	2016	14.70235	4.063819
2008	0.074319	0.000296			

从表4-102可以看出，2015年和2016年的学生化残差的绝对值大于5%显著性水平对应的t值（1.753）的绝对值，这些点可能成为强影响点。且2015年和2016年的cook距离也较大，该两个点为强影响点，是可能的异常值。

B. 对农村人均可支配收入数据诊断如下：

a. 建立回归模型

利用农村人均可支配收入与农业人口比重（agricultural population）、农村居民最终消费构成比重（final consumption）、人均地方公共财政预算支出（budget expenditure）、农作物播种面积（crops）、农业机械总动力（agricultural machinery）、降水量（rainfall）的内在联系，农村人均可支配收入为因变量，农业人口比重、农村居民最终消费构成比重、人均地方公共财政预算支出、农作物播种面积、农业机械总动力、降水量为自变量，对山东省2000—2016年农村人均可支配收入数据建立回归模型，得到的结果如表4-103所示。

表4-103　　山东农村人均可支配收入模型回归结果

	Estimate	Std. Error	t-value	P-value
(Intercept)	8830.096	2683.805	3.29014	0.006458
agricultural population	-6724.93	3677.004	-1.82892	0.092359
budget expenditure	1.244614	0.083756	14.86003	4.33E-09

续表

	Estimate	Std. Error	t – value	P – value
crops	-0.17817	0.447627	-0.39804	0.697594
agricultural machinery	-0.33792	0.053876	-6.27214	4.12E-05

表4-104　山东农村人均可支配收入模型拟合效果

Multiple R^2	Adjusted R^2	F – statistic	df1	df2	p – value
0.997	0.995	872	4	12	0.000

表4-104显示，建立的回归模型的拟合优度为0.995，F检验统计量为872，对应的p值为0.000，说明该模型的拟合效果极好。

b. 统计诊断检验

表4-105　山东农村可支配人均收入的学生化残差、cooks距离

year	income_rstu	income_cooks	year	income_rstu	income_cooks
2000	-0.24409	0.008351	2009	0.345876	0.003578
2001	0.049983	0.00021	2010	-1.548440	0.078662
2002	0.219353	0.002441	2011	-0.867224	0.022003
2003	-0.491410	0.007526	2012	-2.020786	0.125522
2004	0.057338	0.000129	2013	-0.317783	0.006958
2005	0.870916	0.036151	2014	3.784877	0.499074
2006	0.351224	6.370581	2015	0.328586	0.007021
2007	0.238113	0.003786	2016	-0.566052	0.910396
2008	0.804511	0.034098			

从表4-105可以看出，2012年和2014年的学生化残差的绝对值大于5%显著性水平对应的t值（1.753）的绝对值，这些点可能成为强影响点。而2006年和2016年的cook距离较大，该二个点为强影响点，是可能的异常值。

（16）河南省住户调查数据评估

①逻辑关系评估。根据逻辑关系评估法的一般流程，为了评估农村居民人均总支出数据的准确性，本书选择了河南城镇、农村居民人均可支配收入数据与人均支出数据进行比较。这里做出了河南统计局发布的2000—2016年的河南

城镇、农村居民人均收入数据和人均支出数据（2014年及以后数据是根据城乡一体化住户调查数据）的折线图，具体如图4-46所示。

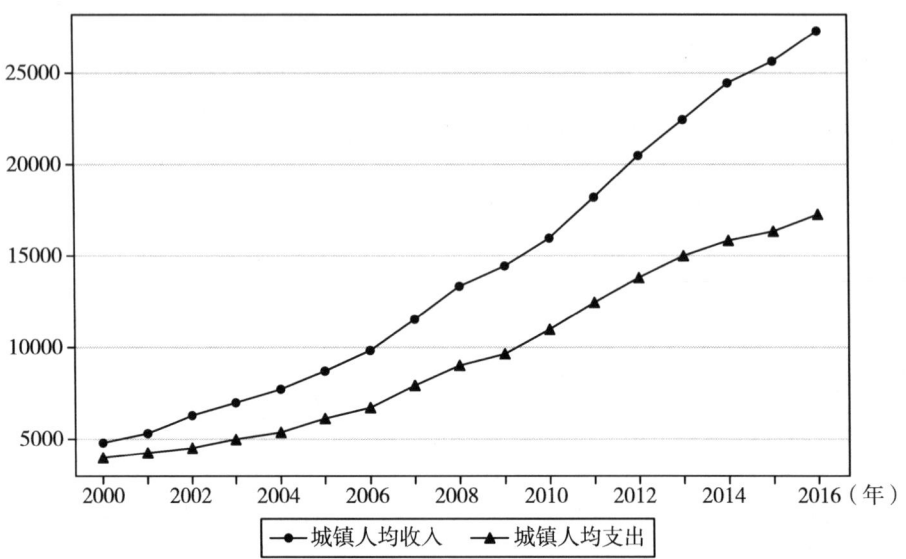

图4-46　2000—2016年河南省城镇人均可支配收入和人均支出数据折线图

从图4-46中可以看出，河南省城镇人均可支配收入和人均支出逐年递增，这比较符合我国的经济发展情况，并且河南省城镇人均收入与人均支出之间的距离在不断扩大。

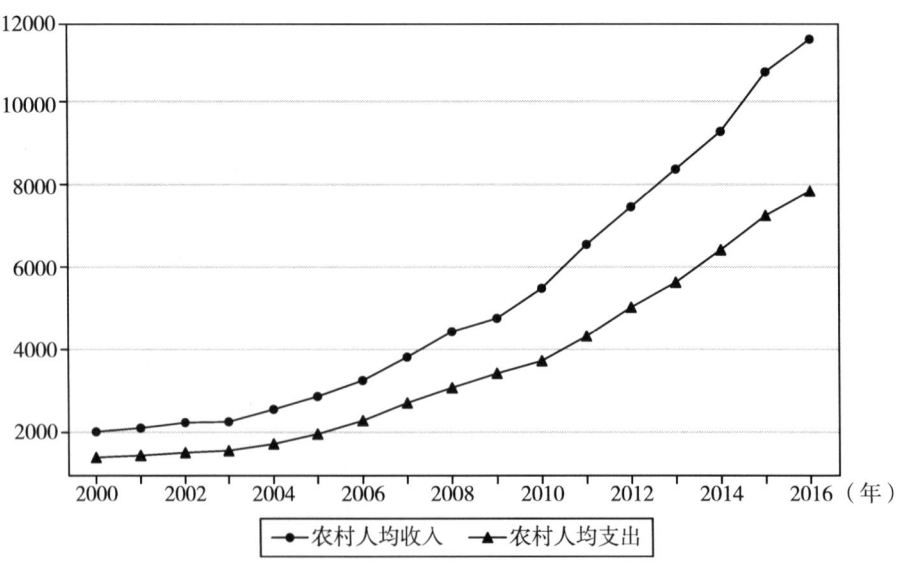

图4-47　2000—2016年河南省农村人均可支配收入和人均支出数据折线图

从图4-47中可以看出，河南省农村人均可支配收入和人均支出逐年递增，没有出现过下降现象，这比较符合我国的经济发展情况。河南农村人均收入与支出间的距离变化与河南省城镇人均收入与人均支出的趋势变化大致相同。

②分布检验评估。本书选取河南省统计局发布的2000—2016年的河南城镇、农村居民人均可支配收入数据与人均支出数据进行本福特定律的分布检验。利用R软件进行分析，检验河南省统计局公布的城镇、农村居民人均可支配收入数据与人均支出数据是否符合本福特定律描述的分布，具体结果如图4-48所示。

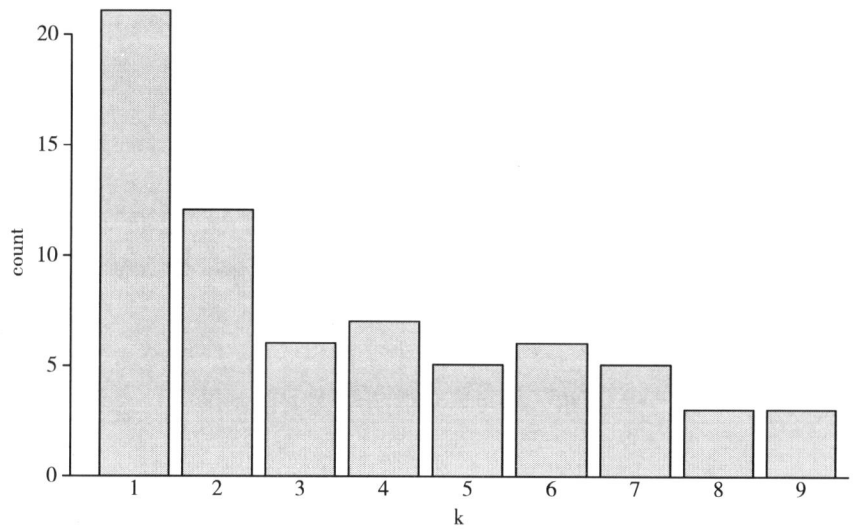

图4-48　河南省住户调查数据本福特定律检验结果图

图4-48显示，河南省统计局公布的城镇、农村居民人均可支配收入数据与人均支出数据的总体分布情况大体服从本福特定律，1开头的数据量最多，从1—9数据量越来越少。再进一步对待检测数据做卡方检验，结果如表4-106所示。

表4-106　　2000—2016年河南数据本福特定律检验表

	住户调查数据
X-squared	1.6
df	8
p-value	0.99

从表 4-106 可以看出，p 值为 0.99，远大于显著性水平 0.05，不能拒绝住户调查数据满足本福特定律的原假设。可以认为河南省统计局发布的 2000—2016 年的公布的城镇、农村居民人均可支配收入数据与人均支出数据是符合本福特定律的。因此可以认为待检测数据通过了分布检验，根据分布检验评估法原理，暂时不认为待评估数据的准确性存在问题。

③统计诊断评估。

A. 对城镇人均可支配收入数据诊断如下：

a. 建立回归模型

利用城镇人均可支配收入与人均居民储蓄存款（deposit）、平均工资水平（wage）、社会消费品零售总额人均值（retail）、出口额人均值（export）、人均地方财政收入（revenue）、三产比重（tertiary proportion）的内在联系，城镇人均可支配收入为因变量，人均居民储蓄存款、平均工资水平、社会消费品零售总额人均值、出口额人均值、人均地方财政收入、三产比重为自变量，对河南省 2000—2016 年城镇人均可支配收入数据建立回归模型，得到的结果如表 4-107 所示。

表 4-107　　　河南城镇人均可支配收入模型回归结果

	Estimate	Std. Error	t-value	P-value
(Intercept)	2800.428	2541.759	1.101768	0.296374
deposit	0.199657	0.186395	1.071149	0.309273
wage	0.363979	0.068206	5.336447	0.00033
retail	-0.64371	0.517892	-1.24294	0.242244
export	4.173037	4.437585	0.940385	0.369181
revenue	3.703855	2.070711	1.788687	0.103949
tertiary proportion	-2259.43	8020.36	-0.28171	0.783908

表 4-108　　　河南城镇人均可支配收入模型拟合效果

Multiple R^2	Adjusted R^2	F-statistic	df1	df2	p-value
0.999	0.996	2.14e+03	6	10	0.000

表 4-108 显示，建立的回归模型的拟合优度为 0.996，F 检验统计量为 2.14e+03，对应的 p 值为 0.000，说明该模型的拟合效果极好。

b. 统计诊断检验

表 4-109　河南城镇人均可支配收入的学生化残差、cooks 距离

year	income_rstu	income_cooks	year	income_rstu	income_cooks
2000	-1.385543	0.242925	2009	0.442302	0.018174
2001	-0.629687	0.027691	2010	0.545102	0.031758
2002	0.317282	0.004868	2011	0.196145	0.003473
2003	1.693214	0.415079	2012	-1.119565	0.274071
2004	1.040995	0.038712	2013	1.692586	0.173232
2005	0.309892	0.008921	2014	1.392587	0.174718
2006	-0.757795	0.049055	2015	-1.976384	0.864853
2007	-1.189614	0.126602	2016	-0.488068	0.162202
2008	-0.678343	0.030681			

从表 4-109 可以看出，2015 年的学生化残差的绝对值大于 5% 显著性水平对应的 t 值（1.753）的绝对值，这个点可能成为强影响点。而 2015 年的 cook 距离较大，该个点为强影响点，是可能的异常值。

B. 对农村人均可支配收入数据诊断如下：

a. 建立回归模型

利用农村人均可支配收入与农业人口比重（agricultural population）、农村居民最终消费构成比重（final consumption）、人均地方公共财政预算支出（budget expenditure）、农作物播种面积（crops）、农业机械总动力（agricultural machinery）、降水量（rainfall）的内在联系，农村人均可支配收入为因变量，农业人口比重、农村居民最终消费构成比重、人均地方公共财政预算支出、农作物播种面积、农业机械总动力、降水量为自变量，对河南省 2000—2016 年农村人均可支配收入数据建立回归模型，得到的结果如表 4-110 所示。

表 4-110　河南农村人均可支配收入模型回归结果

	Estimate	Std. Error	t-value	P-value
(Intercept)	-80556.5	39914.38	-2.01823	0.07119
agricultural population	21093.94	20340.08	1.037063	0.324133
final consumption	16156.78	8275.489	1.952366	0.079436

续表

	Estimate	Std. Error	t‑value	P‑value
budget expenditure	2.018325	0.470466	4.290053	0.001586
crops	4.614186	1.999992	2.307102	0.043723
agricultural machinery	−0.23111	0.119783	−1.92945	0.08251
rainfall	−0.74189	0.659809	−1.12441	0.287105

表4–111 河南农村人均可支配收入模型拟合效果

Multiple R^2	Adjusted R^2	F‑statistic	df1	df2	p‑value
0.997	0.995	522	6	10	0.000

表4–111显示，建立的回归模型的拟合优度为0.995，F检验统计量为9.28e+03，对应的p值为0.000，说明该模型的拟合效果极好。

b. 统计诊断检验

表4–112 河南农村可支配人均收入的学生化残差、cooks距离

year	income_rstu	income_cooks	year	income_rstu	income_cooks
2000	−0.878063	0.113518	2009	−1.158992	0.047836
2001	2.097656	1.635674	2010	0.242695	0.004537
2002	−0.408934	0.017633	2011	−0.915153	0.017011
2003	1.133394	0.732662	2012	−1.167214	0.060817
2004	−1.345624	0.416869	2013	−0.925586	0.066295
2005	0.302181	0.003469	2014	0.457985	0.013031
2006	0.686638	0.025767	2015	3.136134	0.445921
2007	0.686963	0.020851	2016	−2.684532	2.735284
2008	0.467458	0.014849			

从表4–112可以看出，2001年、2015年和2016年的学生化残差的绝对值大于5%显著性水平对应的t值（1.753）的绝对值，这些点可能成为强影响点。而2001年和2016年的cook距离较大，该二个点为强影响点，是可能的异常值。

（17）湖北省住户调查数据评估

①逻辑关系。根据逻辑关系评估法的一般流程，为了评估农村居民人均总支出数据的准确性，本书选择了湖北城镇、农村居民人均可支配收入数据与人

均支出数据进行比较。这里做出了湖北统计局发布的 2000—2016 年的湖北城镇、农村居民人均收入数据和人均支出数据（2014 年及以后数据是根据城乡一体化住户调查数据）的折线图，具体如图 4-49 所示。

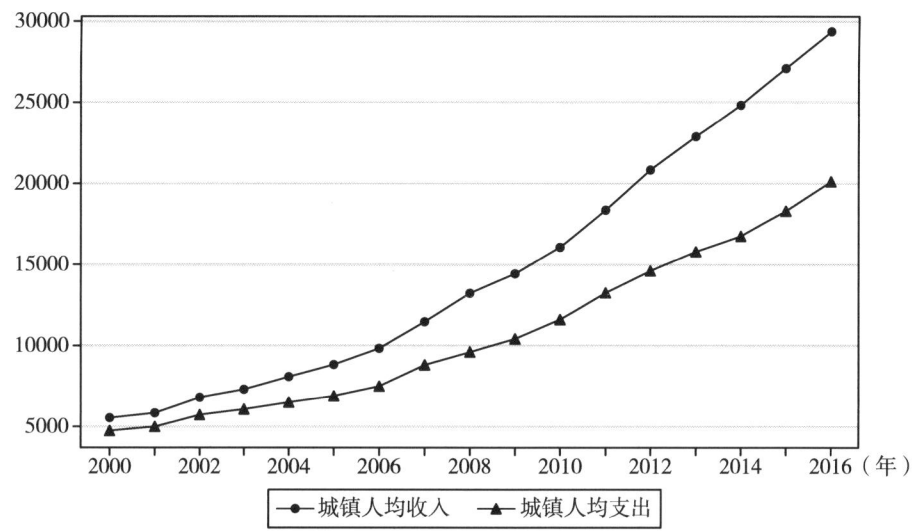

图 4-49　2000—2016 年湖北省城镇人均可支配收入和人均支出数据折线图

从图 4-49 中可以看出，湖北省城镇人均可支配收入和人均支出逐年递增，这比较符合我国的经济发展情况。湖北省城镇人均收入与人均支出之间的距离在不断扩大。

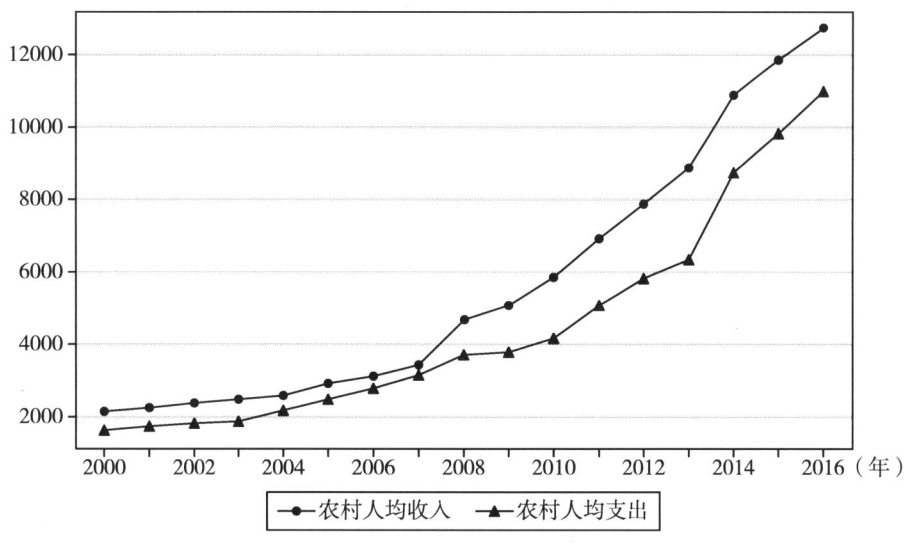

图 4-50　2000—2016 年湖北省农村人均可支配收入和人均支出数据折线图

从图4-50中可以看出,湖北省农村人均可支配收入和人均支出逐年递增,没有出现过下降现象,但增长速度有小幅波动,这比较符合我国的经济发展情况。相对于湖北省城镇人均收入与人均支出的数据,湖北农村人均收入与支出间的距离变化小很多。

②分布检验评估。本书选取湖北省统计局发布的2000—2016年的湖北城镇、农村居民人均可支配收入数据与人均支出数据进行本福特定律的分布检验。利用R软件进行分析,检验湖北省统计局公布的城镇、农村居民人均可支配收入数据与人均支出数据是否符合本福特定律描述的分布,具体结果如图4-51所示。

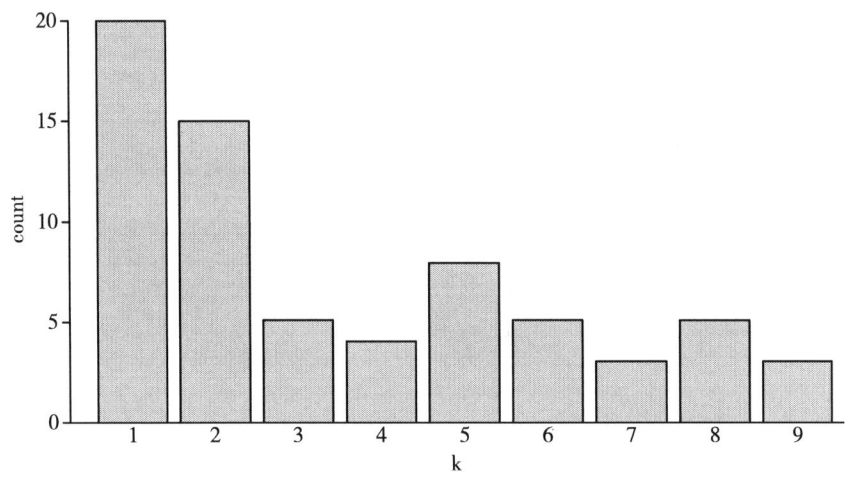

图4-51 湖北省住户调查数据本福特定律检验结果图

图4-51显示,湖北省统计局公布的城镇、农村居民人均可支配收入数据与人均支出数据的总体分布情况大体服从本福特定律,1开头的数据量最多,基本上数据量越来越少。再进一步对待检测数据做卡方检验,结果如表4-113所示。

表4-113　　2000—2016年湖北数据本福特定律检验表

	住户调查数据
X-squared	5.4
df	8
p-value	0.7

从表4-113可以看出,p值为0.7,远大于显著性水平0.05,不能拒绝住户

调查数据满足本福特定律的原假设。可以认为湖北省统计局发布的 2000—2016 年的公布的城镇、农村居民人均可支配收入数据与人均支出数据是符合本福特定律的。因此可以认为待检测数据通过了分布检验，根据分布检验评估法原理，暂时不认为待评估数据的准确性存在问题。

③统计诊断评估。

A. 对城镇人均可支配收入数据诊断如下：

a. 建立回归模型

利用城镇人均可支配收入与人均居民储蓄存款（deposit）、平均工资水平（wage）、社会消费品零售总额人均值（retail）、出口额人均值（export）、人均地方财政收入（revenue）、三产比重（tertiary proportion）的内在联系，城镇人均可支配收入为因变量，人均居民储蓄存款、平均工资水平、社会消费品零售总额人均值、出口额人均值、人均地方财政收入、三产比重为自变量，对湖北省 2000—2016 年城镇人均可支配收入数据建立回归模型，得到的结果如表 4 - 114 所示。

表 4 - 114　　湖北城镇人均可支配收入模型回归结果

	Estimate	Std. Error	t - value	P - value
(Intercept)	2776.946	3851.556	0.720993	0.487427
deposit	0.317058	0.223127	1.420976	0.185748
wage	0.045132	0.204829	0.220338	0.830041
retail	0.607796	0.429425	1.415373	0.187339
export	9.205712	4.705334	1.956442	0.078901
revenue	-1.50173	0.771455	-1.94662	0.080196
tertiary proportion	130.5821	8603.044	0.015179	0.988188

表 4 - 115　　湖北城镇人均可支配收入模型拟合效果

Multiple R^2	Adjusted R^2	F - statistic	df1	df2	p - value
0.999	0.998	1.17e + 03	6	10	0.000

表 4 - 115 显示，建立的回归模型的拟合优度为 0.998，F 检验统计量为 1.17e + 03，对应的 p 值为 0.000，说明该模型的拟合效果极好。

b. 统计诊断检验

表 4-116　湖北城镇人均可支配收入的学生化残差、cooks 距离

year	income_rstu	income_cooks	year	income_rstu	income_cooks
2000	-0.829521	0.067369	2009	0.432939	0.013756
2001	-1.239232	0.091088	2010	-2.711821	1.443033
2002	0.243327	0.002708	2011	-0.622212	0.060425
2003	-0.004191	5.82E-07	2012	1.986063	1.667702
2004	0.266999	0.002359	2013	0.313521	0.007802
2005	-0.203423	0.003838	2014	-0.851251	0.061231
2006	-0.004741	1.31E-06	2015	0.080818	0.001341
2007	2.759903	1.238054	2016	-0.102781	0.009118
2008	1.626595	1.158316			

从表 4-116 可以看出，2007 年、2010 年和 2012 年的学生化残差的绝对值大于 5% 显著性水平对应的 t 值 (1.753) 的绝对值，这些点可能成为强影响点。而 2007 年、2008 年、2010 年和 2012 年的 cook 距离较大，这些点为强影响点，是可能的异常值。

B. 对农村人均可支配收入数据诊断如下：

a. 建立回归模型

利用农村人均可支配收入与农业人口比重（agricultural population）、农村居民最终消费构成比重（final consumption）、人均地方公共财政预算支出（budget expenditure）、农作物播种面积（crops）、农业机械总动力（agricultural machinery）、降水量（rainfall）的内在联系，农村人均可支配收入为因变量，农业人口比重、农村居民最终消费构成比重、人均地方公共财政预算支出、农作物播种面积、农业机械总动力、降水量为自变量，对湖北省 2000—2016 年农村人均可支配收入数据建立回归模型，得到的结果如表 4-117 所示。

表 4-117　湖北农村人均可支配收入模型回归结果

	Estimate	Std. Error	t-value	P-value
(Intercept)	1119.622	2593.018	0.431783	0.673555
agricultural population	28.67057	2087.057	0.013737	0.989265

续表

	Estimate	Std. Error	t-value	P-value
budget expenditure	1.059132	0.074126	14.28818	6.77E-09
crops	0.624268	3.230416	0.193247	0.849998
agricultural machinery	-0.12604	0.232126	-0.54298	0.597084

表4-118　湖北农村人均可支配收入模型拟合效果

Multiple R^2	Adjusted R^2	F-statistic	df1	df2	p-value
0.995	0.993	590	4	12	0.000

表4-118显示，建立的回归模型的拟合优度为0.993，F检验统计量为590，对应的p值为0.000，说明该模型的拟合效果极好。

b. 统计诊断检验

表4-119　湖北农村可支配人均收入的学生化残差、cooks距离

year	income_rstu	income_cooks	year	income_rstu	income_cooks
2000	0.200517	0.005703	2009	-0.198992	0.001696
2001	-0.223561	0.004879	2010	-0.018131	2.53E-05
2002	0.009173	4.32E-06	2011	-0.726091	0.023569
2003	0.227687	0.002318	2012	-0.720422	0.028003
2004	0.105107	0.088047	2013	-0.894984	0.035291
2005	0.370715	0.003474	2014	4.879271	1.36365
2006	-0.531561	0.017675	2015	-1.383221	0.177098
2007	-0.824982	0.057549	2016	0.368114	0.042641
2008	1.458353	0.123163			

从表4-119可以看出，2014年的学生化残差的绝对值大于5%显著性水平对应的t值（1.753）的绝对值，这个点可能成为强影响点。且2014年的cook距离较大，该点为强影响点，是可能的异常值。

(18) 湖南省住户调查数据评估

①逻辑关系评估。根据逻辑关系评估法的一般流程，为了评估农村居民人均总支出数据的准确性，本书选择了湖南城镇、农村居民人均可支配收入数据

与人均支出数据进行比较。这里做出了湖南统计局发布的 2000—2016 年的湖南城镇、农村居民人均收入数据和人均支出数据（2014 年及以后数据是根据城乡一体化住户调查数据）的折线图，具体如图 4-52 所示。

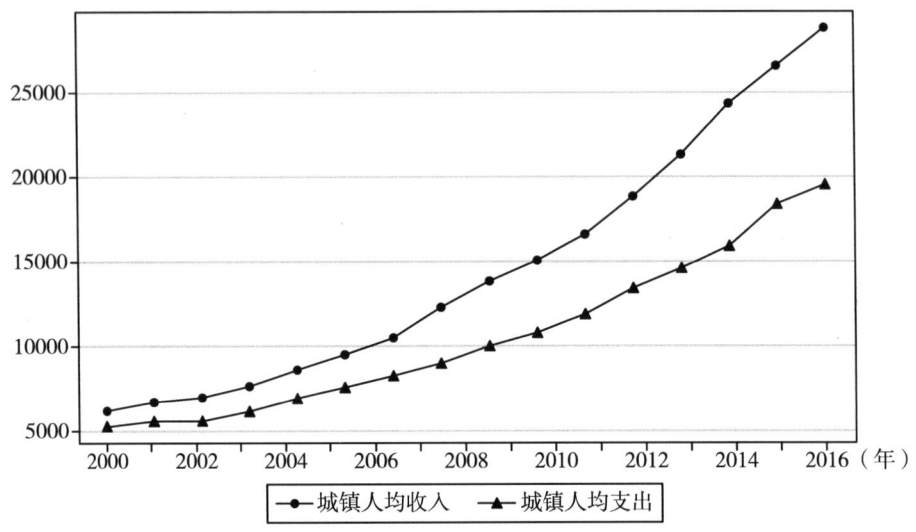

图 4-52　2000—2016 年湖南省城镇人均可支配收入和人均支出数据折线图

从图 4-52 中可以看出，湖南省城镇人均可支配收入和人均支出逐年递增，这比较符合我国的经济发展情况。另外，湖南省城镇人均收入与人均支出之间的距离也在不断扩大。

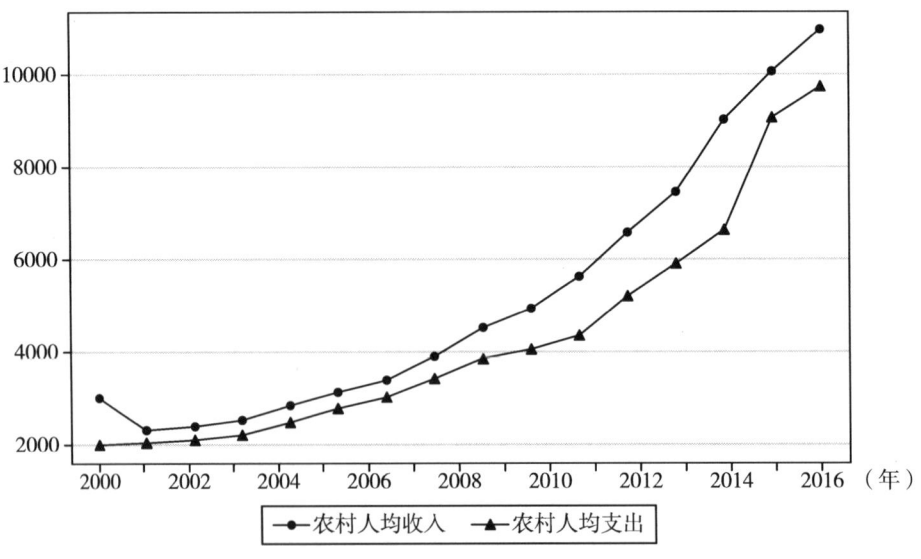

图 4-53　2000—2016 年湖南省农村人均可支配收入和人均支出数据折线图

从图4-53中可以看出，湖南省农村人均可支配收入和人均支出基本逐年递增，这比较符合我国的经济发展情况。相对于湖南省城镇人均收入与人均支出的数据，湖南农村人均收入与支出间的距离变化小很多。

②分布检验评估。本书选取湖南省统计局发布的2000—2015年的湖南城镇、农村居民人均可支配收入数据与人均支出数据进行本福特定律的分布检验。利用R软件进行分析，检验湖南省统计局公布的城镇、农村居民人均可支配收入数据与人均支出数据是否符合本福特定律描述的分布，具体结果如图4-54所示。

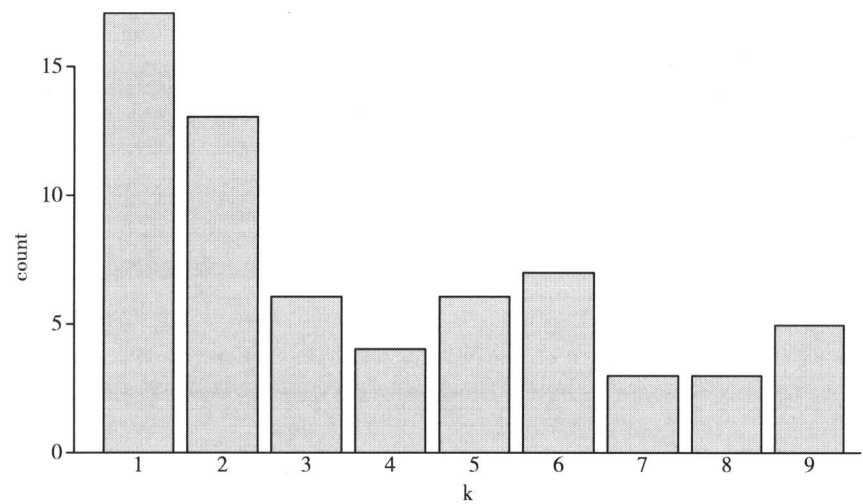

图4-54　湖南省住户调查数据本福特定律检验结果图

图4-54显示，湖南省统计局公布的城镇、农村居民人均可支配收入数据与人均支出数据的总体分布情况大体服从本福特定律，1开头的数据量最多，从1到9基本上数据量越来越少。再进一步对待检测数据做卡方检验，结果如表4-120所示。

表4-120　　2000—2015年湖南数据本福特定律检验表

	住户调查数据
X-squared	5.3
df	8
p-value	0.7

从表4-120可以看出，p值为0.7，远大于显著性水平0.05，不能拒绝住户

调查数据满足本福特定律的原假设。可以认为湖南省统计局发布的2000—2015年的公布的城镇、农村居民人均可支配收入数据与人均支出数据是符合本福特定律的。因此可以认为待检测数据通过了分布检验,根据分布检验评估法原理,暂时不认为待评估数据的准确性存在问题。

③统计诊断评估。

A. 对城镇人均可支配收入数据诊断如下:

a. 建立回归模型

利用城镇人均可支配收入与人均居民储蓄存款（deposit）、平均工资水平（wage）、社会消费品零售总额人均值（retail）、出口额人均值（export）、人均地方财政收入（revenue）、三产比重（tertiary proportion）的内在联系,城镇人均可支配收入为因变量,人均居民储蓄存款、平均工资水平、社会消费品零售总额人均值、出口额人均值、人均地方财政收入、三产比重为自变量,对湖南省2000—2015年城镇人均可支配收入数据建立回归模型,得到的结果如表4-121所示。

表4-121 湖南城镇人均可支配收入模型回归结果

	Estimate	Std. Error	t-value	P-value
(Intercept)	996.2072	2157.212	0.461803	0.655182
deposit	0.045735	0.04506	1.014998	0.336615
wage	0.313319	0.107857	2.904951	0.017454
retail	0.668891	0.47908	1.396199	0.196133
export	10.14454	3.814464	2.659494	0.026067
revenue	-1.64351	1.069207	-1.53713	0.158638
tertiary proportion	5453.315	6298.167	0.865858	0.409056

表4-122 湖南城镇人均可支配收入模型拟合效果

Multiple R^2	Adjusted R^2	F-statistic	df1	df2	p-value
0.999	0.995	1.99e+03	6	9	0.000

表4-122显示,建立的回归模型的拟合优度为0.995,F检验统计量为1.99e+03,对应的p值为0.000,说明该模型的拟合效果极好。

第4章　住户调查一体化数据质量评估的实证分析

b. 统计诊断检验

表4-123　湖南城镇人均可支配收入的学生化残差、cooks 距离

year	income_rstu	income_cooks	year	income_rstu	income_cooks
2000	0.362273	0.040652	2008	-0.484743	0.036719
2001	0.272164	0.003662	2009	0.676967	0.098083
2002	-1.432021	0.107063	2010	-0.648721	0.074583
2003	-0.436752	0.012934	2011	-1.376275	0.239103
2004	0.508832	0.005576	2012	-0.844573	0.068169
2005	0.319626	0.00358	2013	3.700123	1.475089
2006	0.007129	1.55E-06	2014	-1.864341	1.274241
2007	1.391786	0.188148	2015	0.724205	0.222358

从表4-123可以看出，2013年和2014年的学生化残差的绝对值大于5%显著性水平对应的t值（1.753）的绝对值，这些点可能成为强影响点。而2013年和2014年的cook距离较大，该二个点为强影响点，是可能的异常值。

B. 对农村人均可支配收入数据诊断如下：

a. 建立回归模型

利用农村人均可支配收入与农业人口比重（agricultural population）、农村居民最终消费构成比重（final consumption）、人均地方公共财政预算支出（budget expenditure）、农作物播种面积（crops）、农业机械总动力（agricultural machinery）、降水量（rainfall）的内在联系，农村人均可支配收入为因变量，农业人口比重、农村居民最终消费构成比重、人均地方公共财政预算支出、农作物播种面积、农业机械总动力、降水量为自变量，对湖南省2000—2015年农村人均可支配收入数据建立回归模型，得到的结果如表4-124所示。

表4-124　湖南农村人均可支配收入模型回归结果

	Estimate	Std. Error	t-value	P-value
(Intercept)	-11521.7	7680.469	-1.50012	0.167819
agricultural population	1433.956	2139.072	0.670364	0.519455
final consumption	17712.02	13192.84	1.342547	0.212297
budget expenditure	0.817512	0.431083	1.896417	0.090404

续表

	Estimate	Std. Error	t-value	P-value
crops	4.900141	4.186386	1.170494	0.271861
agricultural machinery	1.133869	1.28674	0.881195	0.401132
rainfall	0.030447	0.456411	0.066709	0.948272

表4-125　　湖南农村人均可支配收入模型拟合效果

Multiple R^2	Adjusted R^2	F-statistic	df1	df2	p-value
0.991	0.985	163	6	9	0.000

表4-125显示，建立的回归模型的拟合优度为0.985，F检验统计量为9.28e+03，对应的p值为0.000，说明该模型的拟合效果极好。

b. 统计诊断检验

表4-126　　湖南农村可支配人均收入的学生化残差、cooks距离

year	income_rstu	income_cooks	year	income_rstu	income_cooks
2000	0.887623	0.366194	2008	1.013338	0.081275
2001	-0.768442	0.038974	2009	0.147602	0.001997
2002	-0.598561	0.085972	2010	-0.006022	3.06E-06
2003	1.095322	0.22749	2011	-2.084876	1.274833
2004	0.030058	2.93E-05	2012	-2.416762	1.227856
2005	-0.261665	0.003207	2013	0.492137	0.031872
2006	-0.050726	0.000254	2014	2.342702	0.396306
2007	0.387978	0.012959	2015	1.311944	0.287591

从表4-126可以看出，2011年、2012年和2014年的学生化残差的绝对值大于5%显著性水平对应的t值（1.753）的绝对值，这些点可能成为强影响点。而2011年和2012年的cook距离较大，这些点为强影响点，是可能的异常值。

(19) 广东省住户调查数据评估

①逻辑关系评估。根据逻辑关系评估法的一般流程，为了评估农村居民人均总支出数据的准确性，本书选择了广东城镇、农村居民人均可支配收入数据与人均支出数据进行比较。这里做出了广东统计局发布的2000—2016年的广东

城镇、农村居民人均收入数据和人均支出数据（2014年及以后数据是根据城乡一体化住户调查数据）的折线图，具体如图4-55所示。

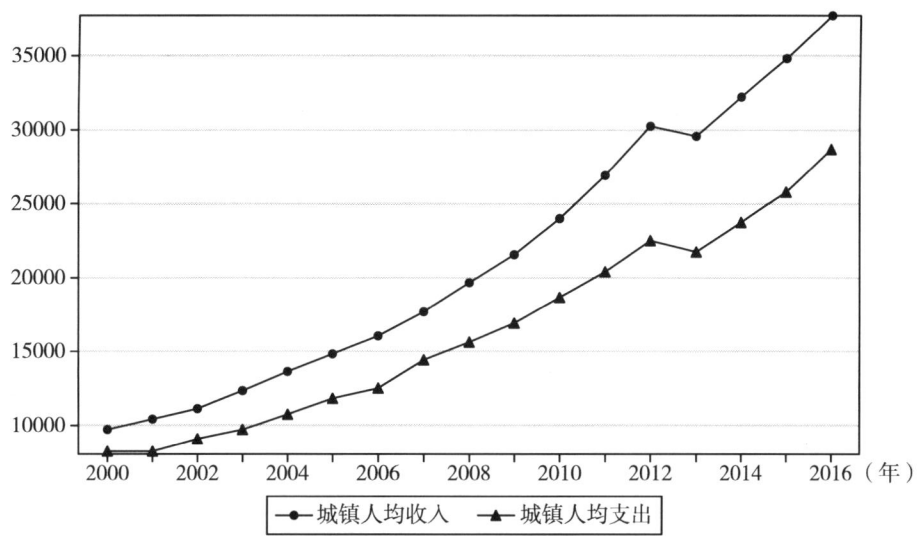

图4-55　2000—2016年广东省城镇人均可支配收入和人均支出数据折线图

从图4-55中可以看出，广东省城镇人均可支配收入和人均支出逐年递增，在2012年和2013年分别有小幅下落但马上回升至正常增长水平，这比较符合我国的经济发展情况。广东省城镇人均收入与人均支出之间的距离在不断扩大。

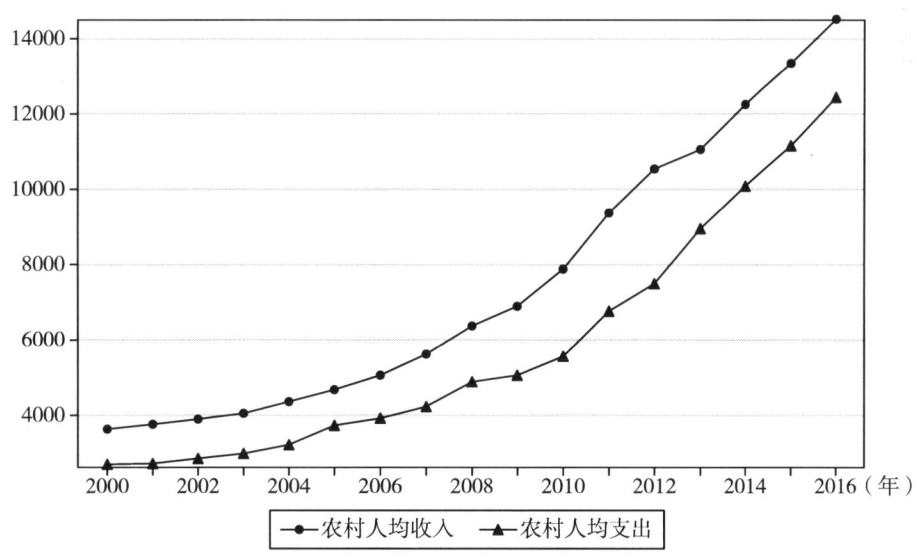

图4-56　2000—2016年广东省农村人均可支配收入和人均支出数据折线图

从图 4-56 中可以看出,广东省农村人均可支配收入和人均支出逐年递增,没有出现过下降现象,这比较符合我国的经济发展情况。相对于广东省城镇人均收入与人均支出的数据,广东农村人均收入与支出间的距离变化小很多。

②分布检验评估。本书选取广东省统计局发布的 2000—2016 年的广东城镇、农村居民人均可支配收入数据与人均支出数据进行本福特定律的分布检验。利用 R 软件进行分析,检验广东省统计局公布的城镇、农村居民人均可支配收入数据与人均支出数据是否符合本福特定律描述的分布,具体结果如图 4-57 所示。

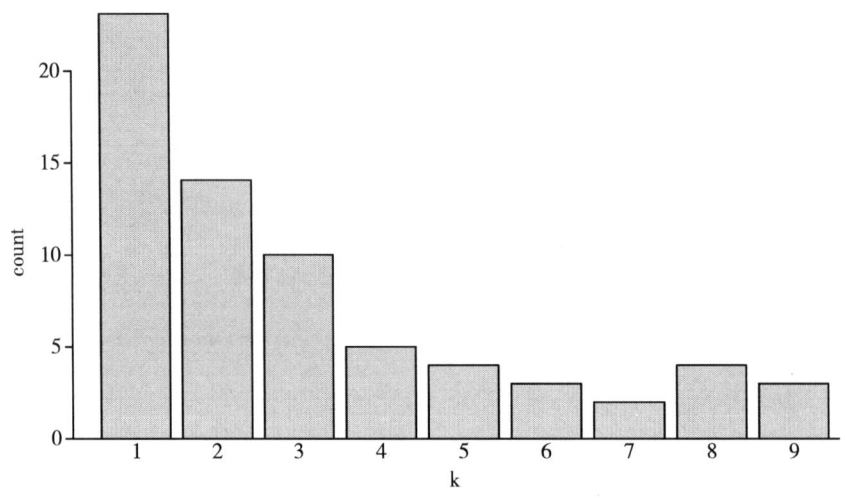

图 4-57 广东省住户调查数据本福特定律检验结果图

图 4-57 显示,广东省统计局公布的城镇、农村居民人均可支配收入数据与人均支出数据的总体分布情况大体服从本福特定律,1 开头的数据量最多,基本上数据量越来越少。再进一步对待检测数据做卡方检验,结果如表 4-127 所示。

表 4-127   2000—2016 年广东数据本福特定律检验表

	住户调查数据
X – squared	3.2
df	8
p – value	0.9

从表 4-127 可以看出,p 值为 0.9,远大于显著性水平 0.05,不能拒绝住户

调查数据满足本福特定律的原假设。可以认为广东省统计局发布的2000—2016年的公布的城镇、农村居民人均可支配收入数据与人均支出数据是符合本福特定律的。因此可以认为待检测数据通过了分布检验,根据分布检验评估法原理,暂时不认为待评估数据的准确性存在问题。

③统计诊断评估。

A. 对城镇人均可支配收入数据诊断如下:

a. 建立回归模型

利用城镇人均可支配收入与人均居民储蓄存款(deposit)、平均工资水平(wage)、社会消费品零售总额人均值(retail)、出口额人均值(export)、人均地方财政收入(revenue)、三产比重(tertiary proportion)的内在联系,城镇人均可支配收入为因变量,人均居民储蓄存款、平均工资水平、社会消费品零售总额人均值、出口额人均值、人均地方财政收入、三产比重为自变量,对广东省2000—2016年城镇人均可支配收入数据建立回归模型,得到的结果如表4-128所示。

表4-128　广东城镇人均可支配收入模型回归结果

	Estimate	Std. Error	t-value	P-value
(Intercept)	4981.655	12649.51	0.393822	0.701979
deposit	-0.12339	0.199643	-0.61807	0.550348
wage	0.335529	0.162345	2.06676	0.065639
retail	1.113397	0.863566	1.289302	0.226316
export	0.503275	0.604847	0.832071	0.424793
revenue	-2.38157	2.196953	-1.08403	0.303793
tertiary proportion	-4789.11	27202.46	-0.17605	0.863766

表4-129　广东城镇人均可支配收入模型拟合效果

Multiple R^2	Adjusted R^2	F-statistic	df1	df2	p-value
0.996	0.994	444	6	10	0.000

表4-129显示,建立的回归模型的拟合优度为0.994,F检验统计量为444,对应的p值为0.000,说明该模型的拟合效果极好。

b. 统计诊断检验

表 4-130　广东城镇人均可支配收入的学生化残差、cooks 距离

year	income_rstu	income_cooks	year	income_rstu	income_cooks
2000	-0.200641	0.014312	2009	-0.648691	0.15779
2001	0.657799	0.04377	2010	0.144626	0.000847
2002	-0.001341	3.45E-07	2011	1.232537	0.055744
2003	0.136924	0.000981	2012	1.325973	0.255412
2004	-0.136031	0.001155	2013	-1.371521	0.266389
2005	-0.358131	0.019245	2014	-1.174251	0.057814
2006	-0.381281	0.008231	2015	-0.729663	0.058054
2007	-0.345361	0.023613	2016	0.449465	0.07282
2008	-0.717713	0.029231			

从表 4-130 可以看出，没有任何一年的学生化残差的绝对值大于 5% 显著性水平对应的 t 值（1.753）的绝对值。也没有任何一年的 cook 距离较大。

B. 对农村人均可支配收入数据诊断如下：

a. 建立回归模型

利用农村人均可支配收入与农业人口比重（agricultural population）、农村居民最终消费构成比重（final consumption）、人均地方公共财政预算支出（budget expenditure）、农作物播种面积（crops）、农业机械总动力（agricultural machinery）、降水量（rainfall）的内在联系，农村人均可支配收入为因变量，农业人口比重、农村居民最终消费构成比重、人均地方公共财政预算支出、农作物播种面积、农业机械总动力、降水量为自变量，对广东省 2000—2016 年农村人均可支配收入数据建立回归模型，得到的结果如表 4-131 所示。

表 4-131　广东农村人均可支配收入模型回归结果

	Estimate	Std. Error	t-value	P-value
(Intercept)	4373.786	4336.081	1.008696	0.334794
agricultural population	-8056.61	4770.477	-1.68885	0.11936
final consumption	16739.54	11928.96	1.403269	0.188129
budget expenditure	0.757093	0.07341	10.31315	5.43E-07

续表

	Estimate	Std. Error	t-value	P-value
crops	1.580074	11.25413	0.140399	0.890882
rainfall	-0.57153	0.581699	-0.98251	0.346964

表4-132　　广东农村人均可支配收入模型拟合效果

Multiple R^2	Adjusted R^2	F-statistic	df1	df2	p-value
0.986	0.981	159	6	11	0.000

表4-132显示，建立的回归模型的拟合优度为0.981，F检验统计量为159，对应的p值为0.000，说明该模型的拟合效果极好。

b. 统计诊断检验

表4-133　　广东农村可支配人均收入的学生化残差、cooks距离

year	income_rstu	income_cooks	year	income_rstu	income_cooks
2000	-0.233952	0.010203	2009	-0.280264	0.003316
2001	0.303714	0.014972	2010	0.067378	0.000122
2002	0.233873	0.009089	2011	0.165507	0.001647
2003	-0.434583	0.01062	2012	1.317316	0.050629
2004	0.886398	0.250748	2013	0.614863	0.013477
2005	-1.323391	0.262872	2014	1.268523	0.239028
2006	-0.502152	0.027521	2015	-1.575112	0.235339
2007	-0.729941	0.031905	2016	0.064486	0.000995
2008	0.363936	0.010562			

从表4-133可以看出，没有任何一年的学生化残差的绝对值大于5%显著性水平对应的t值（1.753）的绝对值。也没有任何一年的cook距离较大。

（20）广西壮族自治区住户调查数据评估

①逻辑关系评估。根据逻辑关系评估法的一般流程，为了评估农村居民人均总支出数据的准确性，本书选择了广西城镇、农村居民人均可支配收入数据与人均支出数据进行比较。这里做出了广西统计局发布的2000—2016年的广西城镇、农村居民人均收入数据和人均支出数据（2014年及以后数据是根据城乡一体化住户调查数据）的折线图，具体如图4-58所示。

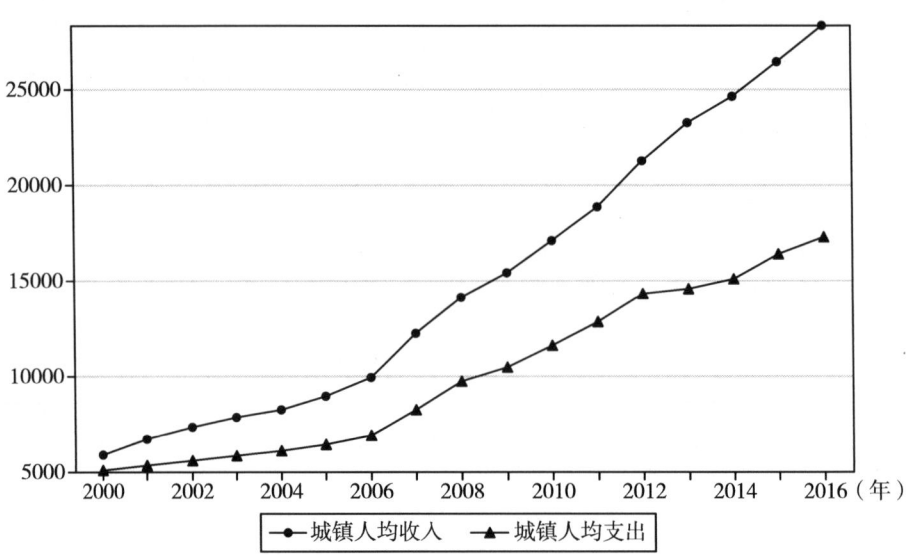

图 4-58 2000—2016 年广西壮族自治区城镇人均可支配收入和人均支出数据折线图

从图 4-58 中可以看出,广西壮族自治区城镇人均可支配收入和人均支出逐年递增,这比较符合我国的经济发展情况。广西壮族自治区城镇人均收入与人均支出之间的距离在不断扩大。

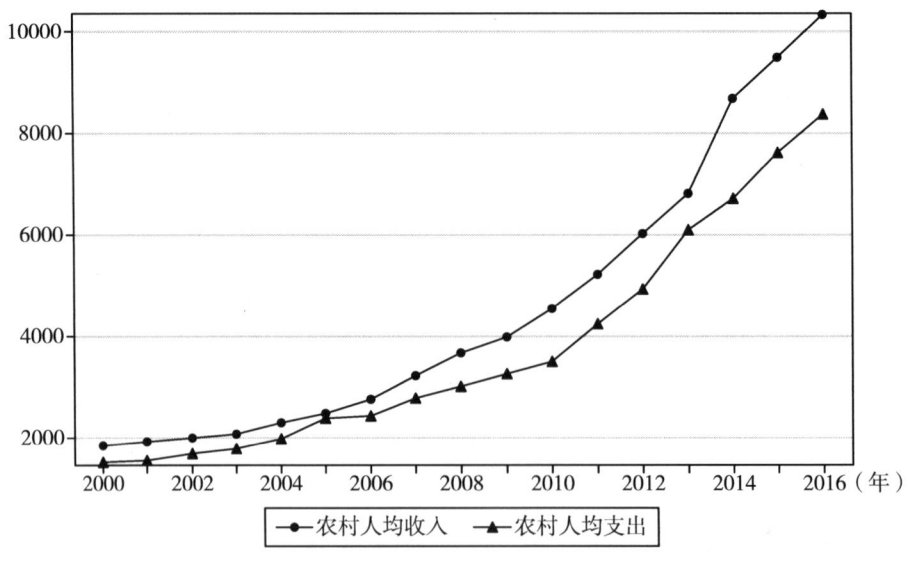

图 4-59 2000—2016 年广西壮族自治区农村人均可支配收入和人均支出数据折线图

从图 4-59 中可以看出,广西壮族自治区农村人均可支配收入和人均支出逐年递增,没有出现过下降现象,这比较符合我国的经济发展情况。相对于广西壮族自治区城镇人均收入与人均支出的数据，广西农村人均收入与支出间的距离变化小很多。

②分布检验评估。本书选取广西壮族自治区统计局发布的2000—2016年的广西城镇、农村居民人均可支配收入数据与人均支出数据进行本福特定律的分布检验。利用R软件进行分析，检验广西壮族自治区统计局公布的城镇、农村居民人均可支配收入数据与人均支出数据是否符合本福特定律描述的分布，具体结果如图4-60所示。

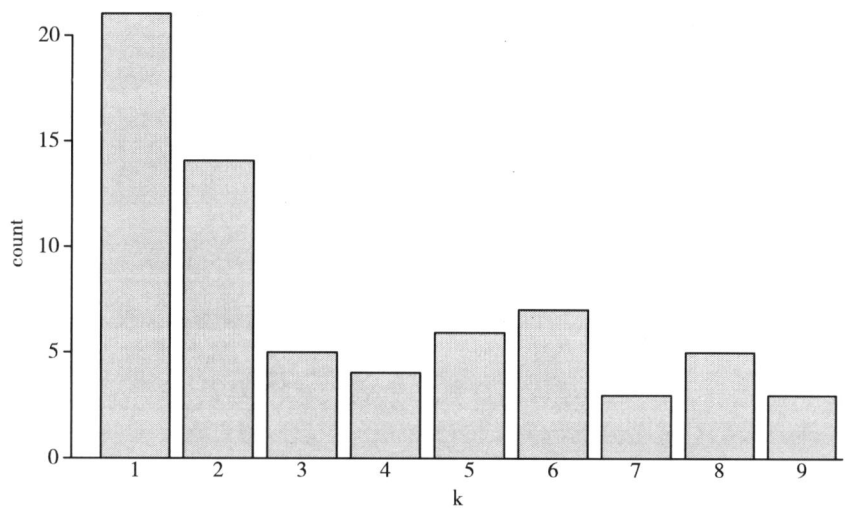

图4-60 广西住户调查数据本福特定律检验结果图

图4-60显示，广西壮族自治区统计局公布的城镇、农村居民人均可支配收入数据与人均支出数据的总体分布情况大体服从本福特定律，1开头的数据量最多，基本上数据量越来越少。再进一步对待检测数据做卡方检验，结果如表4-134所示。

表4-134   2000—2016年广西数据本福特定律检验表

	住户调查数据
X – squared	5.1
df	8
p – value	0.7

从表4-134可以看出，p值为0.7，远大于显著性水平0.05，不能拒绝住户

调查数据满足本福特定律的原假设。可以认为广西壮族自治区统计局发布的2000—2016年的公布的城镇、农村居民人均可支配收入数据与人均支出数据是符合本福特定律的。因此可以认为待检测数据通过了分布检验，根据分布检验评估法原理，暂时不认为待评估数据的准确性存在问题。

③统计诊断评估。

A. 对城镇人均可支配收入数据诊断如下：

a. 建立回归模型

利用城镇人均可支配收入与人均居民储蓄存款（deposit）、平均工资水平（wage）、社会消费品零售总额人均值（retail）、出口额人均值（export）、人均地方财政收入（revenue）、三产比重（tertiary proportion）的内在联系，城镇人均可支配收入为因变量，人均居民储蓄存款、平均工资水平、社会消费品零售总额人均值、出口额人均值、人均地方财政收入、三产比重为自变量，对广西壮族自治区2000—2016年城镇人均可支配收入数据建立回归模型，得到的结果如表4-135所示。

表4-135　　广西城镇人均可支配收入模型回归结果

	Estimate	Std. Error	t - value	P - value
（Intercept）	1137.209	1818.074	0.625502	0.545651
deposit	0.069153	0.405044	0.170729	0.867841
wage	0.368684	0.094004	3.922015	0.002857
retail	-1.07337	1.069802	-1.00334	0.339358
export	-4.45772	3.218763	-1.38492	0.196194
revenue	5.731097	1.800275	3.183457	0.009762
tertiary proportion	6467.702	6177.146	1.047037	0.319731

表4-136　　广西城镇人均可支配收入模型拟合效果

Multiple R^2	Adjusted R^2	F - statistic	df1	df2	p - value
0.999	0.996	1.18e+03	6	10	0.000

表4-136显示，建立的回归模型的拟合优度为0.996，F检验统计量为1.18e+03，对应的p值为0.000，说明该模型的拟合效果极好。

b. 统计诊断检验

表 4 - 137　广西城镇人均可支配收入的学生化残差、cooks 距离

year	income_rstu	income_cooks	year	income_rstu	income_cooks
2000	-0.391611	0.034342	2009	1.405914	0.070542
2001	0.212552	0.002771	2010	-0.803551	0.042826
2002	0.730372	0.037385	2011	-0.086672	0.001194
2003	0.763383	0.017917	2012	-0.077046	0.000752
2004	-0.391911	0.004679	2013	-0.096351	0.003374
2005	-0.981121	0.030892	2014	1.603036	0.306456
2006	-2.471722	0.364002	2015	-2.510933	1.441628
2007	-0.019576	2.32E-05	2016	0.767546	3.054314
2008	1.467686	0.112578			

从表 4 - 137 可以看出，2006 年和 2015 年的学生化残差的绝对值大于 5% 显著性水平对应的 t 值（1.753）的绝对值，这些点可能成为强影响点。而 2015 年和 2016 年的 cook 距离较大，该二个点为强影响点，是可能的异常值。

B. 对农村人均可支配收入数据诊断如下：

a. 建立回归模型

利用农村人均可支配收入与农业人口比重（agricultural population）、农村居民最终消费构成比重（final consumption）、人均地方公共财政预算支出（budget expenditure）、农作物播种面积（crops）、农业机械总动力（agricultural machinery）、降水量（rainfall）的内在联系，农村人均可支配收入为因变量，农业人口比重、农村居民最终消费构成比重、人均地方公共财政预算支出、农作物播种面积、农业机械总动力、降水量为自变量，对广西壮族自治区 2000—2016 年农村人均可支配收入数据建立回归模型，得到的结果如表 4 - 138 所示。

表 4 - 138　广西农村人均可支配收入模型回归结果

	Estimate	Std. Error	t - value	P - value
(Intercept)	12594.86	12904.23	0.976026	0.352071
agricultural population	-24996.5	16328.93	-1.53081	0.156815
final consumption	44740.05	14474.89	3.090874	0.011427

续表

	Estimate	Std. Error	t – value	P – value
budget expenditure	0.159877	0.54958	0.290908	0.777066
crops	-11.6571	7.833093	-1.48818	0.167543
agricultural machinery	3.032678	2.941055	1.031153	0.326763
rainfall	-0.26985	0.551759	-0.48908	0.635337

表 4 - 139　广西农村人均可支配收入模型拟合效果

Multiple R^2	Adjusted R^2	F – statistic	df1	df2	p – value
0.984	0.974	102	6	10	0.000

表 4 - 139 显示，建立的回归模型的拟合优度为 0.974，F 检验统计量为 102，对应的 p 值为 0.000，说明该模型的拟合效果极好。

b. 统计诊断检验

表 4 - 140　广西农村可支配人均收入的学生化残差、cooks 距离

year	income_rstu	income_cooks	year	income_rstu	income_cooks
2000	-2.318042	0.734526	2009	-0.937191	0.051538
2001	0.022937	0.000102	2010	0.111555	0.000665
2002	-0.075711	0.000511	2011	-0.762835	0.051176
2003	0.881605	0.085375	2012	-1.491954	0.10864
2004	1.427157	0.090016	2013	-1.274212	0.056236
2005	0.372414	0.041263	2014	1.502932	0.138842
2006	-0.166133	0.003032	2015	-0.030722	0.000149
2007	0.791516	0.054495	2016	2.214662	1.173182
2008	0.213761	0.006523			

从表 4 - 140 可以看出，2000 年和 2016 年的学生化残差的绝对值大于 5% 显著性水平对应的 t 值（1.753）的绝对值，这些点可能成为强影响点。而 2000 年和 2016 年的 cook 距离也较大，该二个点为强影响点，是可能的异常值。

(21) 海南省住户调查数据评估

①逻辑关系评估。根据逻辑关系评估法的一般流程，为了评估农村居民人均总支出数据的准确性，本书选择了海南城镇、农村居民人均可支配收入数据与人均支出数据进行比较。这里做出了海南统计局发布的 2000—2016 年的海南

城镇、农村居民人均收入数据和人均支出数据（2014年及以后数据是根据城乡一体化住户调查数据）的折线图，具体如图4-61所示。

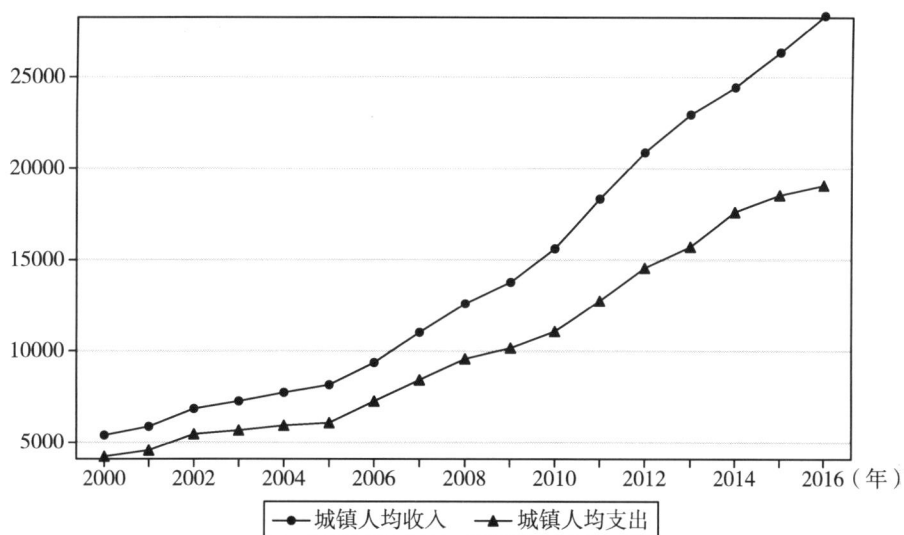

图4-61 2000—2016年海南省城镇人均可支配收入和人均支出数据折线图

从图4-61中可以看出，海南省城镇人均可支配收入和人均支出逐年递增，这比较符合我国的经济发展情况。海南省城镇人均收入与人均支出之间的距离在不断扩大，人均支出上升趋于平缓。

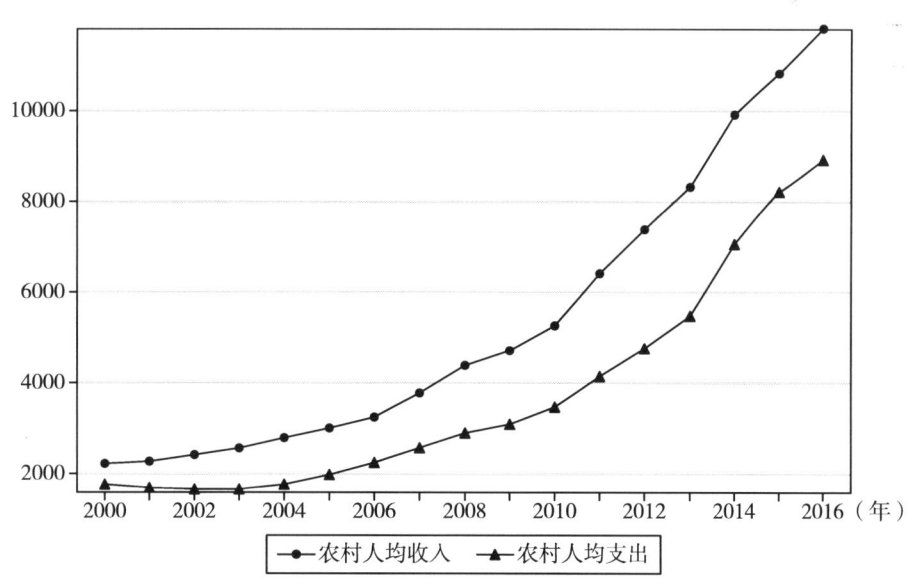

图4-62 2000—2016年海南省农村人均可支配收入和人均支出数据折线图

从图 4-62 中可以看出,海南省农村人均可支配收入和人均支出逐年递增,没有出现过下降现象,这比较符合我国的经济发展情况。相对于海南省城镇人均收入与人均支出的数据,海南农村人均收入与支出间的距离变化较小。

②分布检验评估。本书选取海南省统计局发布的 2000—2016 年的海南城镇、农村居民人均可支配收入数据与人均支出数据进行本福特定律的分布检验。利用 R 软件进行分析,检验海南省统计局公布的城镇、农村居民人均可支配收入数据与人均支出数据是否符合本福特定律描述的分布,具体结果如图 4-63 所示。

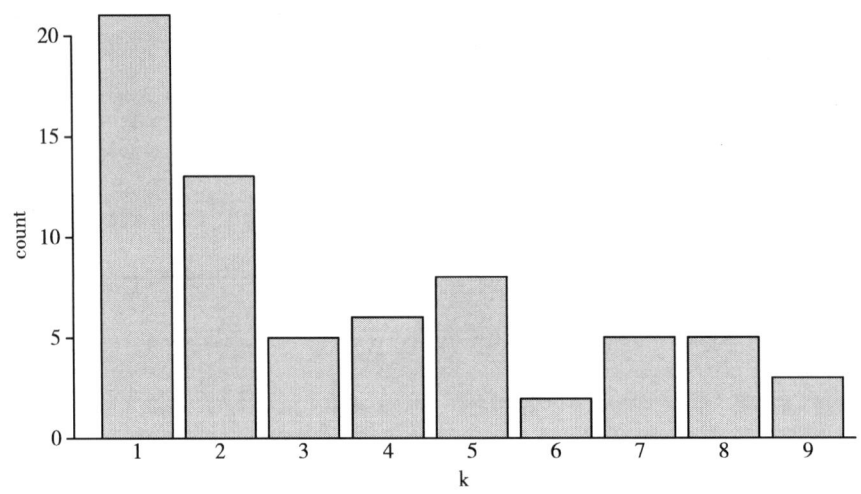

图 4-63　海南省住户调查数据本福特定律检验结果图

图 4-63 显示,海南省统计局公布的城镇、农村居民人均可支配收入数据与人均支出数据的总体分布情况大体服从本福特定律,1 开头的数据量最多,基本上数据量越来越少。再进一步对待检测数据做卡方检验,结果如表 4-141 所示。

表 4-141　　2000—2016 年海南数据本福特定律检验表

	住户调查数据
X – squared	5.2
df	8
p – value	0.7

从表 4-141 可以看出,p 值为 0.7,远大于显著性水平 0.05,不能拒绝住户

调查数据满足本福特定律的原假设。可以认为海南省统计局发布的2000—2016年的公布的城镇、农村居民人均可支配收入数据与人均支出数据是符合本福特定律的。因此可以认为待检测数据通过了分布检验,根据分布检验评估法原理,暂时不认为待评估数据的准确性存在问题。

③统计诊断评估。

A. 对城镇人均可支配收入数据诊断如下:

a. 建立回归模型

利用城镇人均可支配收入与人均居民储蓄存款(deposit)、平均工资水平(wage)、社会消费品零售总额人均值(retail)、出口额人均值(export)、人均地方财政收入(revenue)、三产比重(tertiary proportion)的内在联系,城镇人均可支配收入为因变量,人均居民储蓄存款、平均工资水平、社会消费品零售总额人均值、出口额人均值、人均地方财政收入、三产比重为自变量,对海南省2000—2016年城镇人均可支配收入数据建立回归模型,得到的结果如表4-142所示。

表4-142　　海南城镇人均可支配收入模型回归结果

	Estimate	Std. Error	t-value	P-value
(Intercept)	5650.32	4173.002	1.354018	0.205537
deposit	-0.18624	0.222654	-0.83643	0.422449
wage	0.398791	0.126655	3.148639	0.010357
retail	0.791134	0.741892	1.066369	0.311325
export	-0.92587	0.340267	-2.72102	0.021523
revenue	-0.22228	0.800784	-0.27758	0.786988
tertiary proportion	-8165.97	10231.01	-0.79816	0.44332

表4-143　　海南城镇人均可支配收入模型拟合效果

Multiple R^2	Adjusted R^2	F-statistic	df1	df2	p-value
0.998	0.996	680	6	10	0.000

表4-143显示,建立的回归模型的拟合优度为0.996,F检验统计量为9.28e+03,对应的p值为0.000,说明该模型的拟合效果极好。

b. 统计诊断检验

表 4-144　海南城镇人均可支配收入的学生化残差、cooks 距离

year	income_rstu	income_cooks	year	income_rstu	income_cooks
2000	-0.674578	0.046044	2009	1.188597	0.144344
2001	-0.706642	0.030288	2010	-0.066254	0.002048
2002	0.330028	0.004572	2011	-1.111243	0.090974
2003	1.192043	0.122873	2012	1.901566	0.344028
2004	-0.422561	0.004848	2013	1.106799	0.082538
2005	-1.425333	0.046893	2014	-1.406012	0.287777
2006	-0.086871	0.000319	2015	2.509163	10.3933
2007	0.126114	0.001407	2016	-2.750421	2.613798
2008	1.009953	0.053784			

从表 4-144 可以看出，2012 年、2015 年和 2016 年的学生化残差的绝对值大于 5% 显著性水平对应的 t 值 (1.753) 的绝对值，这些点可能成为强影响点。而 2015 年和 2016 的 cook 距离较大，该二个点为强影响点，是可能的异常值。

B. 对农村人均可支配收入数据诊断如下：

a. 建立回归模型

利用农村人均可支配收入与农业人口比重（agricultural population）、农村居民最终消费构成比重（final consumption）、人均地方公共财政预算支出（budget expenditure）、农作物播种面积（crops）、农业机械总动力（agricultural machinery）、降水量（rainfall）的内在联系，农村人均可支配收入为因变量，农业人口比重、农村居民最终消费构成比重、人均地方公共财政预算支出、农作物播种面积、农业机械总动力、降水量为自变量，对海南省 2000—2016 年农村人均可支配收入数据建立回归模型，得到的结果如表 4-145 所示。

表 4-145　海南农村人均可支配收入模型回归结果

	Estimate	Std. Error	t-value	P-value
(Intercept)	4247.009	4451.884	0.95398	0.360588
agricultural population	2362.759	6276.013	0.376475	0.713725
final consumption	-3697.17	7173.815	-0.51537	0.616494

续表

	Estimate	Std. Error	t – value	P – value
budget expenditure	0.711878	0.104118	6.83722	2.81E – 05
crops	– 26.3687	75.95352	– 0.34717	0.735016
agricultural machinery	– 4.30068	5.04238	– 0.85291	0.411897

表 4 – 146 安徽农村人均可支配收入模型拟合效果

Multiple R^2	Adjusted R^2	F – statistic	df1	df2	p – value
0.986	0.981	154	5	11	0.000

表 4 – 146 显示，建立的回归模型的拟合优度为 0.981，F 检验统计量为 154，对应的 p 值为 0.000，说明该模型的拟合效果极好。

b. 统计诊断检验

表 4 – 147 海南农村可支配人均收入的学生化残差、cooks 距离

year	income_rstu	income_cooks	year	income_rstu	income_cooks
2000	0.213455	0.004193	2009	– 0.884861	0.058066
2001	– 0.058823	0.000251	2010	– 0.815453	0.041573
2002	– 0.144814	0.001624	2011	– 1.879341	0.066323
2003	– 0.163512	0.002352	2012	– 1.694463	0.085958
2004	1.042304	0.455331	2013	– 0.542781	0.040076
2005	0.381723	0.091647	2014	2.578113	1.353988
2006	0.585475	0.016226	2015	1.126107	0.081771
2007	0.901224	0.047363	2016	0.358408	0.05245
2008	0.103519	0.000486			

从表 4 – 147 可以看出，2011 年和 2014 年的学生化残差的绝对值大于 5% 显著性水平对应的 t 值（1.753）的绝对值，这些点可能成为强影响点。而 2014 年的 cook 距离较大，这个点为强影响点，是可能的异常值。

（22）重庆市住户调查数据评估

①逻辑关系评估。根据逻辑关系评估法的一般流程，为了评估农村居民人均总支出数据的准确性，本书选择了重庆城镇、农村居民人均可支配收入数据与人均支出数据进行比较。这里做出了重庆市统计局发布的 2000—2016 年的重

庆城镇、农村居民人均收入数据和人均支出数据（2014年及以后数据是根据城乡一体化住户调查数据）的折线图，具体如图4-64所示。

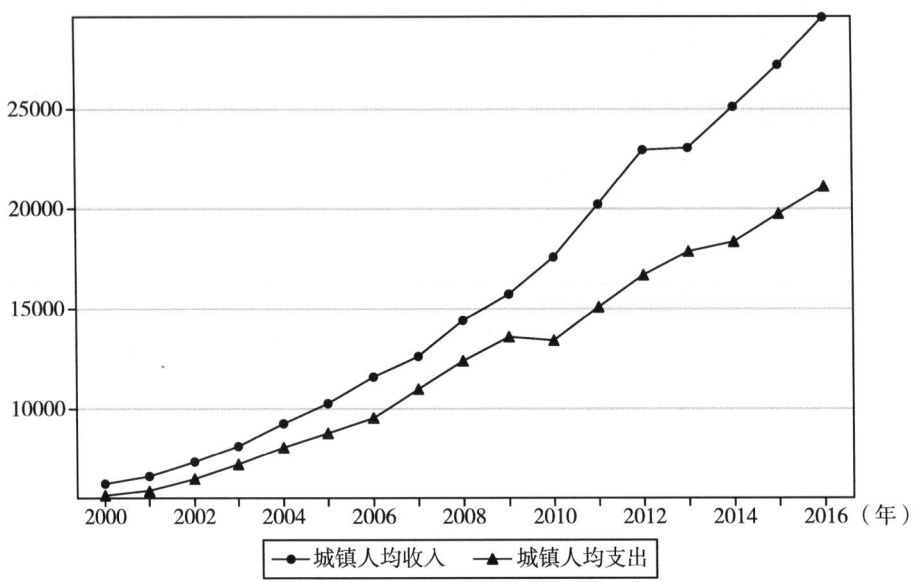

图4-64　2000—2016年重庆市城镇人均可支配收入和人均支出数据折线图

从图4-64中可以看出，重庆市城镇人均可支配收入和人均支出逐年递增，只有2012年人均收入和2009年人均支出出现下降现象，这比较符合我国的经济发展情况。重庆城镇人均收入与人均支出之间的距离在不断扩大。

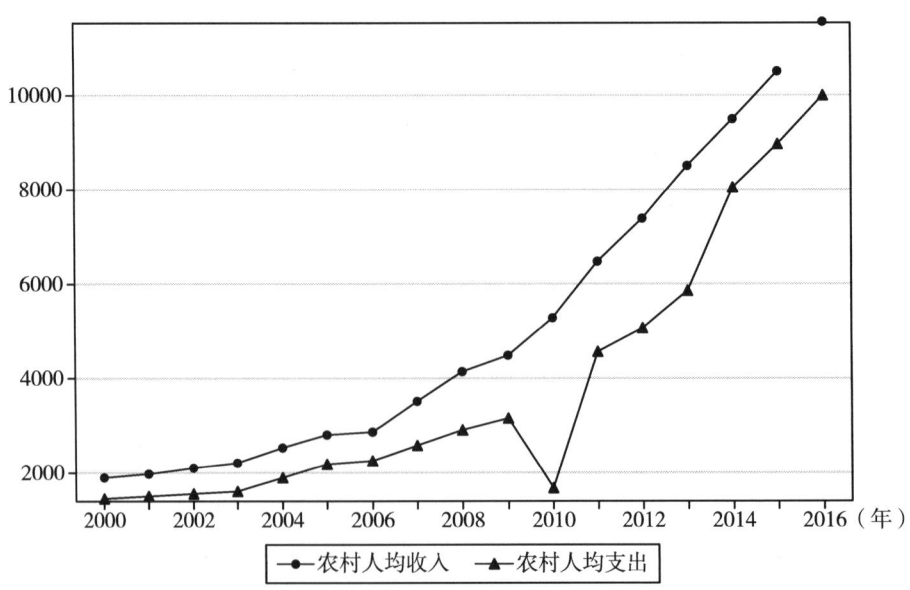

图4-65　2000—2016年重庆市农村人均可支配收入和人均支出数据折线图

从图 4-65 中可以看出,重庆市农村人均可支配收入和人均支出总体逐年递增,只有 2010 年人均支出出现急剧下降现象,总体比较符合我国的经济发展情况。相对于重庆城镇人均收入与人均支出的数据,重庆农村人均收入与支出间的距离变化小很多。

②分布检验评估。本书选取重庆市统计局发布的 2000—2016 年的重庆城镇、农村居民人均可支配收入数据与人均支出数据进行本福特定律的分布检验。利用 R 软件进行分析,检验重庆市统计局公布的城镇、农村居民人均可支配收入数据与人均支出数据是否符合本福特定律描述的分布,具体结果如图 4-66 所示。

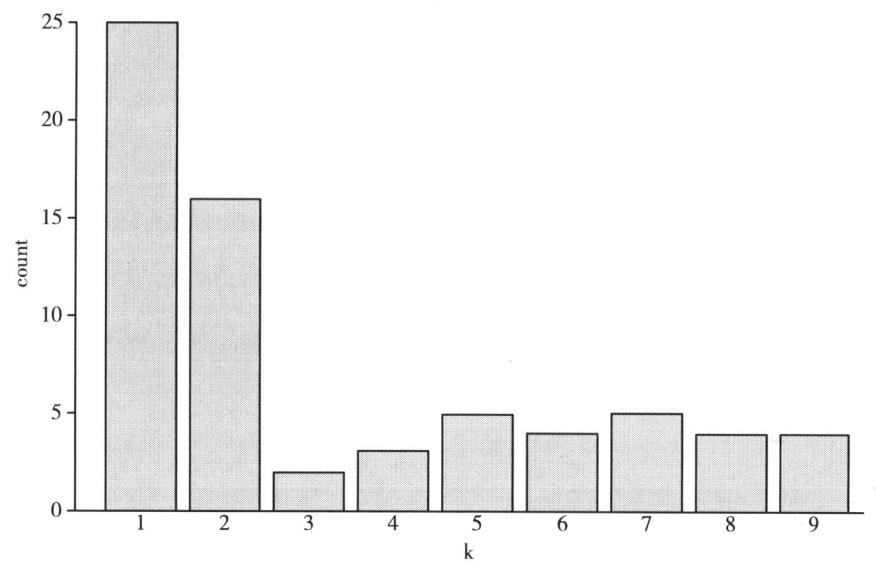

图 4-66　重庆市住户调查数据本福特定律检验结果图

图 4-66 显示,重庆市统计局公布的城镇、农村居民人均可支配收入数据与人均支出数据的总体分布情况大体服从本福特定律,1 开头的数据最多,其他数据基本上依次减少。再进一步对待检测数据做卡方检验,结果如表 4-148 所示。

表 4-148　　2000—2016 年重庆数据本福特定律检验表

	住户调查数据
Chi-squared	10
df	8
p-value	0.5

从表4-148可以看出，p值为0.3，远大于显著性水平0.05，不能拒绝住户调查数据满足本福特定律的原假设。可以认为重庆市统计局发布的2000—2016年的公布的城镇、农村居民人均可支配收入数据与人均支出数据是符合本福特定律的。因此可以认为待检测数据通过了分布检验，根据分布检验评估法原理，暂时不认为待评估数据的准确性存在问题。

③统计诊断评估。

A. 对城镇人均可支配收入数据诊断如下：

a. 建立回归模型

利用城镇人均可支配收入与人均居民储蓄存款（deposit）、平均工资水平（wage）、社会消费品零售总额人均值（retail）、出口额人均值（export）、人均地方财政收入（revenue）、三产比重（tertiary proportion）的内在联系，城镇人均可支配收入为因变量，人均居民储蓄存款、平均工资水平、社会消费品零售总额人均值、出口额人均值、人均地方财政收入、三产比重为自变量，对重庆市2000—2016年城镇人均可支配收入数据建立回归模型，得到的结果如表4-149所示。

表4-149　　　　　重庆城镇人均可支配收入模型回归结果

	Estimate	Std. Error	t-value	P-value
(Intercept)	9156.213	8630.337	1.060933	0.313671
deposit	0.097002	0.474406	0.204471	0.842087
wage	0.488854	0.135082	3.618938	0.004698
retail	-0.749462	0.683945	-1.0958	0.298857
export	-0.965541	0.749853	-1.28764	0.226871
revenue	1.153062	0.646917	1.782397	0.105017
tertiary proportion	-14030.6	21344.33	-0.65735	0.525798

表4-150　　　　　重庆城镇人均可支配收入模型拟合效果

Multiple R^2	Adjusted R^2	F-statistic	df1	df2	p-value
0.996	0.994	423	6	10	0.000

表4-150显示，建立的回归模型的拟合优度为0.994，F检验统计量为423，对应的p值为0.000，说明该模型的拟合效果极好。

b. 统计诊断检验

表4-151　　重庆城镇人均可支配收入的学生化残差、cooks距离

year	income_rstu	income_cooks	year	income_rstu	income_cooks
2000	0.116817	0.001874	2009	-0.209394	0.004364
2001	-0.297411	0.006387	2010	-0.921391	0.068424
2002	-0.267482	0.004877	2011	0.037315	0.001182
2003	-0.187024	0.001941	2012	1.180069	0.129731
2004	-0.141984	0.002394	2013	-0.818832	0.026863
2005	0.095574	0.000536	2014	-1.018393	0.198538
2006	0.648091	0.019083	2015	-0.687681	0.040234
2007	-0.610782	0.061187	2016	0.626209	0.055495
2008	0.558541	0.03407			

从表4-151可以看出，没有任何一年的学生化残差的绝对值大于5%显著性水平对应的t值（1.753）的绝对值，也没有任何一年的cook距离较大。

B. 对农村人均可支配收入数据诊断如下：

a. 建立回归模型

利用农村人均可支配收入与农业人口比重（agricultural population）、农村居民最终消费构成比重（final consumption）、人均地方公共财政预算支出（budget expenditure）、农作物播种面积（crops）、农业机械总动力（agricultural machinery）、降水量（rainfall）的内在联系，农村人均可支配收入为因变量，农业人口比重、农村居民最终消费构成比重、人均地方公共财政预算支出、农作物播种面积、农业机械总动力、降水量为自变量，对重庆市2000—2016年农村人均可支配收入数据建立回归模型，得到的结果如表4-152所示。

表4-152　　重庆农村人均可支配收入模型回归结果

	Estimate	Std. Error	t-value	P-value
(Intercept)	7033.787	9299.418	0.756369	0.465319
agricultural population	-2812.29	8924.849	-0.31511	0.758577
budget expenditure	0.921603	0.258848	3.560397	0.00447

续表

	Estimate	Std. Error	t – value	P – value
crops	–6.99172	12.27599	–0.56954	0.580431
agricultural machinery	–3.06385	3.294277	–0.93005	0.372305
rainfall	0.839356	0.543327	1.544844	0.150651

表 4–153　重庆农村人均可支配收入模型拟合效果

Multiple R^2	Adjusted R^2	F – statistic	df1	df2	p – value
0.989	0.984	199	5	11	0.000

表 4–153 显示，建立的回归模型的拟合优度为 0.984，F 检验统计量为 199，对应的 p 值为 0.000，说明该模型的拟合效果极好。

b. 统计诊断检验

表 4–154　重庆农村可支配人均收入的学生化残差、cooks 距离

year	income_rstu	income_cooks	year	income_rstu	income_cooks
2000	–0.093392	0.001066	2009	0.012785	1.17E–05
2001	0.435917	0.022094	2010	–0.207222	0.004918
2002	–1.384843	0.194989	2011	–3.363473	0.227642
2003	–0.286011	0.004442	2012	–1.014521	0.037919
2004	0.180492	0.001728	2013	0.031835	5.13E–05
2005	1.134337	0.099118	2014	0.458682	0.012379
2006	0.537717	0.059862	2015	0.098615	0.00318
2007	–0.144471	0.003741	2016	0.897522	0.115274
2008	1.232169	0.065769			

从表 4–154 可以看出，没有任何一年的学生化残差的绝对值大于 5% 显著性水平对应的 t 值（1.753）的绝对值。也没有任何一年的 cook 距离较大。

（23）四川省住户调查数据评估

①逻辑关系评估。根据逻辑关系评估法的一般流程，为了评估农村居民人均总支出数据的准确性，本书选择了四川城镇、农村居民人均可支配收入数据与人均支出数据进行比较。这里做出了四川省统计局发布的 2000—2016 年的四川城镇、农村居民人均收入数据和人均支出数据（2014 年及以后数据是根据城

乡一体化住户调查数据）的折线图，具体如图4-67所示。

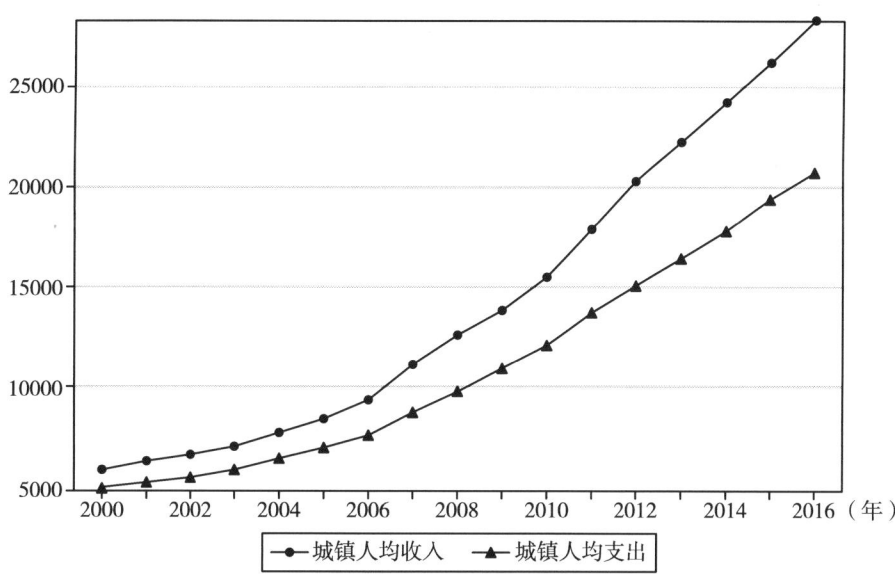

图4-67　2000—2016年四川省城镇人均可支配收入和人均支出数据折线图

从图4-67中可以看出，四川省城镇人均可支配收入和人均支出逐年递增，没有出现过下降现象，这比较符合我国的经济发展情况。四川城镇人均收入与人均支出之间的距离在不断扩大。

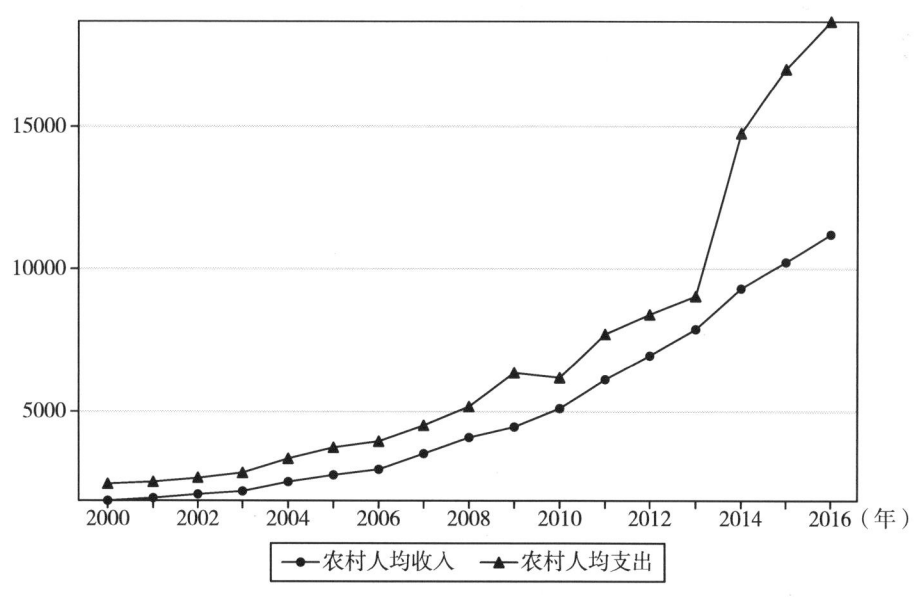

图4-68　2000—2016年四川省农村人均可支配收入和人均支出数据折线图

从图 4-68 中可以看出，四川省农村人均可支配收入和人均支出逐年递增，几乎没有出现过下降现象，农村人均收入在 2013 年后出现急剧上升，这比较符合我国的经济发展情况。相对于四川城镇人均收入与人均支出的数据，四川农村人均收入与支出间的距离变化较大。

②分布检验评估。本书选取四川省统计局发布的 2000—2016 年的四川城镇、农村居民人均可支配收入数据与人均支出数据进行本福特定律的分布检验。利用 R 软件进行分析，检验四川省统计局公布的城镇、农村居民人均可支配收入数据与人均支出数据是否符合本福特定律描述的分布，具体结果如图 4-69 所示。

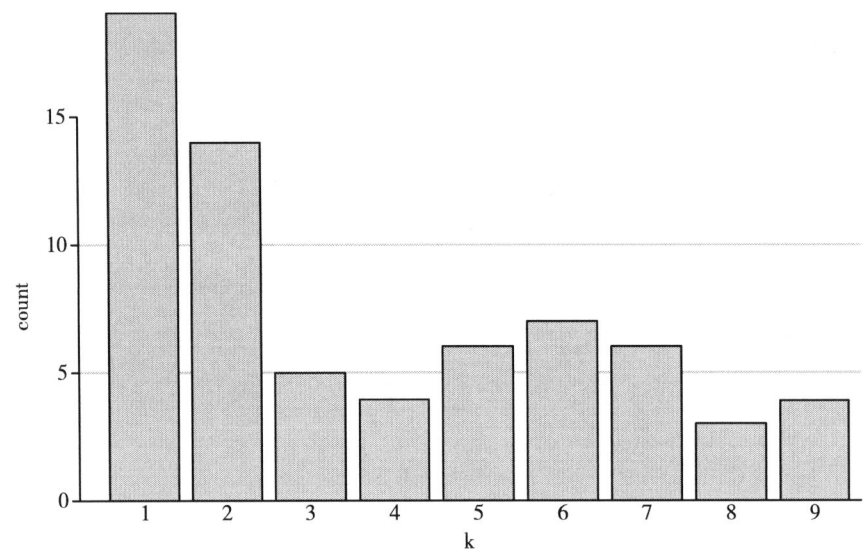

图 4-69　四川省住户调查数据本福特定律检验结果图

图 4-69 显示，四川省统计局公布的城镇、农村居民人均可支配收入数据与人均支出数据的总体分布情况大体服从本福特定律，1 开头的数据最多，大致是从 1 开头到 9，数据量越来越少。再进一步对待检测数据做卡方检验，结果如表 4-155 所示。

表 4-155　　2000—2016 年四川数据本福特定律检验表

	住户调查数据
Chi - squared	5.7
df	8
p - value	0.7

从表 4-155 可以看出，p 值为 0.7，远大于显著性水平 0.05，不能拒绝住户调查数据满足本福特定律的原假设。可以认为四川省统计局发布的 2000—2016 年的公布的城镇、农村居民人均可支配收入数据与人均支出数据是符合本福特定律的。因此可以认为待检测数据通过了分布检验，根据分布检验评估法原理，暂时不认为待评估数据的准确性存在问题。

③统计诊断评估。

A. 对城镇人均可支配收入数据诊断如下：

a. 建立回归模型

利用城镇人均可支配收入与人均居民储蓄存款（deposit）、平均工资水平（wage）、社会消费品零售总额人均值（retail）、出口额人均值（export）、人均地方财政收入（revenue）、三产比重（tertiary proportion）的内在联系，城镇人均可支配收入为因变量，人均居民储蓄存款、平均工资水平、社会消费品零售总额人均值、出口额人均值、人均地方财政收入、三产比重为自变量，对四川省 2000—2016 年城镇人均可支配收入数据建立回归模型，得到的结果如表 4-156 所示。

表 4-156　　　四川城镇人均可支配收入模型回归结果

	Estimate	Std. Error	t-value	P-value
(Intercept)	8080.287	3736.711	2.162406	0.055882
deposit	-0.34879	0.430676	-0.80986	0.43687
wage	0.045455	0.090992	0.499543	0.628204
retail	2.321658	1.039806	2.23278	0.049608
export	5.604508	3.184337	1.760024	0.1089
revenue	-1.27663	1.7043	-0.74906	0.471071
tertiary proportion	-14121.8	8501.147	-1.66116	0.127665

表 4-157　　　四川城镇人均可支配收入模型拟合效果

Multiple R^2	Adjusted R^2	F-statistic	df1	df2	p-value
0.999	0.996	1.26e+03	6	10	0.000

表 4-157 显示，建立的回归模型的拟合优度为 0.996，F 检验统计量为 1.26e+03，对应的 p 值为 0.000，说明该模型的拟合效果极好。

b. 统计诊断检验

表 4-158　四川城镇人均可支配收入的学生化残差、cooks 距离

year	income_rstu	income_cooks	year	income_rstu	income_cooks
2000	-0.813952	0.055313	2009	1.601762	0.197696
2001	-0.086121	0.000457	2010	1.311284	0.066193
2002	-0.228275	0.003484	2011	-0.490811	0.033462
2003	0.066446	0.000251	2012	0.335378	0.010311
2004	-0.484233	0.007774	2013	-0.183832	0.004416
2005	-0.889322	0.047849	2014	-1.892961	0.794355
2006	-0.635551	0.01658	2015	0.419858	0.165663
2007	0.301394	0.021698	2016	-1.244211	0.192993
2008	0.368444	0.017962			

从表 4-158 可以看出，2014 年的学生化残差的绝对值大于 5% 显著性水平对应的 t 值（1.753）的绝对值，该点可能成为强影响点。2014 年的 cook 距离较大，该点为强影响点，是可能的异常值。

B. 对农村人均可支配收入数据诊断如下：

a. 建立回归模型

利用农村人均可支配收入与农业人口比重（agricultural population）、农村居民最终消费构成比重（final consumption）、人均地方公共财政预算支出（budget expenditure）、农作物播种面积（crops）、农业机械总动力（agricultural machinery）、降水量（rainfall）的内在联系，农村人均可支配收入为因变量，农业人口比重、农村居民最终消费构成比重、人均地方公共财政预算支出、农作物播种面积、农业机械总动力、降水量为自变量，对四川省 2000—2016 年农村人均可支配收入数据建立回归模型，得到的结果如表 4-159 所示。

表 4-159　四川农村人均可支配收入模型回归结果

	Estimate	Std. Error	t-value	P-value
(Intercept)	29007.35	8770.622	3.307331	0.007915
agricultural population	-41680.2	9264.028	-4.49914	0.001145
final consumption	24805.27	4439.673	5.587185	0.000232
budget expenditure	0.497268	0.225595	2.204245	0.052066

续表

	Estimate	Std. Error	t-value	P-value
crops	-6.30962	7.431585	-0.84903	0.415728
agricultural machinery	0.72806	0.780955	0.93227	0.373158
rainfall	-0.05934	0.508337	-0.11673	0.909384

表 4-160　四川农村人均可支配收入模型拟合效果

Multiple R^2	Adjusted R^2	F-statistic	df1	df2	p-value
0.994	0.991	289	6	10	0.000

表 4-160 显示，建立的回归模型的拟合优度为 0.991，F 检验统计量为 289，对应的 p 值为 0.000，说明该模型的拟合效果极好。

b. 统计诊断检验

表 4-161　四川农村可支配人均收入的学生化残差、cooks 距离

year	income_rstu	income_cooks	year	income_rstu	income_cooks
2000	-1.076061	0.247946	2009	-0.838754	0.030713
2001	0.791723	0.053157	2010	-1.437325	0.082015
2002	1.012835	0.045104	2011	-0.587762	0.034167
2003	-0.590281	0.095563	2012	-0.638331	0.041488
2004	-0.377942	0.012242	2013	-1.189143	0.045038
2005	-0.744664	0.092864	2014	1.544311	0.120713
2006	0.243703	0.010845	2015	0.727261	0.047598
2007	1.106151	0.065438	2016	0.743623	0.290913
2008	1.860741	0.559097			

从表 4-161 可以看出，2008 年的学生化残差的绝对值大于 5% 显著性水平对应的 t 值（1.753）的绝对值，该点可能成为强影响点。2008 年的 cook 距离较大，该点为强影响点，是可能的异常值。

（24）贵州省住户调查数据评估

①逻辑关系评估。根据逻辑关系评估法的一般流程，为了评估农村居民人均总支出数据的准确性，本书选择了贵州城镇、农村居民人均可支配收入数据与人均支出数据进行比较。这里做出了贵州省统计局发布的 2000—2016 年的贵

州城镇、农村居民人均收入数据和人均支出数据（2014年及以后数据是根据城乡一体化住户调查数据）的折线图，具体如图4-70所示。

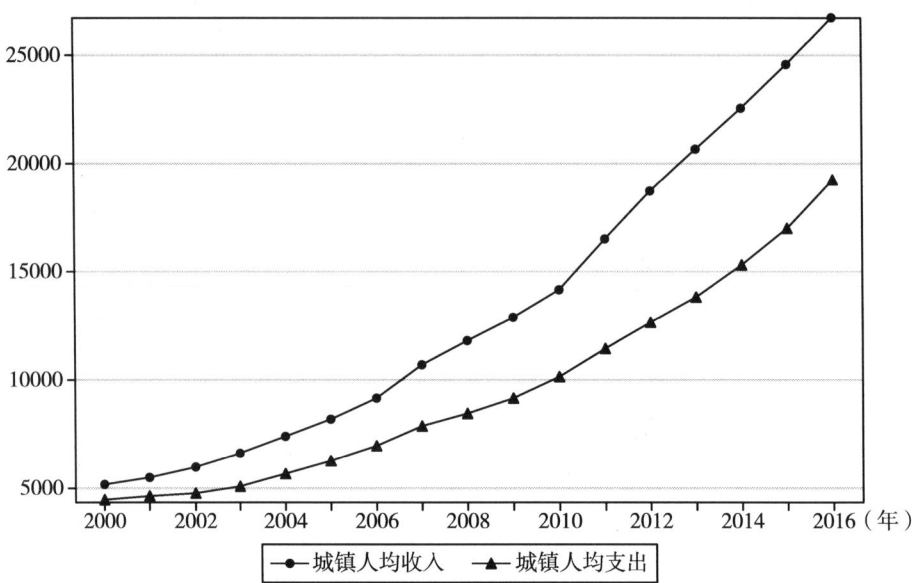

图4-70　2000—2016年贵州省城镇人均可支配收入和人均支出数据折线图

从图4-70中可以看出，贵州省城镇人均可支配收入和人均支出逐年递增，没有出现过下降现象，这比较符合我国的经济发展情况。贵州城镇人均收入与人均支出之间的距离在不断扩大。

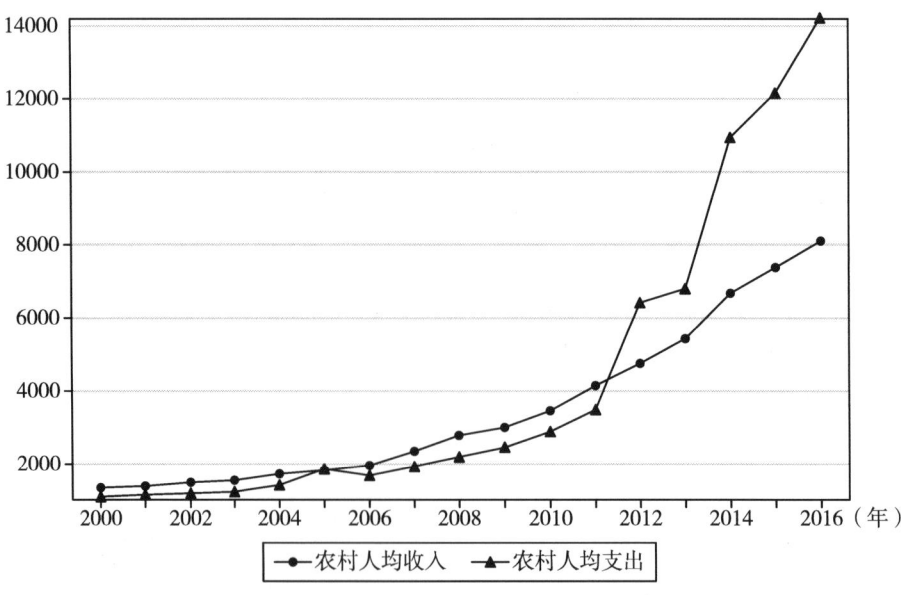

图4-71　2000—2016年贵州省农村人均可支配收入和人均支出数据折线图

从图4-71中可以看出，贵州省农村人均可支配收入和人均支出逐年递增，几乎没有出现过下降现象，农村人均支出的波动较大，这比较符合我国的经济发展情况。相对于贵州城镇人均收入与人均支出的数据，贵州农村人均收入与支出间的距离变化较大。

②分布检验评估。本书选取贵州省统计局发布的2000—2016年的贵州城镇、农村居民人均可支配收入数据与人均支出数据进行本福特定律的分布检验。利用R软件进行分析，检验贵州省统计局公布的城镇、农村居民人均可支配收入数据与人均支出数据是否符合本福特定律描述的分布，具体结果如图4-72所示。

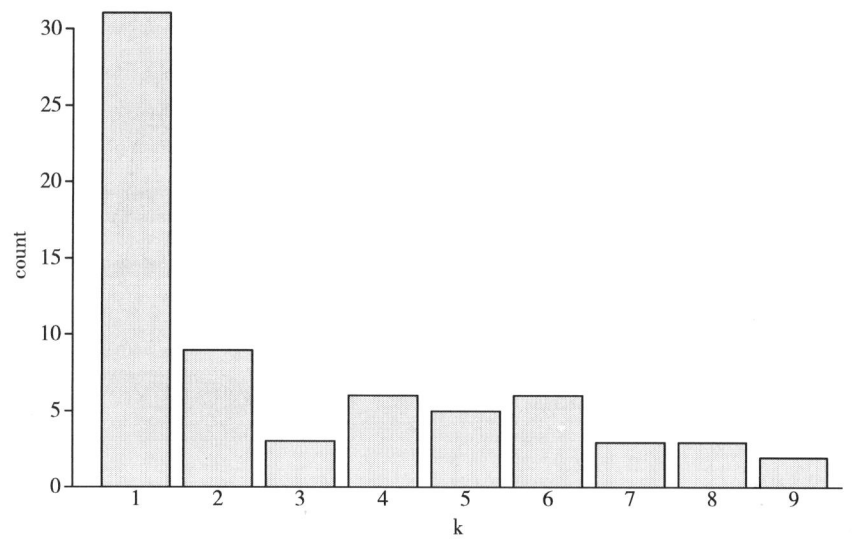

图4-72　贵州省住户调查数据本福特定律检验结果图

图4-72显示，贵州省统计局公布的城镇、农村居民人均可支配收入数据与人均支出数据的总体分布情况大体服从本福特定律，1开头的数据最多，9开头的数据最少，大致是从1开头到从9开头，数据量越来越少。再进一步对待检测数据做卡方检验，结果如表4-162所示。

表4-162　　　　2000—2016年贵州数据本福特定律检验表

	住户调查数据
Chi – squared	11
df	8
p – value	0.2

从表 4-162 可以看出，p 值为 0.2，大于显著性水平 0.05，不能拒绝住户调查数据满足本福特定律的原假设。可以认为贵州省统计局发布的 2000—2016 年的公布的城镇、农村居民人均可支配收入数据与人均支出数据是符合本福特定律的。因此可以认为待检测数据通过了分布检验，根据分布检验评估法原理，暂时不认为待评估数据的准确性存在问题。

③统计诊断评估。

A. 对城镇人均可支配收入数据诊断如下：

a. 建立回归模型

利用城镇人均可支配收入与人均居民储蓄存款（deposit）、平均工资水平（wage）、社会消费品零售总额人均值（retail）、出口额人均值（export）、人均地方财政收入（revenue）、三产比重（tertiary proportion）的内在联系，城镇人均可支配收入为因变量，人均居民储蓄存款、平均工资水平、社会消费品零售总额人均值、出口额人均值、人均地方财政收入、三产比重为自变量，对贵州省 2000—2016 年城镇人均可支配收入数据建立回归模型，得到的结果如表 4-163 所示。

表 4-163　贵州城镇人均可支配收入模型回归结果

	Estimate	Std. Error	t-value	P-value
（Intercept）	-2407.27	890.5835	-2.70303	0.022198
deposit	0.384089	0.263014	1.460337	0.17489
wage	0.242125	0.091323	2.651299	0.024259
retail	-0.976852	0.748396	-1.30519	0.221062
export	-0.280081	3.172813	-0.08827	0.931401
revenue	1.400264	1.107947	1.263837	0.234955
tertiary proportion	15878.38	2831.103	5.608548	0.000225

表 4-164　贵州城镇人均可支配收入模型拟合效果

Multiple R^2	Adjusted R^2	F-statistic	df1	df2	p-value
0.999	0.995	2.65e+03	6	10	0.000

表 4-164 显示，建立的回归模型的拟合优度为 0.995，F 检验统计量为 2.65e+03，对应的 p 值为 0.000，说明该模型的拟合效果极好。

b. 统计诊断检验

表4-165 贵州城镇人均可支配收入的学生化残差、cooks距离

year	income_rstu	income_cooks	year	income_rstu	income_cooks
2000	0.634248	0.041514	2009	-1.519465	0.117245
2001	-1.552086	0.095046	2010	0.052879	0.000975
2002	-1.043430	0.029893	2011	0.179471	0.003571
2003	-0.299172	0.002207	2012	1.267699	0.243952
2004	0.901447	0.019462	2013	-2.712542	1.101949
2005	0.827694	0.026064	2014	1.357269	0.278757
2006	0.503692	0.014496	2015	-1.119883	0.454145
2007	1.014684	0.088294	2016	2.919058	8.423862
2008	0.138766	0.001234			

从表4-165可以看出，2013年和2016年的学生化残差的绝对值大于5%显著性水平对应的t值（1.753）的绝对值，这些点可能成为强影响点。而2013年和2016年的cook距离较大，该二个点为强影响点，是可能的异常值。

B. 对农村人均可支配收入数据诊断如下：

a. 建立回归模型

利用农村人均可支配收入与农业人口比重（agricultural population）、农村居民最终消费构成比重（final consumption）、人均地方公共财政预算支出（budget expenditure）、农作物播种面积（crops）、农业机械总动力（agricultural machinery）、降水量（rainfall）的内在联系，农村人均可支配收入为因变量，农业人口比重、农村居民最终消费构成比重、人均地方公共财政预算支出、农作物播种面积、农业机械总动力、降水量为自变量，对贵州省2000—2016年农村人均可支配收入数据建立回归模型，得到的结果如表4-166所示。

表4-166 贵州农村人均可支配收入模型回归结果

	Estimate	Std. Error	t-value	P-value
(Intercept)	8700.912	11458.49	0.759342	0.465171
agricultural population	-11905.4	12895.59	-0.92321	0.377634
final consumption	7071.498	13189.62	0.536141	0.603582
budget expenditure	0.441566	0.274565	1.608238	0.138862

续表

	Estimate	Std. Error	t – value	P – value
crops	– 0.14706	1.135863	– 0.12947	0.899554
agricultural machinery	– 0.4529	0.906923	– 0.49938	0.628312
rainfall	– 0.10577	0.551265	– 0.19187	0.851681

表 4 – 167　贵州农村人均可支配收入模型拟合效果

Multiple R^2	Adjusted R^2	F – statistic	df1	df2	p – value
0.987	0.979	123	6	10	0.000

表 4 – 167 显示，建立的回归模型的拟合优度为 0.979，F 检验统计量为 123，对应的 p 值为 0.000，说明该模型的拟合效果极好。

b. 统计诊断检验

表 4 – 168　贵州农村可支配人均收入的学生化残差、cooks 距离

year	income_rstu	income_cooks	year	income_rstu	income_cooks
2000	0.337057	0.021378	2009	– 0.131782	0.001616
2001	– 0.092741	0.000887	2010	– 1.674541	0.282621
2002	0.064846	0.000214	2011	– 1.830682	0.586081
2003	0.068005	0.000331	2012	– 2.343681	0.618274
2004	0.073612	0.000359	2013	– 1.333841	0.094428
2005	0.745219	0.193168	2014	0.597029	0.026273
2006	0.418025	0.029581	2015	0.864764	0.068708
2007	0.589366	0.031123	2016	2.420094	0.530191
2008	1.034309	0.111607			

从表 4 – 168 可以看出，2011 年、2012 年和 2016 年的学生化残差的绝对值大于 5% 显著性水平对应的 t 值（1.753）的绝对值，这些点可能成为强影响点。而 2011 年、2012 年和 2016 年的 cook 距离较大，该二个点为强影响点，是可能的异常值。

（25）云南省住户调查数据评估

①逻辑关系评估。根据逻辑关系评估法的一般流程，为了评估农村居民人均总支出数据的准确性，本书选择了云南城镇、农村居民人均可支配收入数据与人均支出数据进行比较。这里做出了云南省统计局发布的 2000—2016 年的云

南城镇、农村居民人均收入数据和人均支出数据（2014年及以后数据是根据城乡一体化住户调查数据）的折线图，具体如图4-73所示。

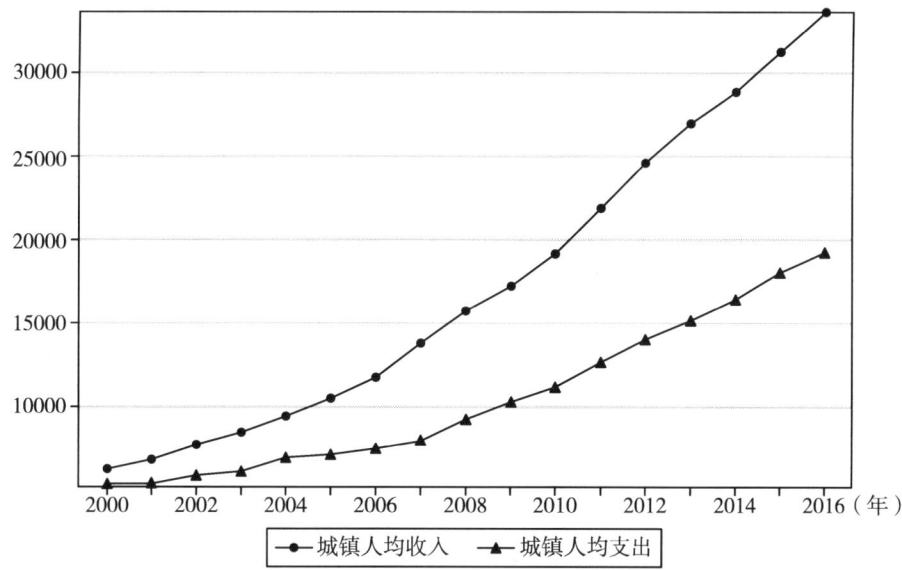

图4-73　2000—2016年云南省城镇人均可支配收入和人均支出数据折线图

从图4-73中可以看出，云南省城镇人均可支配收入和人均支出逐年递增，没有出现过下降现象，这比较符合我国的经济发展情况。云南城镇人均收入与人均支出之间的距离在不断扩大。

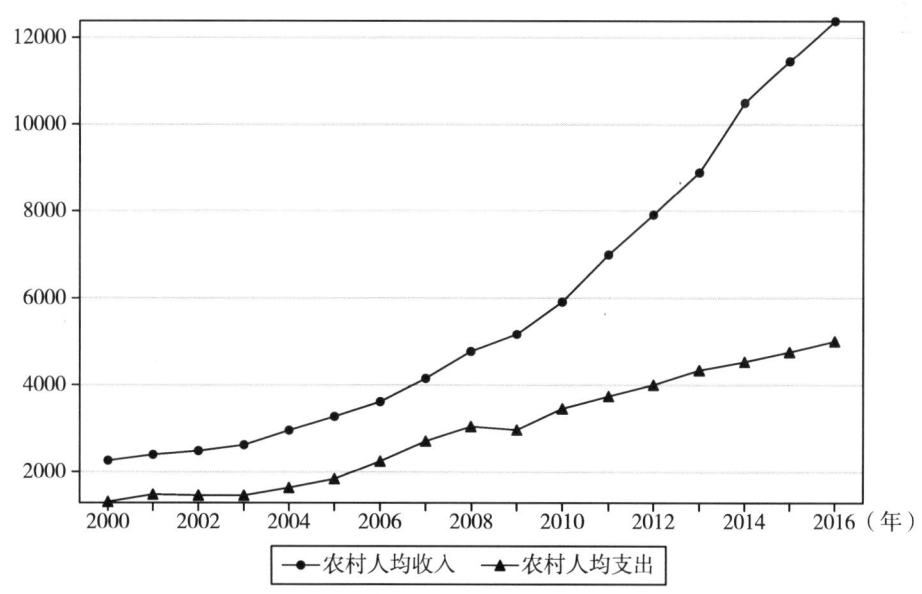

图4-74　2000—2016年云南省农村人均可支配收入和人均支出数据折线图

从图 4-74 中可以看出，云南省农村人均可支配收入和人均支出逐年递增，没有出现过下降现象，这比较符合我国的经济发展情况。相对于云南城镇人均收入与人均支出的数据，云南农村人均收入与支出间的距离变化较大。

②分布检验评估。本书选取云南省统计局发布的 2000—2016 年的云南城镇、农村居民人均可支配收入数据与人均支出数据进行本福特定律的分布检验。利用 R 软件进行分析，检验云南省统计局公布的城镇、农村居民人均可支配收入数据与人均支出数据是否符合本福特定律描述的分布，具体结果如图 4-75 所示。

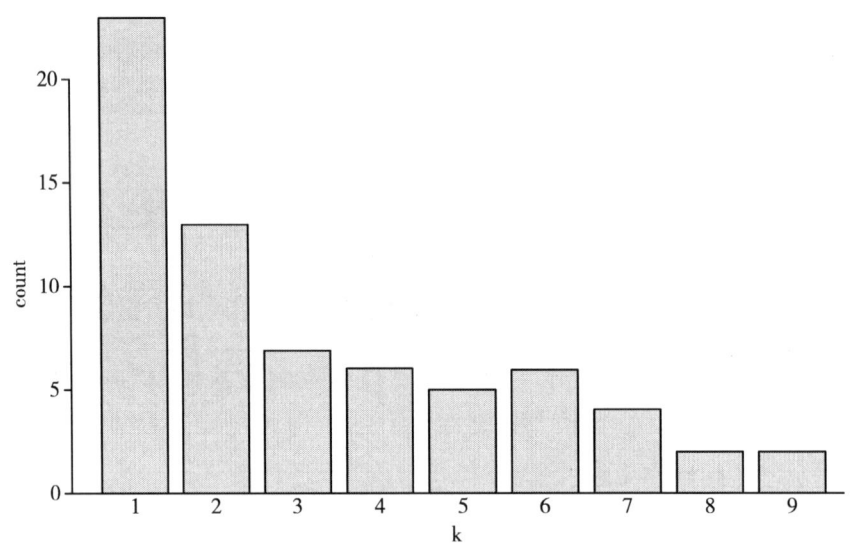

图 4-75　云南省住户调查数据本福特定律检验结果图

图 4-75 显示，云南省统计局公布的城镇、农村居民人均可支配收入数据与人均支出数据的总体分布情况大体服从本福特定律，1 开头的数据最多，9 开头的数据最少，大致是从 1 开头到从 9 开头，数据量越来越少。再进一步对待检测数据做卡方检验，结果如表 4-169 所示。

表 4-169　　2000—2016 年云南数据本福特定律检验表

	住户调查数据
Chi - squared	2.2
df	8
p - value	0.99

从表 4-169 可以看出，p 值为 0.99，远大于显著性水平 0.05，不能拒绝住户调查数据满足本福特定律的原假设。可以认为云南省统计局发布的 2000—2016 年的公布的城镇、农村居民人均可支配收入数据与人均支出数据是符合本福特定律的。因此可以认为待检测数据通过了分布检验，根据分布检验评估法原理，暂时不认为待评估数据的准确性存在问题。

③统计诊断评估。

A. 对城镇人均可支配收入数据诊断如下：

a. 建立回归模型

利用城镇人均可支配收入与人均居民储蓄存款（deposit）、平均工资水平（wage）、社会消费品零售总额人均值（retail）、出口额人均值（export）、人均地方财政收入（revenue）、三产比重（tertiary proportion）的内在联系，城镇人均可支配收入为因变量，人均居民储蓄存款、平均工资水平、社会消费品零售总额人均值、出口额人均值、人均地方财政收入、三产比重为自变量，对云南省 2000—2016 年城镇人均可支配收入数据建立回归模型，得到的结果如表 4-170 所示。

表 4-170　　　　　云南城镇人均可支配收入模型回归结果

	Estimate	Std. Error	t-value	P-value
(Intercept)	16189.14	7956.6	2.03468	0.069261
deposit	0.629852	0.509629	1.235903	0.244739
wage	0.639881	0.15195	4.211134	0.001797
retail	-2.544031	0.858306	-2.96402	0.01419
export	4.471945	5.7855	0.772957	0.457429
revenue	2.383801	2.049296	1.163229	0.271742
tertiary proportion	-39181.7	21825.3	-1.79521	0.102851

表 4-171　　　　　云南城镇人均可支配收入模型拟合效果

Multiple R^2	Adjusted R^2	F-statistic	df1	df2	p-value
0.998	0.996	714	6	10	0.000

表 4-171 显示，建立的回归模型的拟合优度为 0.996，F 检验统计量为 714，对应的 p 值为 0.000，说明该模型的拟合效果极好。

b. 统计诊断检验

表 4-172　云南城镇人均可支配收入的学生化残差、cooks 距离

year	income_rstu	income_cooks	year	income_rstu	income_cooks
2000	-1.717742	0.409277	2009	1.278759	0.059464
2001	-0.435763	0.011157	2010	0.810192	0.087563
2002	0.076768	0.000382	2011	0.040106	4.8E-05
2003	0.313403	0.005627	2012	1.525031	0.43934
2004	-0.131395	0.000487	2013	-3.059112	0.846824
2005	0.079171	0.000275	2014	1.373681	0.642824
2006	-1.776213	0.210024	2015	-0.099531	0.001322
2007	1.460929	0.14429	2016	-1.733422	1.886436
2008	0.334107	0.021766			

从表 4-172 可以看出，2006 年和 2013 年的学生化残差的绝对值大于 5% 显著性水平对应的 t 值（1.753）的绝对值，这些点可能成为强影响点。而 2013 年和 2016 年的 cook 距离较大，该二个点为强影响点，是可能的异常值。

B. 对农村人均可支配收入数据诊断如下：

a. 建立回归模型

利用农村人均可支配收入与农业人口比重（agricultural population）、农村居民最终消费构成比重（final consumption）、人均地方公共财政预算支出（budget expenditure）、农作物播种面积（crops）、农业机械总动力（agricultural machinery）、降水量（rainfall）的内在联系，农村人均可支配收入为因变量，农业人口比重、农村居民最终消费构成比重、人均地方公共财政预算支出、农作物播种面积、农业机械总动力、降水量为自变量，对云南省 2000—2016 年农村人均可支配收入数据建立回归模型，得到的结果如表 4-173 所示。

表 4-173　云南农村人均可支配收入模型回归结果

	Estimate	Std. Error	t-value	P-value
(Intercept)	32450.6	17930.48	1.809801	0.100435
agricultural population	-24080.5	18498.39	-1.30176	0.222185
final consumption	3332.479	5040.94	0.661083	0.523497

续表

	Estimate	Std. Error	t – value	P – value
budget expenditure	1.813916	0.591844	3.064852	0.011945
crops	–14.5952	10.33994	–1.41154	0.188435
agricultural machinery	–4.98903	3.844919	–1.29756	0.22357
rainfall	0.07804	0.082432	0.946719	0.366097

表 4 – 174　　云南农村人均可支配收入模型拟合效果

Multiple R^2	Adjusted R^2	F – statistic	df1	df2	p – value
0.988	0.982	143	6	10	0.000

表 4 – 174 显示，建立的回归模型的拟合优度为 0.982，F 检验统计量为 143，对应的 p 值为 0.000，说明该模型的拟合效果极好。

b. 统计诊断检验

表 4 – 175　　云南农村可支配人均收入的学生化残差、cooks 距离

year	income_rstu	income_cooks	year	income_rstu	income_cooks
2000	0.008208	5.69E – 05	2009	–2.500491	0.277035
2001	0.074038	0.001651	2010	–0.796512	0.349443
2002	–0.061842	0.000248	2011	–0.236474	0.00275
2003	0.453936	0.008575	2012	–1.486491	0.084778
2004	1.075555	0.072983	2013	–1.466284	0.118
2005	–2.334913	141.744	2014	0.570173	0.014289
2006	1.050805	0.099026	2015	1.173549	0.055009
2007	–0.035115	8.7E – 05	2016	1.572289	0.239596
2008	0.051599	0.000131			

从表 4 – 175 可以看出，2005 年和 2009 年的学生化残差的绝对值大于 5% 显著性水平对应的 t 值（1.753）的绝对值，这些点可能成为强影响点。而 2005 年的 cook 距离较大，该点为强影响点，是可能的异常值。

（26）西藏自治区住户调查数据评估

①逻辑关系评估。根据逻辑关系评估法的一般流程，为了评估农村居民人均总支出数据的准确性，本书选择了西藏城镇、农村居民人均可支配收入数据与人均支出数据进行比较。这里做出了西藏自治区统计局发布的 2000—2016 年

的西藏城镇、农村居民人均收入数据和人均支出数据（2014年及以后数据是根据城乡一体化住户调查数据）的折线图，具体如图4-76所示。

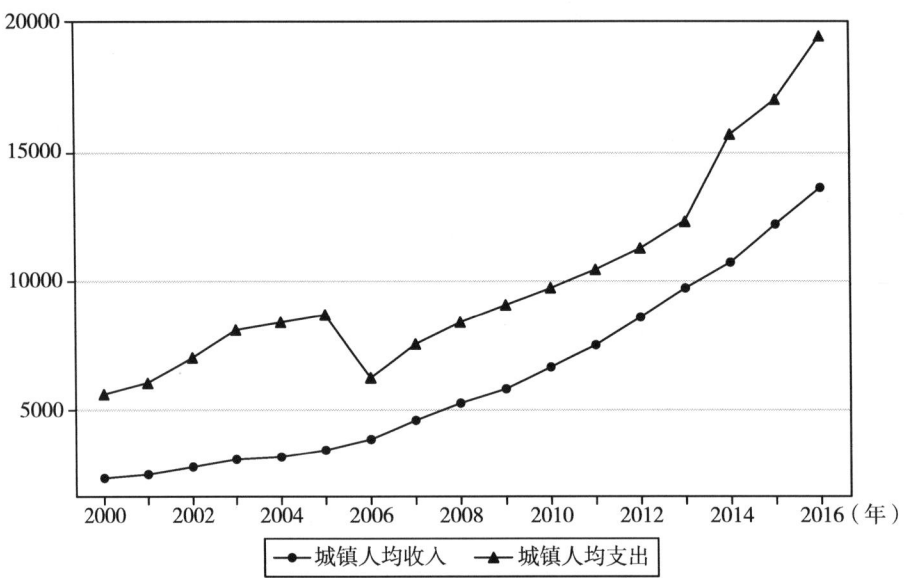

图4-76　2000—2016年西藏自治区城镇人均可支配收入和人均支出数据折线图

从图4-76中可以看出，西藏自治区城镇人均可支配收入逐年递增，人均支出波动较大但总体也呈上升趋势，这比较符合我国的经济发展情况。西藏城镇人均收入与人均支出之间的距离较为稳定。

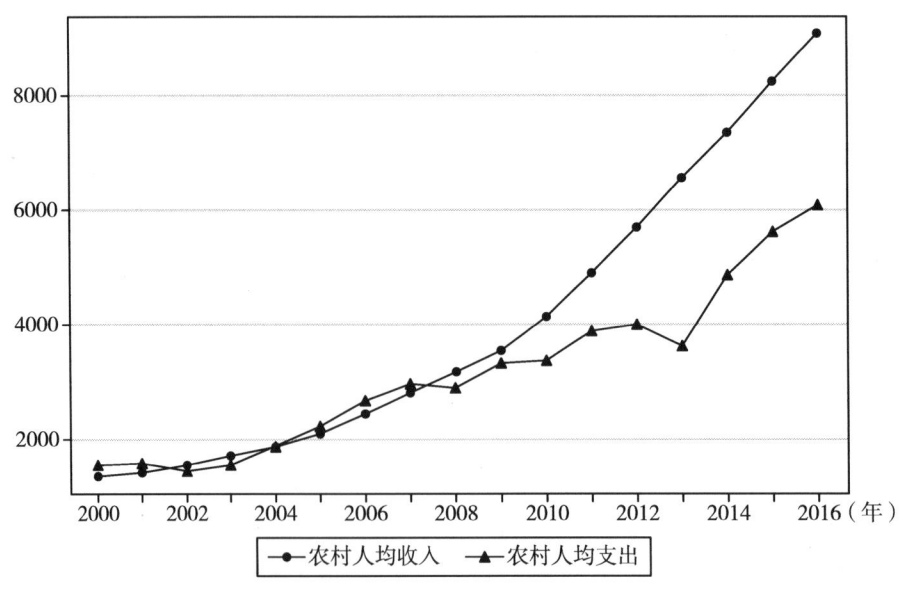

图4-77　2000—2016年西藏自治区农村人均可支配收入和人均支出数据折线图

从图 4-77 中可以看出，西藏自治区农村人均可支配收入逐年递增，人均支出除个别年份外总体呈上升趋势，这比较符合我国的经济发展情况。相对于西藏城镇人均收入与人均支出的数据，西藏农村人均收入与支出间的距离变化较大。

②分布检验评估。本书选取西藏自治区统计局发布的 2000—2016 年的西藏城镇、农村居民人均可支配收入数据与人均支出数据进行本福特定律的分布检验。利用 R 软件进行分析，检验西藏自治区统计局公布的城镇、农村居民人均可支配收入数据与人均支出数据是否符合本福特定律描述的分布，具体结果如图 4-78 所示。

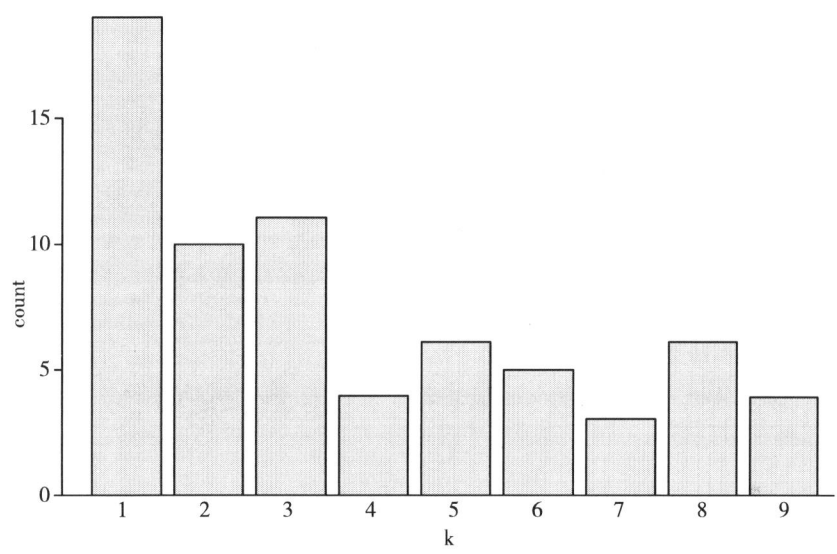

图 4-78　西藏自治区住户调查数据本福特定律检验结果图

图 4-78 显示，西藏自治区统计局公布的城镇、农村居民人均可支配收入数据与人均支出数据的总体分布情况大体服从本福特定律，1 开头的数据最多，7 开头的数据最少，大致是从 1 开头到从 7 开头，数据量越来越少。再进一步对待检测数据做卡方检验，结果如表 4-176 所示。

表 4-176　　　2000—2016 年西藏数据本福特定律检验表

	住户调查数据
Chi - squared	4.6089
df	8
p - value	0.7984

从表 4-176 可以看出，p 值为 0.7984，远大于显著性水平 0.05，不能拒绝住户调查数据满足本福特定律的原假设。可以认为西藏自治区统计局发布的 2000—2016 年的公布的城镇、农村居民人均可支配收入数据与人均支出数据是符合本福特定律的。因此可以认为待检测数据通过了分布检验，根据分布检验评估法原理，暂时不认为待评估数据的准确性存在问题。

③统计诊断评估。

A. 对城镇人均可支配收入数据诊断如下：

a. 建立回归模型

利用城镇人均可支配收入与人均居民储蓄存款（deposit）、平均工资水平（wage）、社会消费品零售总额人均值（retail）、出口额人均值（export）、人均地方财政收入（revenue）、三产比重（tertiary proportion）的内在联系，城镇人均可支配收入为因变量，人均居民储蓄存款、平均工资水平、社会消费品零售总额人均值、出口额人均值、人均地方财政收入、三产比重为自变量，对西藏自治区 2000—2016 年城镇人均可支配收入数据建立回归模型，得到的结果如表 4-177 所示。

表 4-177 西藏城镇人均可支配收入模型回归结果

	Estimate	Std. Error	t-value	P-value
(Intercept)	184.0121	829.2449	0.221903	0.828855
deposit	-0.00056	0.001705	-0.32967	0.748451
wage	0.018843	0.00696	2.707433	0.02203
retail	0.694882	0.084517	8.221794	9.26E-06
export	-0.13257	0.267405	-0.49576	0.630778
revenue	0.160769	0.146415	1.098032	0.297925
tertiary proportion	1460.851	1644.417	0.88837	0.395208

表 4-178 西藏城镇人均可支配收入模型拟合效果

Multiple R^2	Adjusted R^2	F-statistic	df1	df2	p-value
0.999	0.993	2.06e+03	6	10	0.000

表 4-178 显示，建立的回归模型的拟合优度为 0.993，F 检验统计量为 2.06e+03，对应的 p 值为 0.000，说明该模型的拟合效果极好。

b. 统计诊断检验

表4-179　西藏城镇人均可支配收入的学生化残差、cooks距离

year	income_rstu	income_cooks	year	income_rstu	income_cooks
2000	0.470537	0.080922	2009	0.305704	0.004412
2001	-0.361271	0.00668	2010	0.334919	0.00995
2002	-0.703935	0.023515	2011	-1.841941	1.263842
2003	0.247986	0.001765	2012	-2.891794	2.889264
2004	-0.041761	9.29E-05	2013	0.669321	0.260791
2005	0.125418	0.000548	2014	-0.323344	0.03261
2006	-0.045862	6.2E-05	2015	-4.506812	1.535265
2007	-0.350661	0.005264	2016	3.635681	1.039387
2008	1.747978	0.115734			

从表4-179可以看出，2011年、2012年、2015年和2016年的学生化残差的绝对值大于5%显著性水平对应的t值（1.753）的绝对值，这些点可能成为强影响点。而2011年、2012年、2015年和2016年的cook距离较大，这些点为强影响点，是可能的异常值。

B. 对农村人均可支配收入数据诊断如下：

a. 建立回归模型

利用农村人均可支配收入与农业人口比重（agricultural population）、农村居民最终消费构成比重（final consumption）、人均地方公共财政预算支出（budget expenditure）、农作物播种面积（crops）、农业机械总动力（agricultural machinery）、降水量（rainfall）的内在联系，农村人均可支配收入为因变量，农业人口比重、农村居民最终消费构成比重、人均地方公共财政预算支出、农作物播种面积、农业机械总动力、降水量为自变量，对西藏自治区2000—2016年农村人均可支配收入数据建立回归模型，得到的结果如表4-180所示。

表4-180　西藏农村人均可支配收入模型回归结果

	Estimate	Std. Error	t-value	P-value
(Intercept)	-2655.52	7762.049	-0.34212	0.738181
agricultural population	-1323.16	5017.336	-0.26372	0.796471

续表

	Estimate	Std. Error	t – value	P – value
budget expenditure	0.106112	0.020515	5.172442	0.000232
crops	18.42813	23.65429	0.77906	0.451035
agricultural machinery	3.560275	1.210887	2.94022	0.012367

表4–181　西藏农村人均可支配收入模型拟合效果

Multiple R^2	Adjusted R^2	F – statistic	df1	df2	p – value
0.998	0.993	1.46e+03	4	12	0.000

表4–181显示，建立的回归模型的拟合优度为0.993，F检验统计量为1.46e+03，对应的p值为0.000，说明该模型的拟合效果极好。

b. 统计诊断检验

表4–182　西藏农村可支配人均收入的学生化残差、cooks距离

year	income_rstu	income_cooks	year	income_rstu	income_cooks
2000	1.184406	0.068259	2009	–0.610733	0.042381
2001	0.032305	9.04E–05	2010	–0.279982	0.003005
2002	–1.086873	0.071473	2011	–1.061440	0.069712
2003	–1.211130	0.098509	2012	–0.208964	0.006896
2004	0.831755	0.024002	2013	1.370808	0.304437
2005	–0.673630	0.034206	2014	0.494173	0.013519
2006	2.581522	1.140768	2015	0.937597	0.102145
2007	–0.058130	0.000629	2016	–1.155746	0.398937
2008	–0.922682	0.047474			

从表4–182可以看出，2006年的学生化残差的绝对值大于5%显著性水平对应的t值（1.753）的绝对值，这些点可能成为强影响点。而2006年的cook距离较大，该点为强影响点，是可能的异常值。

(27) 陕西省住户调查数据评估

①逻辑关系评估。根据逻辑关系评估法的一般流程，为了评估农村居民人均总支出数据的准确性，本书选择了陕西城镇、农村居民人均可支配收入数据与人均支出数据进行比较。这里做出了陕西省统计局发布的2000—2016年的陕

西城镇、农村居民人均收入数据和人均支出数据（2014年及以后数据是根据城乡一体化住户调查数据）的折线图，具体如图4-79所示。

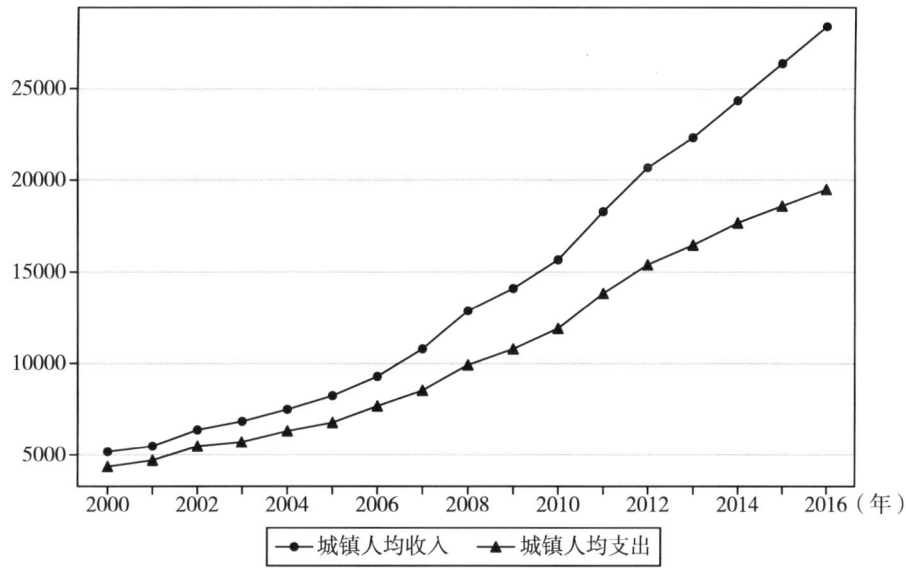

图4-79 2000—2016年陕西省城镇人均可支配收入和人均支出数据折线图

从图4-79中可以看出，陕西省城镇人均可支配收入和人均支出逐年递增，没有出现过下降现象，这比较符合我国的经济发展情况。陕西城镇人均收入与人均支出之间的距离在不断扩大。

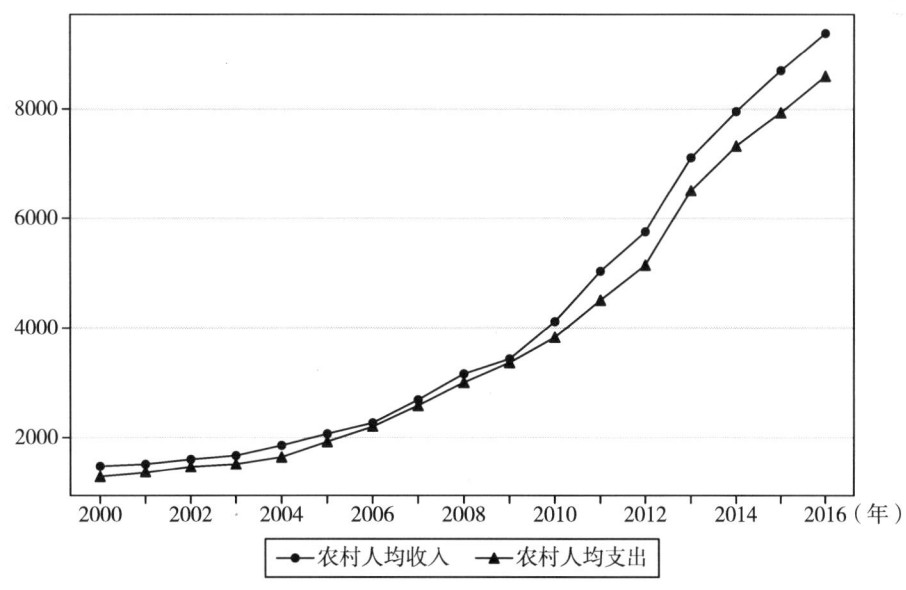

图4-80 2000—2016年陕西省农村人均可支配收入和人均支出数据折线图

从图 4-80 中可以看出,陕西省农村人均可支配收入和人均支出逐年递增,没有出现过下降现象,这比较符合我国的经济发展情况。相对于陕西城镇人均收入与人均支出的数据,陕西农村人均收入与支出间的距离变化较小。

②分布检验评估。本书选取陕西省统计局发布的 2000—2016 年的陕西城镇、农村居民人均可支配收入数据与人均支出数据进行本福特定律的分布检验。利用 R 软件进行分析,检验陕西省统计局公布的城镇、农村居民人均可支配收入数据与人均支出数据是否符合本福特定律描述的分布,具体结果如图 4-81 所示。

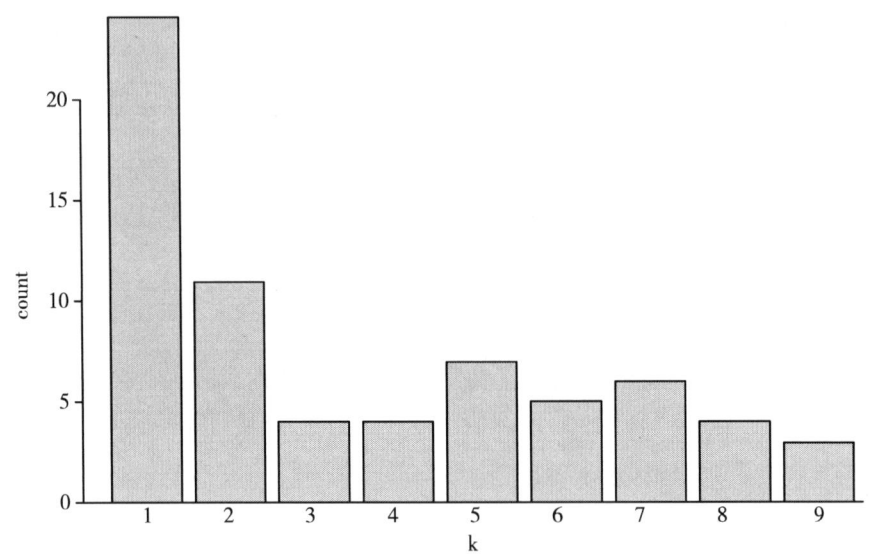

图 4-81　陕西省住户调查数据本福特定律检验结果图

图 4-81 显示,陕西省统计局公布的城镇、农村居民人均可支配收入数据与人均支出数据的总体分布情况大体服从本福特定律,1 开头的数据最多,9 开头的数据最少,大致是从 1 开头到从 9 开头,数据量越来越少。再进一步对待检测数据做卡方检验,结果如表 4-183 所示。

表 4-183　2000—2016 年陕西数据本福特定律检验表

	住户调查数据
Chi – squared	5.7685
df	8
p – value	0.6731

从表 4-183 可以看出，p 值为 0.6731，远大于显著性水平 0.05，不能拒绝住户调查数据满足本福特定律的原假设。可以认为陕西省统计局发布的 2000—2016 年的公布的城镇、农村居民人均可支配收入数据与人均支出数据是符合本福特定律的。因此可以认为待检测数据通过了分布检验，根据分布检验评估法原理，暂时不认为待评估数据的准确性存在问题。

③统计诊断评估。

A. 对城镇人均可支配收入数据诊断如下：

a. 建立回归模型

利用城镇人均可支配收入与人均居民储蓄存款（deposit）、平均工资水平（wage）、社会消费品零售总额人均值（retail）、出口额人均值（export）、人均地方财政收入（revenue）、三产比重（tertiary proportion）的内在联系，城镇人均可支配收入为因变量，人均居民储蓄存款、平均工资水平、社会消费品零售总额人均值、出口额人均值、人均地方财政收入、三产比重为自变量，对陕西省 2000—2016 年城镇人均可支配收入数据建立回归模型，得到的结果如表 4-184 所示。

表 4-184　　　　陕西城镇人均可支配收入模型回归结果

	Estimate	Std. Error	t-value	P-value
(Intercept)	6256.637	1825.466	3.427419	0.006466
deposit	0.071526	0.102447	0.698173	0.500981
wage	0.263812	0.053087	4.969459	0.000562
retail	0.307341	0.302902	1.014655	0.334191
export	0.290452	0.169567	1.712902	0.117507
revenue	-0.008731	0.184029	-0.04744	0.963096
tertiary proportion	-9420.372	4236.164	-2.2238	0.050369

表 4-185　　　　陕西城镇人均可支配收入模型拟合效果

Multiple R^2	Adjusted R^2	F-statistic	df1	df2	p-value
1	0.999	4.25e+03	6	10	0.000

表 4-185 显示，建立的回归模型的拟合优度为 0.999，F 检验统计量为 4.25e+03，对应的 p 值为 0.000，说明该模型的拟合效果极好。

b. 统计诊断检验

表4-186　　陕西城镇人均可支配收入的学生化残差、cooks距离

year	income_rstu	income_cooks	year	income_rstu	income_cooks
2000	-0.763152	0.043189	2009	-0.134262	0.002991
2001	-0.905293	0.065053	2010	-1.877926	0.824419
2002	1.161019	0.067244	2011	-0.066147	0.000393
2003	0.275727	0.002044	2012	1.369889	0.110632
2004	-0.274143	0.003538	2013	-0.434614	0.041396
2005	0.024219	4.18E-05	2014	-1.322033	0.210003
2006	0.302059	0.010087	2015	0.967292	0.360051
2007	0.470848	0.015336	2016	0.216605	0.014043
2008	1.898114	0.016451			

从表4-186可以看出，2008年和2010年的学生化残差的绝对值大于5%显著性水平对应的t值（1.753）的绝对值，这些点可能成为强影响点。而2010年的cook距离较大，该点为强影响点，是可能的异常值。

B. 对农村人均可支配收入数据诊断如下：

a. 建立回归模型

利用农村人均可支配收入与农业人口比重（agricultural population）、农村居民最终消费构成比重（final consumption）、人均地方公共财政预算支出（budget expenditure）、农作物播种面积（crops）、农业机械总动力（agricultural machinery）、降水量（rainfall）的内在联系，农村人均可支配收入为因变量，农业人口比重、农村居民最终消费构成比重、人均地方公共财政预算支出、农作物播种面积、农业机械总动力、降水量为自变量，对陕西省2000—2016年农村人均可支配收入数据建立回归模型，得到的结果如表4-187所示。

表4-187　　陕西农村人均可支配收入模型回归结果

	Estimate	Std. Error	t-value	P-value
(Intercept)	-6433.35	7267.076	-0.88527	0.394949
agricultural population	7677.912	13543.06	0.566926	0.582148
budget expenditure	0.970317	0.299816	3.236378	0.007925

续表

	Estimate	Std. Error	t – value	P – value
crops	0.617542	1.10956	0.556564	0.588969
agricultural machinery	-0.61942	0.311861	-1.98615	0.072503
rainfall	-1.14639	0.921637	-1.24386	0.239404

表4-188　陕西农村人均可支配收入模型拟合效果

Multiple R^2	Adjusted R^2	F – statistic	df1	df2	p – value
0.981	0.973	116	5	11	0.000

表4-188显示，建立的回归模型的拟合优度为0.973，F检验统计量为116，对应的p值为0.000，说明该模型的拟合效果极好。

b. 统计诊断检验

表4-189　陕西农村可支配人均收入的学生化残差、cooks距离

year	income_rstu	income_cooks	year	income_rstu	income_cooks
2000	-0.293774	0.020173	2009	-2.332829	0.683163
2001	0.098516	0.000734	2010	-0.111773	0.001907
2002	0.052237	0.000172	2011	-1.071531	0.118326
2003	1.361115	0.276826	2012	-1.605651	0.120081
2004	0.240591	0.003091	2013	0.275626	0.003432
2005	0.062363	0.000459	2014	0.661884	0.017755
2006	0.407923	0.017475	2015	0.208748	0.003556
2007	0.231822	0.003556	2016	0.915525	0.163288
2008	0.011524	5.89E-05			

从表4-189可以看出，2009年的学生化残差的绝对值大于5%显著性水平对应的t值（1.753）的绝对值，这些点可能成为强影响点。而2009年的cook距离较大，该点为强影响点，是可能的异常值。

（28）甘肃省住户调查数据评估

①逻辑关系评估。根据逻辑关系评估法的一般流程，为了评估农村居民人均总支出数据的准确性，本书选择了甘肃城镇、农村居民人均可支配收入数据与人均支出数据进行比较。这里做出了甘肃省统计局发布的2000—2016年的甘

肃城镇、农村居民人均收入数据和人均支出数据（2014年及以后数据是根据城乡一体化住户调查数据）的折线图，具体如图4-82所示。

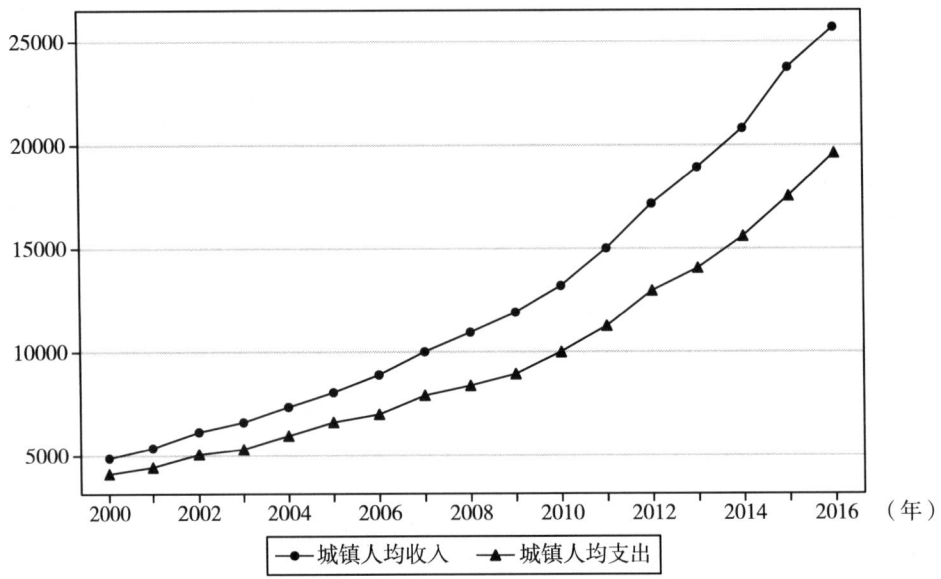

图4-82　2000—2016年甘肃省城镇人均可支配收入和人均支出数据折线图

从图4-82中可以看出，甘肃省城镇人均可支配收入和人均支出逐年递增，没有出现过下降现象，这比较符合我国的经济发展情况。甘肃城镇人均收入与人均支出之间的距离在不断扩大。

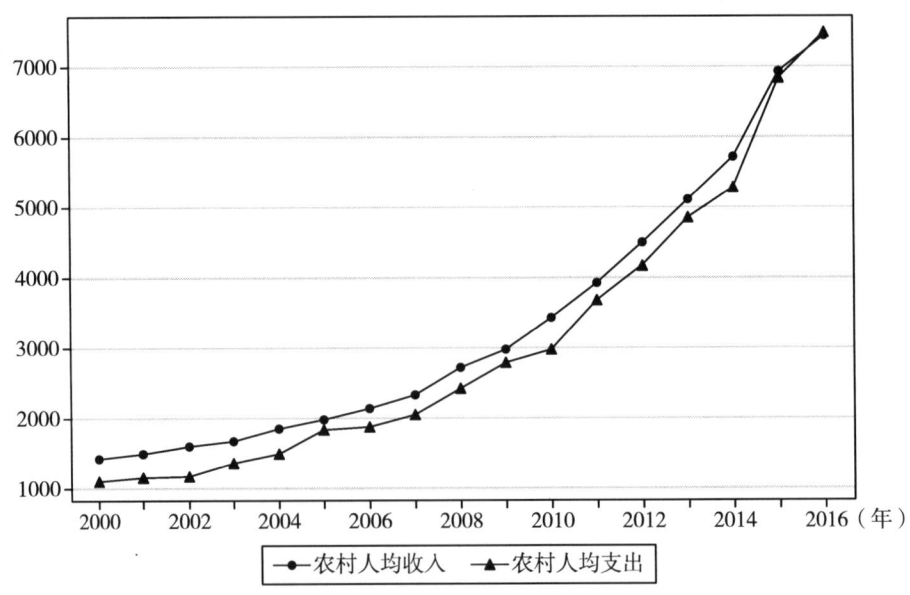

图4-83　2000—2016年甘肃省农村人均可支配收入和人均支出数据折线图

从图 4-83 中可以看出，甘肃省农村人均可支配收入和人均支出逐年递增，没有出现过下降现象，这比较符合我国的经济发展情况。相对于甘肃城镇人均收入与人均支出的数据，甘肃农村人均收入与支出间的距离变化较小。

②分布检验评估。本书选取甘肃省统计局发布的 2000—2016 年的甘肃城镇、农村居民人均可支配收入数据与人均支出数据进行本福特定律的分布检验。利用 R 软件进行分析，检验甘肃省统计局公布的城镇、农村居民人均可支配收入数据与人均支出数据是否符合本福特定律描述的分布，具体结果如图 4-84 所示。

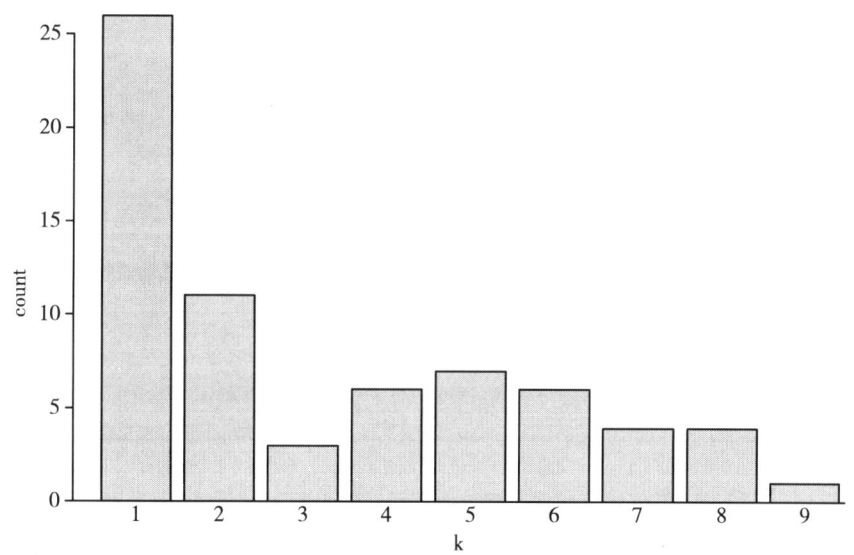

图 4-84　甘肃省住户调查数据本福特定律检验结果图

图 4-84 显示，甘肃省统计局公布的城镇、农村居民人均可支配收入数据与人均支出数据的总体分布情况大体服从本福特定律，1 开头的数据最多，9 开头的数据最少，大致是从 1 开头到从 9 开头，数据量越来越少。再进一步对待检测数据做卡方检验，结果如表 4-190 所示。

表 4-190　　　　2000—2016 年甘肃数据本福特定律检验表

	住户调查数据
Chi-squared	7.6
df	8
p-value	0.5

从表 4-190 可以看出，p 值为 0.5，远大于显著性水平 0.05，不能拒绝住户调查数据满足本福特定律的原假设。可以认为甘肃省统计局发布的 2000—2016 年的公布的城镇、农村居民人均可支配收入数据与人均支出数据是符合本福特定律的。因此可以认为待检测数据通过了分布检验，根据分布检验评估法原理，暂时不认为待评估数据的准确性存在问题。

③统计诊断评估。

A. 对城镇人均可支配收入数据诊断如下：

a. 建立回归模型

利用城镇人均可支配收入与人均居民储蓄存款（deposit）、平均工资水平（wage）、社会消费品零售总额人均值（retail）、出口额人均值（export）、人均地方财政收入（revenue）、三产比重（tertiary proportion）的内在联系，城镇人均可支配收入为因变量，人均居民储蓄存款、平均工资水平、社会消费品零售总额人均值、出口额人均值、人均地方财政收入、三产比重为自变量，对甘肃省 2000—2016 年城镇人均可支配收入数据建立回归模型，得到的结果如表 4-191 所示。

表 4-191 甘肃城镇人均可支配收入模型回归结果

	Estimate	Std. Error	t - value	P - value
(Intercept)	556.2542	1420.273	0.391653	0.702795
wage	0.351515	0.044084	7.973654	6.74E - 06
retail	0.635924	0.578163	1.099904	0.294862
export	3.779161	4.036307	0.936291	0.369224
revenue	-2.009431	1.879103	-1.06935	0.307815
tertiary proportion	3214.956	3914.849	0.821221	0.42896

表 4-192 甘肃城镇人均可支配收入模型拟合效果

Multiple R^2	Adjusted R^2	F - statistic	df1	df2	p - value
0.999	0.995	1.85e + 03	5	11	0.000

表 4-192 显示，建立的回归模型的拟合优度为 0.995，F 检验统计量为 1.85e + 03，对应的 p 值为 0.000，说明该模型的拟合效果极好。

b. 统计诊断检验

表4-193　甘肃城镇人均可支配收入的学生化残差、cooks 距离

year	income_rstu	income_cooks	year	income_rstu	income_cooks
2000	-1.300732	0.112332	2009	-1.696891	0.931495
2001	-1.106252	0.048101	2010	-0.182182	0.002542
2002	0.096976	0.000427	2011	2.106904	1.239798
2003	0.198566	0.00166	2012	0.818978	0.034352
2004	1.272001	0.040121	2013	-1.254751	0.103185
2005	0.729555	0.014611	2014	-1.548523	0.211791
2006	0.449211	0.022463	2015	1.530672	0.239495
2007	-0.121231	0.001768	2016	-0.380941	0.061541
2008	0.092931	0.002815			

从表4-193可以看出，2011年的学生化残差的绝对值大于5%显著性水平对应的t值（1.753）的绝对值，这些点可能成为强影响点。而2009年和2011年的cook距离较大，该二个点为强影响点，是可能的异常值。

B. 对农村人均可支配收入数据诊断如下：

a. 建立回归模型

利用农村人均可支配收入与农业人口比重（agricultural population）、农村居民最终消费构成比重（final consumption）、人均地方公共财政预算支出（budget expenditure）、农作物播种面积（crops）、农业机械总动力（agricultural machinery）、降水量（rainfall）的内在联系，农村人均可支配收入为因变量，农业人口比重、农村居民最终消费构成比重、人均地方公共财政预算支出、农作物播种面积、农业机械总动力、降水量为自变量，对甘肃省2000—2016年农村人均可支配收入数据建立回归模型，得到的结果如表4-194所示。

表4-194　甘肃农村人均可支配收入模型回归结果

	Estimate	Std. Error	t-value	P-value
(Intercept)	28812.12	9966.653	2.890852	0.016084
agricultural population	-17532.4	9540.513	-1.83768	0.095963
final consumption	-7325.54	5920.84	-1.23725	0.244261

续表

	Estimate	Std. Error	t – value	P – value
budget expenditure	0.441521	0.104955	4.206781	0.001809
crops	-3.38056	1.218126	-2.77521	0.019611
agricultural machinery	-0.33299	0.332239	-1.00227	0.33985
rainfall	0.408723	1.973484	0.207107	0.840083

表 4 – 195　甘肃农村人均可支配收入模型拟合效果

Multiple R^2	Adjusted R^2	F – statistic	df1	df2	p – value
0.993	0.988	222	6	10	0.000

表 4 – 195 显示，建立的回归模型的拟合优度为 0.988，F 检验统计量为 222，对应的 p 值为 0.000，说明该模型的拟合效果极好。

b. 统计诊断检验

表 4 – 196　甘肃农村可支配人均收入的学生化残差、cooks 距离

year	income_rstu	income_cooks	year	income_rstu	income_cooks
2000	-0.923851	0.168991	2009	0.164608	0.006735
2001	0.745603	0.052511	2010	-2.075111	0.088663
2002	-0.442481	0.018542	2011	-1.107544	0.043227
2003	-0.407011	0.009627	2012	-0.800931	0.023309
2004	0.707563	0.069442	2013	0.083941	0.000933
2005	2.257881	0.788491	2014	-0.117872	0.000902
2006	-0.108631	0.001259	2015	3.319184	1.012301
2007	0.316817	0.006991	2016	0.027632	0.019661
2008	0.433682	0.009127			

从表 4 – 196 可以看出，2005 年、2010 年和 2015 年的学生化残差的绝对值大于 5% 显著性水平对应的 t 值（1.753）的绝对值，这些点可能成为强影响点。而 2005 年和 2015 年的 cook 距离较大，该二个点为强影响点，是可能的异常值。

（29）青海省住户调查数据评估

①逻辑关系评估。根据逻辑关系评估法的一般流程，为了评估农村居民人均总支出数据的准确性，本书选择了青海城镇、农村居民人均可支配收入数据与人均支出数据进行比较。这里做出了青海省统计局发布的 2000—2016 年的青

海城镇、农村居民人均收入数据和人均支出数据（2014年及以后数据是根据城乡一体化住户调查数据）的折线图，具体如图4-85所示。

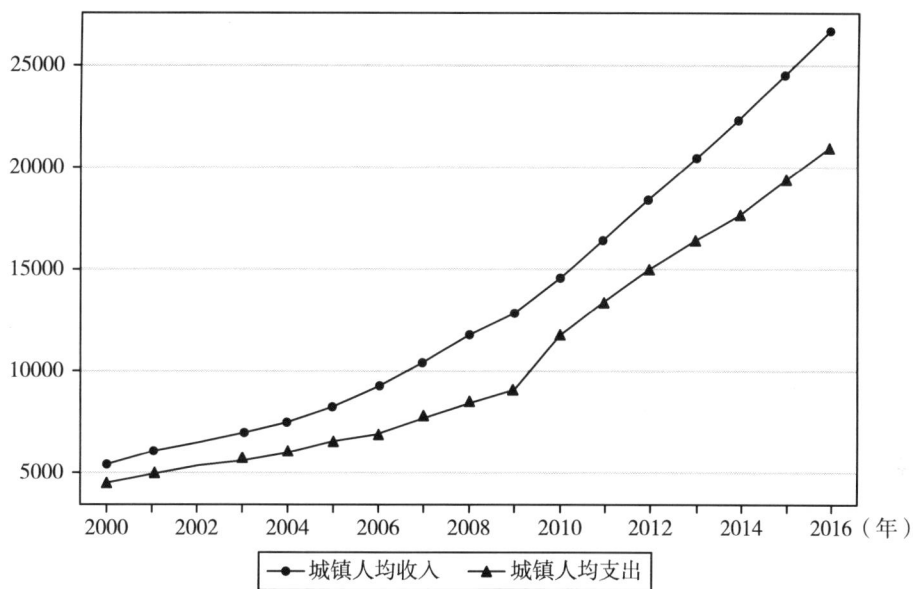

图4-85　2000—2016年青海省城镇人均可支配收入和人均支出数据折线图

从图4-85中可以看出，青海省城镇人均可支配收入和人均支出逐年递增，没有出现过下降现象，这比较符合我国的经济发展情况。青海城镇人均收入与人均支出之间的距离在不断扩大。

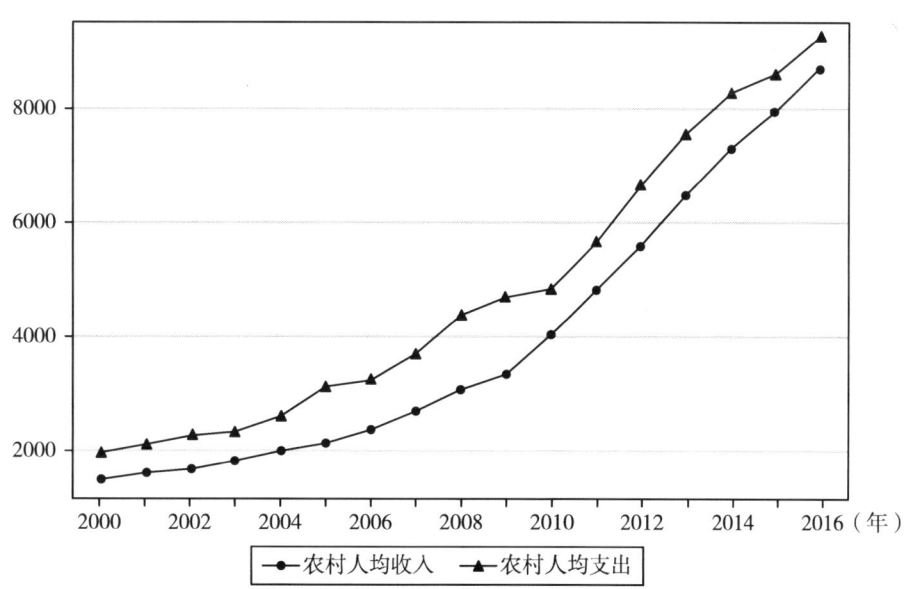

图4-86　2000—2016年青海省农村人均可支配收入和人均支出数据折线图

从图4-86中可以看出，青海省农村人均可支配收入和人均支出逐年递增，没有出现过下降现象，这比较符合我国的经济发展情况。相对于青海城镇人均收入与人均支出的数据，青海农村人均收入与支出间的距离变化较小。

②分布检验评估。本书选取青海省统计局发布的2000—2016年的青海城镇、农村居民人均可支配收入数据与人均支出数据进行本福特定律的分布检验。利用R软件进行分析，检验青海省统计局公布的城镇、农村居民人均可支配收入数据与人均支出数据是否符合本福特定律描述的分布，具体结果如图4-87所示。

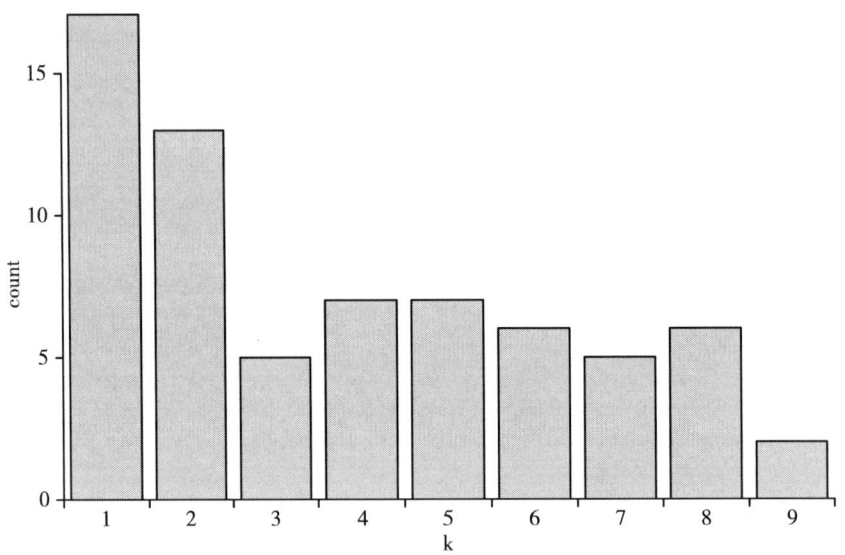

图4-87　青海省住户调查数据本福特定律检验结果图

图4-87显示，青海省统计局公布的城镇、农村居民人均可支配收入数据与人均支出数据的总体分布情况大体服从本福特定律，1开头的数据最多，9开头的数据最少，大致是从1开头到从9开头，数据量越来越少。再进一步对待检测数据做卡方检验，结果如表4-197所示。

表4-197　　2000—2016年青海数据本福特定律检验表

	住户调查数据
Chi-squared	5.6
df	8
p-value	0.7

从表 4-197 可以看出，p 值为 0.7，远大于显著性水平 0.05，不能拒绝住户调查数据满足本福特定律的原假设。可以认为青海省统计局发布的 2000—2016 年的公布的城镇、农村居民人均可支配收入数据与人均支出数据是符合本福特定律的。因此可以认为待检测数据通过了分布检验，根据分布检验评估法原理，暂时不认为待评估数据的准确性存在问题。

③统计诊断评估。

A. 对城镇人均可支配收入数据诊断如下：

a. 建立回归模型

利用城镇人均可支配收入与人均居民储蓄存款（deposit）、平均工资水平（wage）、社会消费品零售总额人均值（retail）、出口额人均值（export）、人均地方财政收入（revenue）、三产比重（tertiary proportion）的内在联系，城镇人均可支配收入为因变量，人均居民储蓄存款、平均工资水平、社会消费品零售总额人均值、出口额人均值、人均地方财政收入、三产比重为自变量，对青海省 2000—2016 年城镇人均可支配收入数据建立回归模型，得到的结果如表 4-198 所示。

表 4-198　　　青海城镇人均可支配收入模型回归结果

	Estimate	Std. Error	t-value	P-value
(Intercept)	3150.821	1093.324	2.881874	0.016333
deposit	0.114544	0.09086	1.260661	0.236051
wage	0.171238	0.029439	5.816808	0.000169
retail	0.814617	0.29699	2.742912	0.020729
export	2.312311	1.304057	1.773167	0.106603
revenue	-0.23744	0.103323	-2.29809	0.044398
tertiary proportion	-4748.81	3354.05	-1.41584	0.187205

表 4-199　　　青海城镇人均可支配收入模型拟合效果

Multiple R^2	Adjusted R^2	F-statistic	df1	df2	p-value
1	0.998	7.84e+03	6	10	0.000

表 4-199 显示，建立的回归模型的拟合优度为 0.998，F 检验统计量为 7.84e+03，对应的 p 值为 0.000，说明该模型的拟合效果极好。

b. 统计诊断检验

表4-200　　青海城镇人均可支配收入的学生化残差、cooks距离

year	income_rstu	income_cooks	year	income_rstu	income_cooks
2000	-0.09884	0.002372	2009	-0.607835	0.062895
2001	0.515116	0.0207	2010	0.468348	0.009296
2002	-1.167862	0.059708	2011	-0.679722	0.038734
2003	0.806367	0.018838	2012	0.533818	0.029457
2004	-0.936453	0.076073	2013	0.797981	0.153594
2005	0.274494	0.003916	2014	-1.345537	0.109968
2006	-0.600925	0.030469	2015	0.650573	0.141192
2007	3.609679	0.886683	2016	0.404532	0.249603
2008	-1.177742	0.094376			

从表4-200可以看出，2007年的学生化残差的绝对值大于5%显著性水平对应的t值（1.753）的绝对值，这些点可能成为强影响点。而2007年的cook距离较大，该二个点为强影响点，是可能的异常值。

B. 对农村人均可支配收入数据诊断如下：

a. 建立回归模型

利用农村人均可支配收入与农业人口比重（agricultural population）、农村居民最终消费构成比重（final consumption）、人均地方公共财政预算支出（budget expenditure）、农作物播种面积（crops）、农业机械总动力（agricultural machinery）、降水量（rainfall）的内在联系，农村人均可支配收入为因变量，农业人口比重、农村居民最终消费构成比重、人均地方公共财政预算支出、农作物播种面积、农业机械总动力、降水量为自变量，对青海省2000—2016年农村人均可支配收入数据建立回归模型，得到的结果如表4-120所示。

表4-201　　青海农村人均可支配收入模型回归结果

	Estimate	Std. Error	t-value	P-value
(Intercept)	34336.47	15422.43	2.226398	0.050148
agricultural population	-50776.9	27216.31	-1.86568	0.091657
final consumption	-3466.92	10037.86	-0.34538	0.736961

续表

	Estimate	Std. Error	t-value	P-value
budget expenditure	0.056694	0.157519	0.359921	0.726391
crops	7.954526	7.596945	1.047069	0.319716
agricultural machinery	-15.7325	6.882769	-2.28578	0.045338
rainfall	0.967916	2.53455	0.381889	0.710534

表4-202　　青海农村人均可支配收入模型拟合效果

Multiple R^2	Adjusted R^2	F-statistic	df1	df2	p-value
0.984	0.974	103	6	10	0.000

表4-202显示，建立的回归模型的拟合优度为0.974，F检验统计量为103，对应的p值为0.000，说明该模型的拟合效果极好。

b. 统计诊断检验

表4-203　　青海农村可支配人均收入的学生化残差、cooks距离

year	income_rstu	income_cooks	year	income_rstu	income_cooks
2000	1.342782	0.547464	2009	1.642063	0.321124
2001	-0.619991	0.032082	2010	-1.033384	0.040706
2002	-0.865572	0.084153	2011	-1.368183	0.051197
2003	-0.500341	0.034054	2012	-2.100012	1.281932
2004	0.998498	0.066699	2013	-0.454861	0.020992
2005	0.113314	0.000661	2014	0.235598	0.006783
2006	0.100309	0.001404	2015	2.478146	1.702199
2007	-0.052232	0.000359	2016	1.694262	0.470866
2008	0.518221	0.007542			

从表4-203可以看出，2012年和2015年的学生化残差的绝对值大于5%显著性水平对应的t值（1.753）的绝对值，这些点可能成为强影响点。而2012年和2015年的cook距离较大，该二个点为强影响点，是可能的异常值。

（30）宁夏回族自治区住户调查数据评估

①逻辑关系评估。根据逻辑关系评估法的一般流程，为了评估农村居民人均总支出数据的准确性，本书选择了宁夏城镇、农村居民人均可支配收入数据与人均支出数据进行比较。这里做出了宁夏回族自治区统计局发布的2000—

2016年的宁夏城镇、农村居民人均收入数据和人均支出数据（2014年及以后数据是根据城乡一体化住户调查数据）的折线图，具体如图4-88所示。

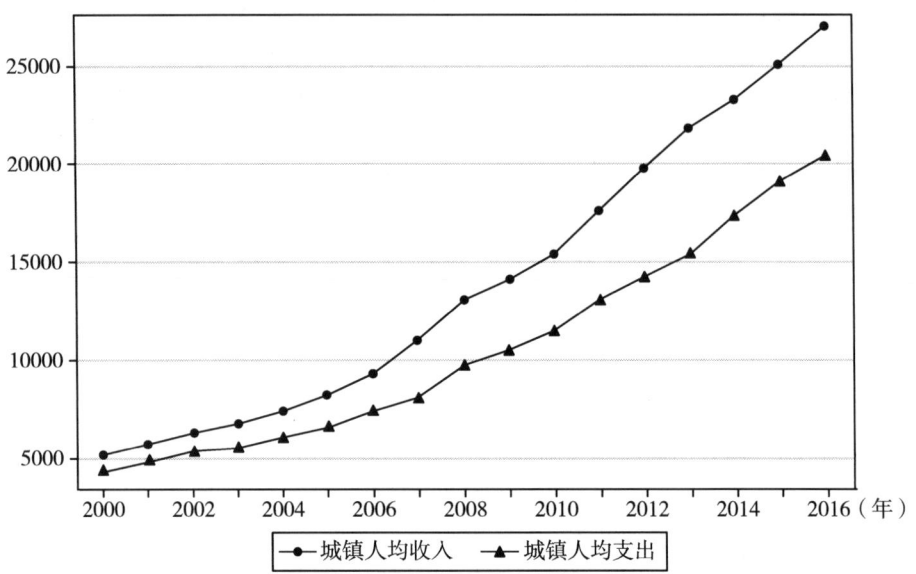

图4-88　2000—2016年宁夏回族自治区城镇人均可支配收入和人均支出数据折线图

从图4-88中可以看出，宁夏回族自治区城镇人均可支配收入和人均支出逐年递增，没有出现过下降现象，这比较符合我国的经济发展情况。宁夏城镇人均收入与人均支出之间的距离在不断扩大。

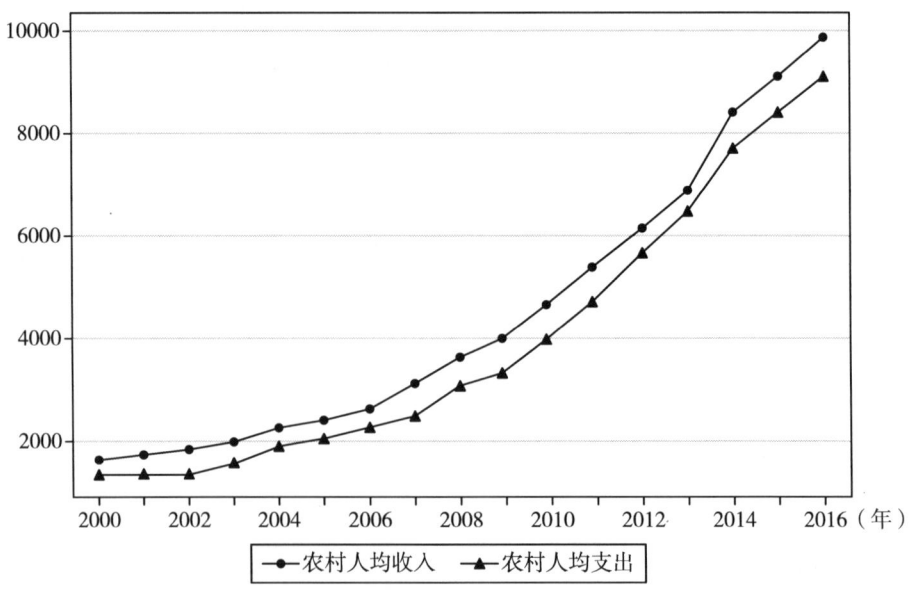

图4-89　2000—2016年宁夏回族自治区农村人均可支配收入和人均支出数据折线图

从图 4-89 中可以看出，宁夏回族自治区农村人均可支配收入和人均支出逐年递增，没有出现过下降现象，这比较符合我国的经济发展情况。相对于宁夏城镇人均收入与人均支出的数据，宁夏农村人均收入与支出间的距离变化较小。

②分布检验评估。本书选取宁夏回族自治区统计局发布的 2000—2016 年的宁夏城镇、农村居民人均可支配收入数据与人均支出数据进行本福特定律的分布检验。利用 R 软件进行分析，检验宁夏回族自治区统计局公布的城镇、农村居民人均可支配收入数据与人均支出数据是否符合本福特定律描述的分布，具体结果如图 4-90 所示。

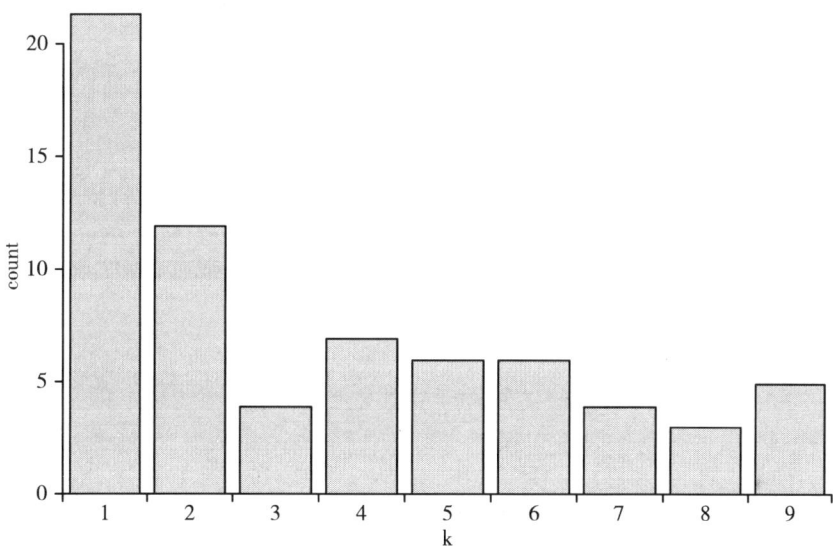

图 4-90　宁夏回族自治区住户调查数据本福特定律检验结果图

图 4-90 显示，宁夏回族自治区统计局公布的城镇、农村居民人均可支配收入数据与人均支出数据的总体分布情况大体服从本福特定律，1 开头的数据最多，大致是从 1 开头到 9，数据量越来越少。再进一步对待检测数据做卡方检验，结果如表 4-204 所示。

表 4-204　2000—2016 年宁夏数据本福特定律检验表

	住户调查数据
Chi – squared	4.2
df	8
p – value	0.8

从表 4-204 可以看出，p 值为 0.8，远大于显著性水平 0.05，不能拒绝住户调查数据满足本福特定律的原假设。可以认为宁夏回族自治区统计局发布的 2000—2016 年的公布的城镇、农村居民人均可支配收入数据与人均支出数据是符合本福特定律的。因此可以认为待检测数据通过了分布检验，根据分布检验评估法原理，暂时不认为待评估数据的准确性存在问题。

③统计诊断评估。

A. 对城镇人均可支配收入数据诊断如下：

a. 建立回归模型

利用城镇人均可支配收入与人均居民储蓄存款（deposit）、平均工资水平（wage）、社会消费品零售总额人均值（retail）、出口额人均值（export）、人均地方财政收入（revenue）、三产比重（tertiary proportion）的内在联系，城镇人均可支配收入为因变量，人均居民储蓄存款、平均工资水平、社会消费品零售总额人均值、出口额人均值、人均地方财政收入、三产比重为自变量，对宁夏回族自治区 2000—2016 年城镇人均可支配收入数据建立回归模型，得到的结果如表 4-205 所示。

表 4-205　　　　宁夏城镇人均可支配收入模型回归结果

	Estimate	Std. Error	t-value	P-value
(Intercept)	-1370.58	3407.624	-0.40221	0.695993
deposit	0.141524	0.136287	1.038421	0.323531
wage	0.328289	0.067402	4.87064	0.000651
retail	-0.46474	0.916814	-0.50691	0.623211
export	0.972096	1.219645	0.797033	0.443944
revenue	0.565462	0.803989	0.703321	0.497904
tertiary proportion	7770.769	7974.304	0.974476	0.352803

表 4-206　　　　宁夏城镇人均可支配收入模型拟合效果

Multiple R^2	Adjusted R^2	F-statistic	df1	df2	p-value
0.999	0.995	1.59e+03	6	10	0.000

表 4-206 显示，建立的回归模型的拟合优度为 0.995，F 检验统计量为 1.59e+03，对应的 p 值为 0.000，说明该模型的拟合效果极好。

b. 统计诊断检验

表4-207　宁夏城镇人均可支配收入的学生化残差、cooks距离

year	income_rstu	income_cooks	year	income_rstu	income_cooks
2000	0.240071	0.008868	2009	0.869452	0.090112
2001	-0.462316	0.016936	2010	-2.577282	1.592328
2002	-0.132637	0.001499	2011	-1.828166	1.428589
2003	-0.087213	0.000295	2012	-0.780052	0.103015
2004	0.756781	0.021815	2013	1.572349	0.211372
2005	0.337204	0.003039	2014	-1.439084	0.239183
2006	-0.530362	0.013148	2015	-0.241455	0.006439
2007	-0.183216	0.005812	2016	1.646089	0.577433
2008	1.782836	0.189472			

从表4-207可以看出，2008年、2010年和2011年的学生化残差的绝对值大于5%显著性水平对应的t值（1.753）的绝对值，这些点可能成为强影响点。而2010年和2011年的cook距离较大，该二个点为强影响点，是可能的异常值。

B. 对农村人均可支配收入数据诊断如下：

a. 建立回归模型

利用农村人均可支配收入与农业人口比重（agricultural population）、农村居民最终消费构成比重（final consumption）、人均地方公共财政预算支出（budget expenditure）、农作物播种面积（crops）、农业机械总动力（agricultural machinery）、降水量（rainfall）的内在联系，农村人均可支配收入为因变量，农业人口比重、农村居民最终消费构成比重、人均地方公共财政预算支出、农作物播种面积、农业机械总动力、降水量为自变量，对宁夏回族自治区2000—2016年农村人均可支配收入数据建立回归模型，得到的结果如表4-208所示。

表4-208　宁夏农村人均可支配收入模型回归结果

	Estimate	Std. Error	t-value	P-value
(Intercept)	14449.27	5107.163	2.829216	0.017876
agricultural population	-20452.1	5799.109	-3.52676	0.005476
final consumption	9093.195	5084.689	1.788348	0.104006
budget expenditure	0.316804	0.050848	6.230443	9.75E-05

续表

	Estimate	Std. Error	t – value	P – value
crops	– 24.3505	26.48694	– 0.91934	0.379559
agricultural machinery	– 2.06918	1.265975	– 1.63446	0.13321
rainfall	2.439604	1.82447	1.337158	0.210791

表 4 – 209　　宁夏农村人均可支配收入模型拟合效果

Multiple R^2	Adjusted R^2	F – statistic	df1	df2	p – value
0.992	0.986	195	6	10	0.000

表 4 – 209 显示，建立的回归模型的拟合优度为 0.986，F 检验统计量为 195，对应的 p 值为 0.000，说明该模型的拟合效果极好。

b. 统计诊断检验

表 4 – 210　　宁夏农村可支配人均收入的学生化残差、cooks 距离

year	income_rstu	income_cooks	year	income_rstu	income_cooks
2000	0.321427	0.0209	2009	0.795177	0.030365
2001	– 0.613083	0.083246	2010	0.313934	0.007009
2002	0.708078	0.05409	2011	– 0.968842	0.028542
2003	0.117233	0.001037	2012	– 2.629313	1.261597
2004	– 0.182041	0.003932	2013	– 0.831921	0.041471
2005	– 0.768112	0.084129	2014	1.192507	0.236907
2006	– 0.525223	0.031747	2015	2.194036	1.242739
2007	– 0.060241	0.000394	2016	– 2.848421	4.475804
2008	1.125441	0.037189			

从表 4 – 210 可以看出，2012 年、2015 年和 2016 年的学生化残差的绝对值大于 5% 显著性水平对应的 t 值（1.753）的绝对值，这些点可能成为强影响点。而 2012 年、2015 年和 2016 年的 cook 距离较大，这三个点为强影响点，是可能的异常值。

（31）新疆维吾尔自治区住户调查数据评估

①逻辑关系评估。根据逻辑关系评估法的一般流程，为了评估农村居民人均总支出数据的准确性，本书选择了新疆城镇、农村居民人均可支配收入数据与人均支出数据进行比较。这里做出了新疆维吾尔自治区统计局发布的 2000—

2016年的新疆城镇、农村居民人均收入数据和人均支出数据（2014年及以后数据是根据城乡一体化住户调查数据）的折线图，具体如图4-91所示。

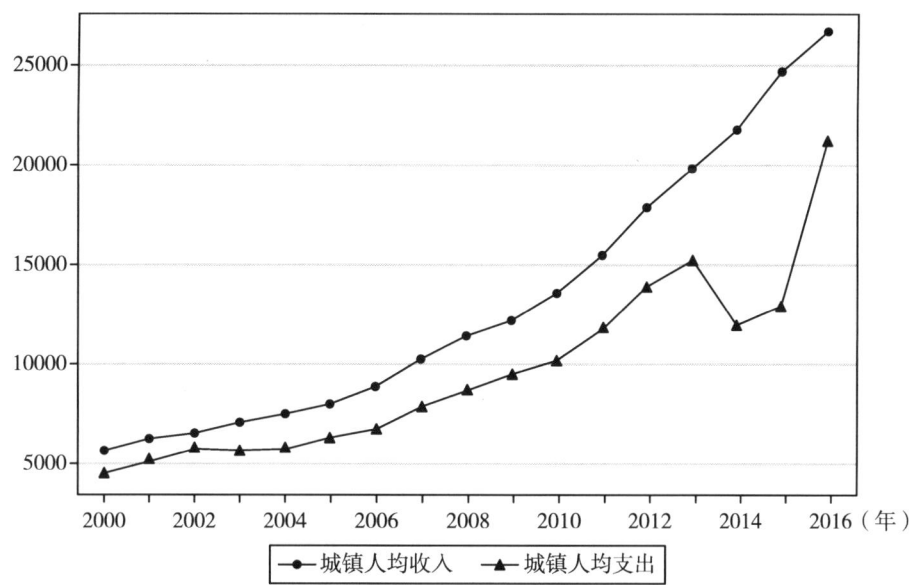

图4-91　2000—2016年新疆维吾尔自治区城镇人均可支配收入和人均支出数据折线图

从图4-91中可以看出，新疆维吾尔自治区城镇人均可支配收入逐年递增，人均支出除2013年有较大的下降以外，其余呈上升趋势，这比较符合我国的经济发展情况。新疆城镇人均收入与人均支出之间的距离总体在不断扩大。

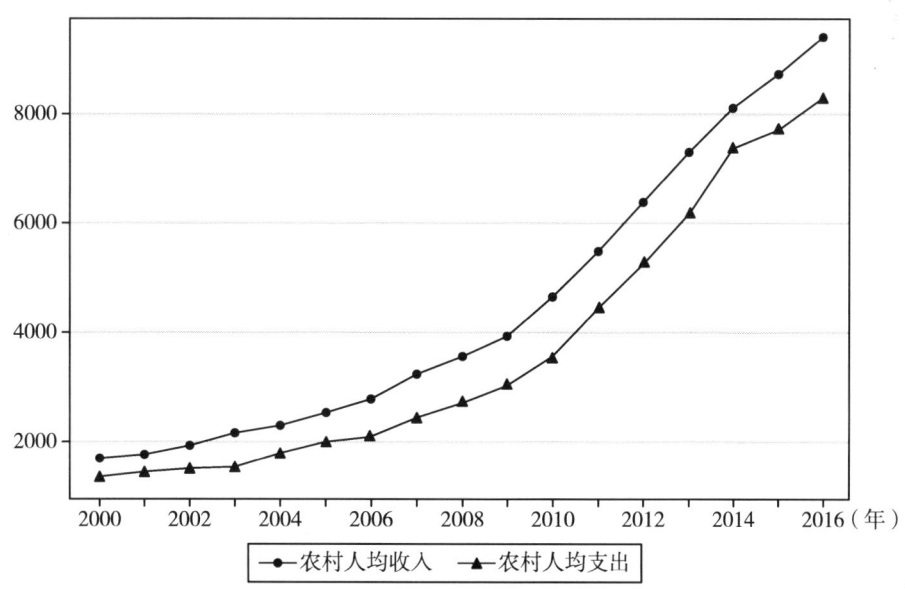

图4-92　2000—2016年新疆维吾尔自治区农村人均可支配收入和人均支出数据折线图

从图4-92中可以看出,新疆维吾尔自治区农村人均可支配收入和人均支出逐年递增,没有出现过下降现象,这比较符合我国的经济发展情况。相对于新疆城镇人均收入与人均支出的数据,新疆农村人均收入与支出间的距离变化较小。

②分布检验评估。本书选取新疆维吾尔自治区统计局发布的2000—2016年的新疆城镇、农村居民人均可支配收入数据与人均支出数据进行本福特定律的分布检验。利用R软件进行分析,检验新疆维吾尔自治区统计局公布的城镇、农村居民人均可支配收入数据与人均支出数据是否符合本福特定律描述的分布,具体结果如图4-93所示。

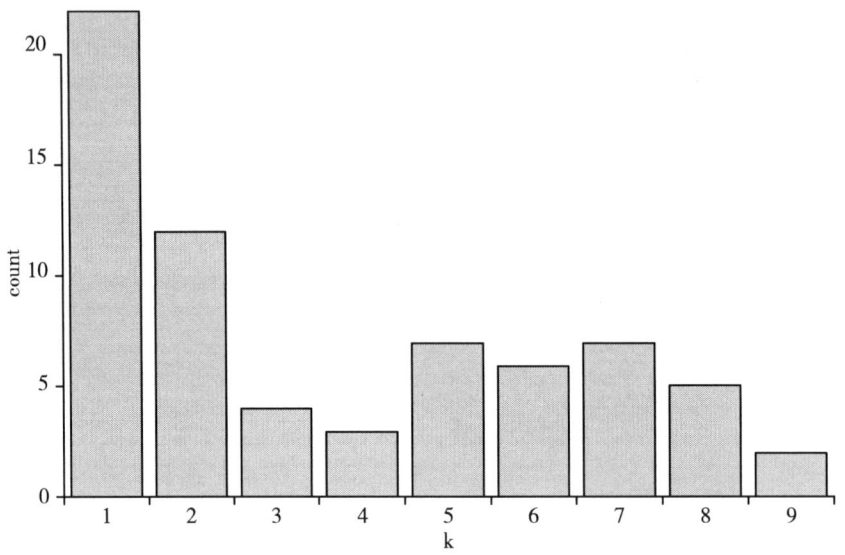

图4-93 新疆维吾尔自治区住户调查数据本福特定律检验结果图

图4-93显示,新疆维吾尔自治区统计局公布的城镇、农村居民人均可支配收入数据与人均支出数据的总体分布情况大体服从本福特定律,1开头的数据最多,9开头的数据最少,大致是从1开头到从9开头,数据量越来越少。再进一步对待检测数据做卡方检验,结果如表4-211所示。

表4-211 2000—2016年新疆数据本福特定律检验表

	住户调查数据
Chi - squared	8.8
df	8
p - value	0.4

从表 4-211 可以看出，p 值为 0.4，远大于显著性水平 0.05，不能拒绝住户调查数据满足本福特定律的原假设。可以认为新疆自治区统计局发布的 2000—2016 年的公布的城镇、农村居民人均可支配收入数据与人均支出数据是符合本福特定律的。因此可以认为待检测数据通过了分布检验，根据分布检验评估法原理，暂时不认为待评估数据的准确性存在问题。

③统计诊断评估。

A. 对城镇人均可支配收入数据诊断如下：

a. 建立回归模型

利用城镇人均可支配收入与人均居民储蓄存款（deposit）、平均工资水平（wage）、社会消费品零售总额人均值（retail）、出口额人均值（export）、人均地方财政收入（revenue）、三产比重（tertiary proportion）的内在联系，城镇人均可支配收入为因变量，人均居民储蓄存款、平均工资水平、社会消费品零售总额人均值、出口额人均值、人均地方财政收入、三产比重为自变量，对新疆维吾尔自治区 2000—2016 年城镇人均可支配收入数据建立回归模型，得到的结果如表 4-212 所示。

表 4-212　　新疆城镇人均可支配收入模型回归结果

	Estimate	Std. Error	t-value	P-value
(Intercept)	956.8646	985.2299	0.971209	0.354349
deposit	-0.36168	0.12424	-2.91115	0.015534
wage	0.532231	0.077986	6.824669	4.6E-05
retail	0.377949	0.5192	0.727945	0.483344
export	-0.67284	0.544152	-1.2365	0.244527
revenue	-0.51641	0.321651	-1.6055	0.139465
tertiary proportion	2899.065	2069.488	1.400861	0.191515

表 4-213　　新疆城镇人均可支配收入模型拟合效果

Multiple R^2	Adjusted R^2	F-statistic	df1	df2	p-value
0.999	0.993	1.21e+03	6	10	0.000

表 4-213 显示，建立的回归模型的拟合优度为 0.993，F 检验统计量为 1.21e+03，对应的 p 值为 0.000，说明该模型的拟合效果极好。

b. 统计诊断检验

表 4-214　　新疆城镇人均可支配收入的学生化残差、cooks 距离

year	income_rstu	income_cooks	year	income_rstu	income_cooks
2000	0.664688	0.030939	2009	-0.831181	0.033734
2001	-0.180782	0.001815	2010	-0.509992	0.02055
2002	-0.691683	0.019179	2011	-1.924694	0.092402
2003	0.055296	0.00102	2012	-0.761751	0.038922
2004	-0.062451	0.000108	2013	0.852521	0.084445
2005	1.579861	0.093234	2014	0.359186	0.026822
2006	-0.368522	0.156316	2015	-1.227581	0.245265
2007	-0.012471	1.52E-05	2016	3.309086	1.453988
2008	1.733945	0.55311			

从表 4-214 可以看出，2011 年和 2016 年的学生化残差的绝对值大于 5% 显著性水平对应的 t 值（1.753）的绝对值，这些点可能成为强影响点。而 2016 年的 cook 距离较大，该点为强影响点，是可能的异常值。

B. 对农村人均可支配收入数据诊断如下：

a. 建立回归模型

利用农村人均可支配收入与农业人口比重（agricultural population）、农村居民最终消费构成比重（final consumption）、人均地方公共财政预算支出（budget expenditure）、农作物播种面积（crops）、农业机械总动力（agricultural machinery）、降水量（rainfall）的内在联系，农村人均可支配收入为因变量，农业人口比重、农村居民最终消费构成比重、人均地方公共财政预算支出、农作物播种面积、农业机械总动力、降水量为自变量，对新疆维吾尔自治区 2000—2016 年农村人均可支配收入数据建立回归模型，得到的结果如表 4-215 所示。

表 4-215　　新疆农村人均可支配收入模型回归结果

	Estimate	Std. Error	t-value	P-value
(Intercept)	-10723.6	4385.267	-2.44537	0.03453
agricultural population	12394.95	5153.484	2.405159	0.036988
final consumption	765.4424	1870.607	0.409195	0.691023

续表

	Estimate	Std. Error	t – value	P – value
budget expenditure	0.104269	0.09392	1.110187	0.2929
crops	-0.03654	0.366929	-0.09947	0.922729
agricultural machinery	4.611015	1.306823	3.528417	0.005461
rainfall	-0.90347	1.949124	-0.46353	0.652913

表 4-216　　新疆农村人均可支配收入模型拟合效果

Multiple R^2	Adjusted R^2	F – statistic	df1	df2	p – value
0.998	0.996	721	6	10	0.000

表 4-216 显示，建立的回归模型的拟合优度为 0.996，F 检验统计量为 721，对应的 p 值为 0.000，说明该模型的拟合效果极好。

b. 统计诊断检验

表 4-217　　新疆农村可支配人均收入的学生化残差、cooks 距离

year	income_rstu	income_cooks	year	income_rstu	income_cooks
2000	0.791926	0.028172	2009	-3.681291	1.264271
2001	0.220111	0.002574	2010	0.375986	0.035069
2002	0.074847	0.000713	2011	-0.645252	0.053459
2003	0.304289	0.003753	2012	-0.375641	0.012229
2004	-0.417931	0.013203	2013	-1.175583	0.169081
2005	0.389008	0.016735	2014	1.871419	6.338384
2006	-0.021134	1.64E-05	2015	-0.132281	0.00394
2007	1.357436	0.096256	2016	2.262533	0.483714
2008	-0.593762	0.055206			

从表 4-217 可以看出，2009 年、2014 年和 2016 年的学生化残差的绝对值大于 5% 显著性水平对应的 t 值（1.753）的绝对值，这些点可能成为强影响点。而 2014 年的 cook 距离较大，该点为强影响点，是可能的异常值。

4.2.2　实证研究结果分析

通过上述部分的实证分析，对全国 31 个省、市、自治区的住户调查数据进

行了较为全面的准确性评估,得到如下结论:

(1) 不同省市的住户调查工作质量差距较大。经济发达地区的住户调查数据质量较高,北京市、天津市、上海市、江苏省、浙江省、广东省的城镇和农村人均可支配收入数据准确性都非常高,真实地反映了国家政策以及经济发展状况对人民生活地影响。其他地区的人均可支配收入数据准确性有待提高,部分指标的偏差较为严重,不能准确反映居民生活状况。这说明我国执行住户调查的 31 个省、市、自治区的住户调查工作水平差距较大。经济发展相对落后的地区住户调查数据准确性难以保证。这是一个不能忽视的问题,因为越是经济落后的地区越需要准确的数据来暴露其面临的主要问题,了解居民生活中存在的困难。

(2) 同一地区的城市住户调查数据与农村调查数据的质量相同。北京市、天津市、上海市、江苏省、浙江省、广东省等省份的城市调查数据质量较高,同时农村调查数据的质量也较高。其他省份的城市调查数据质量出现问题,同时农村调查数据的质量也出现问题。

第 5 章　主要结论及政策建议

基于前文的理论分析与实证检验的结果，本章首先总结全书的主要研究结论，在此基础上，提出具体的如何提高中国住户调查一体化数据质量的政策建议和研究展望。

5.1　主要研究结论

住户调查一体化信息是社会经济信息的主要组成部分，在我们的社会经济生活中发挥着越来越重要的作用，作为其表现形式的数据质量也受到越来越广泛的关注。特别对于住户调查数据的质量受到诸多学者和机构的质疑，而其质量也与我国政府所制定的经济政策和人民生活息息相关。本书以住户调查一体化数据质量为研究对象，在国内相关研究的基础上，就中国住户调查一体化数据质量评估进行了深入细致的研究。具体结论如下：

第一，本书对中国住户调查数据质量的国际差距进行了分析。主要对我国住户调查数据质量与国际标准之间的差距进行分析，认为住户调查方面的法律制度不够健全；进入调查样本的界限难以确定；调查方法的落后；缺乏全面的、综合的质量管理体系。

第二，本书研究了我国住户调查数据质量内涵并构建了评估框架。书中对数据质量的内涵赋予新的含义，除了准确性以外还有及时性、适用性、可比性、可获得性、可衔接性、客观性和经济性。根据提出的我国住户调查数据质量内涵，参考国际组织的数据质量评估框架，采用级联式结构，构建了我国住户调查数据质量评估框架。

第三，同时对住户调查数据质量的评估方法进行了分析和归纳。通过住户调查数据质量的评估方法分为逻辑关系评估、相关指标评估、计量模型分析与统计诊断评估、核算数据评估、统计分布检验评估、调查误差评估等六类方法进行分析，从可行性、可信性和精确性三个方面来进行比较，通过比较分析，认为逻辑关系评估、统计分布检验评估、计量模型分析与统计诊断评估这三种方法对住户调查一体化数据质量进行评估较为合适。

第四，通过尝试上述三种评估方法，对2000—2016年全国31个省、市、自治区的住户调查数据的准确性进行评估。从评估所得结果看：第一，不同省市的住户调查工作质量差距较大。经济发达地区的住户调查数据准确性较高，北京市、天津市、上海市、江苏省、浙江省、广东省的城镇和农村人均可支配收入数据准确性都较高。第二，同一地区的城市住户调查数据与农村调查数据的质量相同。北京市、天津市、上海市、江苏省、浙江省、广东省等省份的城市调查数据质量较高，同时农村调查数据的质量也较高。其他省份的城市调查数据质量出现问题，同时农村调查数据的质量也出现问题。本书认为造成以上现象的原因有：第一，经济发达地区调查人员及受访户的素质、制度建设、激励机制、调查经费保障等方面都具有优势。第二，发达地区的住户调查等民生数据相对较好，地方政府对住户调查数据进行干预的可能性较小。

5.2 提高住户调查数据质量的政策建议

住户调查数据关系着政府制定经济社会发展规划和宏观调控，关系着社会公众对经济社会活动的基本判断，是保持经济持续稳定增长的基础条件，也是维护我国社会和谐的重要保证。基于前文的分析，本节对住户调查一体化数据质量管理的困难分析，进而提出改善住户调查一体化数据质量的措施。

5.2.1 住户调查一体化数据质量的困难

在实际中，进行全面数据质量管理会遇上很多困难，需要我们去研究去解决。
（1）调查的准备阶段
一是我国在住户调查方面的法律制度还不够健全，相比于人口普查、经济普查等，住户调查知名度不够，故被调查对象的配合态度就不理想，一定程度上影响了住户调查一体化的实施；二是进入调查样本的界限难以确定，一体化改革的细节部分难以处理农民工身份与其居住环境影响，加上城乡划分的标准和人口流动形成的居民身份变化也对一体化改革造成了困难；三是我国现今采用的样本选取方案是通过一次性选择大样本的数量，然后随机等距抽取，从全国的角度来看，的确具有较高的代表性，然后对于城区却不高。若是要使数据对各个阶层都可用的话，必须考虑样本的分布，比如，旧社区老人多，收入就低，新社区白领多，收入高，大样本的抽查可能就会偏向一方，导致样本的代表性不强。

（2）数据的调查阶段

数据的采集阶段，出现的困难主要体现在被调查对象的不配合和出现数据虚假情况。不同住户类型配合度悬殊较大，受"怕露富"这种思想的影响，高收入的住户不愿意配合记账，怕被窥视，而中低收入住户和退休人员配合态度稍好，但这都影响数据质量的科学性。此外，调查员的素质不高以及调查队的建设不足也对数据质量影响甚大，调查员素质不高，滥造数据以图方便，还有调查员身兼数职，力不从心，配合热情不高，只管完成任务不管质量。

（3）数据的处理阶段

数据的录入与处理要求调查者有基本的数据加工能力，然而，现在部分调查员的耐心、责任心都不够，不认真履行数据加工义务，应该与住户沟通却不去沟通，自己按照臆想填写数据，还有些调查员的理解能力不足，也会对数据的正确处理产生影响。对于调查员的报表进行的审核人员若是督察力度不够，不对调查员进行严格地指导与监督，也会导致整个住户调查的问题堆积，同时，审核人员的不作为，也会给调查人员不正面的影响，从而影响调查。审核的下一个阶段就是综合审核，是数据质量的最后把关环节。然而，现今综合审核人员常常不把重心放在质量评估上，而去关注其他的小细节。

5.2.2　改善住户调查一体化的数据质量的措施

为了解决在全面数据质量控制中的困难，提出以下改善数据质量管理的措施。

一是在调查的准备阶段，对于住户调查要进行大力宣传，调查员要亲切地与居民沟通，大力对住户的记账能力进行辅导，提高对居民的服务质量，获取住户对住户调查的信任与支持，积极配合住户调查。在样本的选取时，一定要事先制定好科学的抽样方法，保证样本的科学性，提高样本的代表性。

二是加强调查队伍建设与制度建设。为了提高调查员的数据收集与处理能力，提升数据质量的控制力，强调重审的重要性，应当对调查员和综合审核人员进行专业扎实的业务培训，合理制定工作的考核奖励标准，以此激励调查队伍努力提高自身的业务能力、工作能力、加强个人责任心，另外，坚持辅助调查员（月）度例会制度也可以进一步地监督成员。

三是要强调访户的重要性。根据不同的住户对象制订科学的访户工作计划，满足规范的访户要求，访户举措就能够很好地亲近群众，提高住户对调查者的好感度，就会有益于原始数据质量。同时，要注意访户的方式也要随着科技的进步而创新，不过时不老化，与时俱进，从与住户的沟通中提高数据质量。

5.3 研究展望

本书紧紧围绕住户调查数据质量问题，运用多种评估方法进行了实证分析，并提出了相应的政策建议。但研究中还存在以下不足之处，有待进一步研究。

第一，通过对我国住户调查数据质量与国际标准进行了比较研究，提出了我国住户调查数据质量的内涵并构建了评估框架。该评估框架包含准确性、及时性、适用性、可比性、可获得性、可衔接性、客观性和经济性等八个维度。但是本书对住户调查数据质量进行定量评估时，仅对准确性方面进行了定量评估，对评估框架其他的维度进行定量评估有待进一步的研究。

第二，对住户调查一体化数据质量评估，仅对住户调查数据中的居民人均可支配收入数据与人均支出数据进行了分析，缺乏对其他住户调查数据的分析。在居民人均可支配收入数据与人均支出数据评估的基础上，还将对其他住户调查数据质量进行评估。

参考文献

[1] 常宁. IMF 的数据质量评估框架及启示 [J]. 统计研究, 2004 (1).

[2] 陈凤兰, 王秀勤. 统计数据质量的现状及对策 [J]. 统计教育, 2005 (6).

[3] 陈国铭. 统计质量控制——数据收集和整理 [M]. 北京: 中国石化出版社, 1995.

[4] 陈小华. 欧洲的统计质量管理, 中国统计 [J]. 2004 (11).

[5] 成邦文, 董丽娅. 社会经济统计数据的误差分析 [J]. 统计研究, 2002 (11).

[6] 傅德印. 利用探索性数据分析法对统计汇总数据进行质量控制的尝试 [J]. 数理统计与管理, 2001 (1).

[7] 傅德印. 政府统计数据质量体系研究 [M]. 兰州: 甘肃人民出版社, 2000.

[8] 傅德印. 对政府统计数据质量成本的探讨 [J]. 统计研究, 2007 (8).

[9] 傅德印, 刘晓梅. 贯彻国际标准, 建立健全统计数据质量管理与保证体系 [J]. 统计研究, 1994 (6).

[10] 高敏雪. 从外部监督入手解决统计数据质量问题的努力 [J]. 统计研究, 2009 (8).

[11] 黄恒君, 傅德印. 对统计调查质量特性的探讨 [J]. 统计研究, 2009 (11).

[12] 金勇进. 非抽样误差分析 [M]. 北京: 中国统计出版社, 1996.

[13] 金勇进, 陶然. 中国统计数据质量理论研究与实践历程 [J]. 统计研究, 2010 (1).

[14] 李金昌. 统计数据、统计安全与统计法治 [J]. 统计研究, 2009 (8).

[15] 李子奈, 周建. 宏观经济统计数据结构变化分析及其对中国的实证

[J]．经济研究，2005（1）．

[16] 林勇，杨言勇．统计数据质量改进的博弈论研究［J］．统计研究，2008（3）．

[17] 刘海清，熊祖辕．统计信用与统计数据质量研究［J］．统计研究，2009（12）．

[18] 刘洪，昌先宇．基于全要素生产率的中国GDP数据准确性评估［J］．统计研究，2011（2）．

[19] 刘洪，黄燕．我国统计数据质量的评估方法研究——趋势模拟评估法及其应用［J］．统计研究，2007（8）．

[20] 刘洪，黄燕．基于经典计量模型的统计数据质量评估方法［J］．统计研究，2009（3）．

[21] 孟连，王小鲁．对中国经济增长统计数据可信度的估计［J］．经济研究，2000（10）．

[22] 邱东，宋旭光．中国统计能力研究［M］．北京：中国统计出版社，2008．

[23] 石小玉．世界经济社会统计新进展［M］．北京：中国统计出版社，2004．

[24] 王华，金勇进．统计数据质量评估——方法分类及适用性分析［J］．统计研究，2009（1）．

[25] 韦博成，林金官，谢锋昌．统计诊断［M］．北京：高等教育出版社，2009．

[26] 许宪春．中国国民经济核算体系的建立、改革和发展［J］．经济研究，2009（6）．

[27] 杨清．统计数据质量研究新思路——误差研究［J］．统计研究，2000（8）．

[28] 张玉，刘飞．关于经济统计数据质量检测的探讨［J］．统计与决策，2003（3）．

[29] 赵进文．复杂数据下经济建模与诊断研究［M］．北京：科学出版社，2004．

[30] 赵乐东．也谈统计产品的质量问题［J］．统计研究，2000（6）．

[31] 周建．宏观经济统计数据诊断理论、方法及其应用［M］．北京：清

华大学出版社，2005.

［32］Baraud, Y., Huet, S., Laurent, B. Adaptive tests of linear hypotheses by model selection ［J］. the Annals of Statistics, No. 7, 2003.

［33］Beran, R., Dumbgen, L. Modulation of Estimators and Confidence Sets ［J］. the Annals of Statistics, No. 26, (1998).

［34］Bunea, F., Tsybakov, A. B. Wegkamp, M. H. Aggregation for Gaussian Regression ［J］. the Annals of Statistics, No. 35, 2007.

［35］Cameron, A. Colin, and Pravin K. Trivedi. Microeconometrics: Methods and Applications ［M］. New York: Cambridge University Press, 2005.

［36］Chen, S. X., Qin, Y. S. Empirical Likelihood Confidence Intervals for Local Linear Smoothers ［J］. Biomertika, No. 87, 2000.

［37］Chen, S. X., Zhou, L. Local Partial Likelihood Estimation in Proportional Hazards Models ［J］. the Annals of Statistics, No. 35, 2007.

［38］Chen, X., O. Linton, I. Van Keilegom. Estimation of Semiparametric Models when the Criterion Function is Not Smooth ［J］. Econometrica, No. 71, 2003.

［39］Cook, J. R., Stefanski, L. A. Simulation – extrapolation Estimation in Parametric Measurement Error Models ［J］. Journal of the American Statistical Association, 1994.

［40］De Jong, R., Woutersen, T. Dynamic Time Series Binary Choice, Department of Economics ［J］. Baltimore: Johns Hopkins University, 2007.

［41］Faraway, J. J., Sun, J. Simultaneous Confidence Bands for Linear Regression With Heteroscedastic Error ［J］. Journal of the American Statistical Association, No. 90, 1995.

［42］Freedman, J. H. Multivariate Adaptive Regression Splines ［J］. the Annals of Statistics, No. 27, 1991.

［43］Genovese, C., Wasserman, L. Rates of Convergence for the Gaussian Mixture Sieve ［J］. the Annals of Statistics, No. 28, 2000.

［44］Hall, P., Lahiri, S. Estimation of Distributions, Moments, and Quantiles in Deconvolution Problems ［J］. the Annals of Statistics, No. 36, 2008.

［45］Hall, P., Horowitz, J. Methodology and Convergence Rates for Functional Linear Regression ［J］. Annals of Statistics, No. 35, 2007.

[46] Hansen, M. H., Marks, E. S. Influence of the Interviewer on the Accuracy of Survey Results [J]. Journal of the American Statistical Association, No. 53, 1958.

[47] Rawski, Thomas. How Fast Has The Chinese Industry Grown? [J]. Policy Research Working Paper 1194, Policy Research Department, World Bank, 1993.

[48] Rawski, T. G. What's Happening to China's GDP Statistics? [J]. China Economic Review, No. 4, 2001.

[49] Ren, Ruoen. China Economic Performance in An International Perspective [J]. Paris: OECD Development Centre 1997.

[50] Sun, J. Loader, C. R. Simultaneous Confidence Bands For Linear Regression And Smoothing [J]. the Annals of Statistics, No. 22, 1994.